윤석열을 대통령으로 만드는 데 기여한

김용복의 청론탁설

김용복의
청론탁설

초판 1쇄 발행 2022년 7월 16일

지 은 이 김용복
발 행 인 권선복
편   집 오동희
디 자 인 김소영
전 자 책 서보미
마 케 팅 권보송
발 행 처 도서출판 행복에너지
출판등록 제315-2011-000035호
주   소 (157-010) 서울특별시 강서구 화곡로 232
전   화 0505-613-6133
팩   스 0303-0799-1560
홈페이지 www.happybook.or.kr
이 메 일 ksbdata@daum.net

값 25,000원
ISBN 979-11-92486-05-5 (03070)

Copyright ⓒ 김용복, 2022

도서출판 행복에너지는 독자 여러분의 아이디어와 원고 투고를 기다립니다. 책으로 만들기를 원하는 콘텐츠가 있으신 분은 이메일이나 홈페이지를 통해 간단한 기획서와 기획의도, 연락처 등을 보내주십시오. 행복에너지의 문은 언제나 활짝 열려 있습니다.

윤석열을 대통령으로 만드는 데 기여한

김용복의 청론탁설

김용복 지음

도서
출판 **행복에너지**

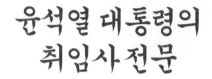

윤석열 대통령의
취임사 전문

　존경하고 사랑하는 국민 여러분, 750만 재외동포 여러분, 그리고 자유를 사랑하는 세계 시민 여러분,

　저는 이 나라를 자유민주주의와 시장경제 체제를 기반으로 국민이 진정한 주인인 나라로 재건하고, 국제사회에서 책임과 역할을 다하는 나라로 만들어야 하는 시대적 소명을 갖고 오늘 이 자리에 섰습니다.

　역사적인 자리에 함께해 주신 국민 여러분께 감사드립니다. 문재인, 박근혜 전 대통령, 그리고 할리마 야콥 싱가포르 대통령, 포스탱 아르샹쥬 투아데라 중앙아프리카공화국 대통령, 왕치산 중국 국가부주석, 메가와티 수카르노푸트리 인도네시아 전 대통령, 더글러스 엠호프 해리스 미국 부통령 부군, 조지 퓨리 캐나다 상원의장, 하야시 요시마사 일본 외무상을 비롯한 세계 각국의 경축 사절과 내외 귀빈 여러분께도 깊이 감사드립니다.

이 자리를 빌려 지난 2년간 코로나 팬데믹을 극복하는 과정에서 큰 고통을 감내해주신 국민 여러분께 경의를 표합니다. 그리고 헌신해주신 의료진 여러분께도 깊이 감사드립니다.

존경하는 국민 여러분, 세계 시민 여러분, 지금 전 세계는 팬데믹 위기, 교역 질서의 변화와 공급망의 재편, 기후 변화, 식량과 에너지 위기, 분쟁의 평화적 해결의 후퇴 등 어느 한 나라가 독자적으로, 또는 몇몇 나라만 참여해서 해결하기 어려운 난제들에 직면해 있습니다.

다양한 위기가 복합적으로 인류 사회에 어두운 그림자를 드리우고 있는 것입니다. 또한 우리나라를 비롯한 많은 나라들이 국내적으로 초저성장과 대규모 실업, 양극화의 심화와 다양한 사회적 갈등으로 인해 공동체의 결속력이 흔들리고 와해되고 있습니다.

한편, 이러한 문제들을 해결해야 하는 정치는 이른바 민주주의의 위기로 인해 제 기능을 하지 못하고 있습니다. 가장 큰 원인으로 지목되는 것이 바로 반지성주의입니다. 견해가 다른 사람들이 서로의 입장을 조정하고 타협하기 위해서는 과학과 진실이 전제되어야 합니다.

그것이 민주주의를 지탱하는 합리주의와 지성주의입니다.

국가 간, 국가 내부의 지나친 집단적 갈등에 의해 진실이 왜곡되고, 각자가 보고 듣고 싶은 사실만을 선택하거나 다수의 힘으로 상대의 의견을 억압하는 반지성주의가 민주주의를 위기에 빠뜨리고 민주주의에 대한 믿음을 해치고 있습니다. 이러한 상황이 우리가 처해 있는 문제의 해결을 더 어렵게 만들고 있습니다.

그러나 우리는 할 수 있습니다. 역사를 돌이켜 보면 우리 국민은 많은 위기에 처했지만 그럴 때마다 국민 모두 힘을 합쳐 지혜롭게, 또 용기 있게 극복해 왔습니다.

저는 이 순간 이러한 위기를 극복하는 책임을 부여받게 된 것을 감사한 마음으로 받아들이고, 우리 위대한 국민과 함께 당당하게 헤쳐 나갈 수 있다고 확신합니다. 또 세계 시민과 힘을 합쳐 국내외적인 위기와 난제들을 해결해 나갈 수 있다고 믿습니다.

존경하는 국민 여러분, 세계 시민 여러분,

저는 이 어려움을 해결해 나가기 위해 우리가 보편적 가치를 공유하는 것이 매우 중요하다고 생각합니다. 그것은 바로 '자유'입니다. 우리는 자유의 가치를 제대로, 그리고 정확하게 인식해야 합니다. 자유의 가치를 재발견해야 합니다.

인류 역사를 돌이켜보면 자유로운 정치적 권리, 자유로운 시장이 숨 쉬고 있던 곳은 언제나 번영과 풍요가 꽃 피었습니다. 번영과 풍요, 경제적 성장은 바로 자유의 확대입니다. 자유는 보편적 가치입니다. 우리 사회 모든 구성원이 자유 시민이 되어야 하는 것입니다.

어떤 개인의 자유가 침해되는 것이 방치된다면 나와 우리 공동체 구성원 모두의 자유마저 위협받게 되는 것입니다. 자유는 결코 승자독식이 아닙니다. 자유 시민이 되기 위해서는 일정한 수준의 경제적 기초, 그리고 공정한 교육과 문화의 접근 기회가 보장되어야 합니다.

이런 것 없이 자유 시민이라고 할 수 없습니다.

어떤 사람의 자유가 유린되거나 자유 시민이 되는 데 필요한 조건을 충족하지 못한다면 모든 자유 시민은 연대해서 도와야 합니다. 그리고 개별 국가뿐 아니라 국제적으로도 기아와 빈곤, 공권력과 군사력에 의한 불법 행위로 개인의 자유가 침해되고 자유 시민으로서의 존엄한 삶이 유지되지 않는다면 모든 세계 시민이 자유 시민으로서 연대하여 도와야 하는 것입니다. 모두가 자유 시민이 되기 위해서는 공정한 규칙을 지켜야 하고, 연대와 박애의 정신을 가져야 합니다.

존경하는 국민 여러분, 국내 문제로 눈을 돌려 제가 중요하게 생각하는 방향에 대해 한 말씀 올리겠습니다.

우리나라는 지나친 양극화와 사회 갈등이 자유와 민주주의를 위협할 뿐 아니라 사회 발전의 발목을 잡고 있습니다.

저는 이 문제를 도약과 빠른 성장을 이룩하지 않고는 해결하기 어렵다고 생각합니다. 빠른 성장 과정에서 많은 국민들이 새로운 기회를 찾을 수 있고, 사회 이동성을 제고함으로써 양극화와 갈등의 근원을 제거할 수 있습니다.

도약과 빠른 성장은 오로지 과학과 기술, 그리고 혁신에 의해서만 이뤄낼 수 있는 것입니다. 과학과 기술,

그리고 혁신은 우리의 자유민주주의를 지키고 우리의
자유를 확대하며 우리의 존엄한 삶을 지속 가능하게
할 것입니다.

과학과 기술, 그리고 혁신은 우리나라 혼자만의 노
력으로는 달성하기 어렵습니다. 자유와 창의를 존중함
으로써 과학 기술의 진보와 혁신을 이뤄낸 많은 나라
들과 협력하고 연대해야만 합니다.

존경하는 국민 여러분, 세계 시민 여러분,

자유민주주의는 평화를 만들어내고, 평화는 자유를
지켜줍니다. 그리고 평화는 자유와 인권의 가치를 존중
하는 국제사회와의 연대에 의해 보장됩니다. 일시적으
로 전쟁을 회피하는 취약한 평화가 아니라 자유와 번영
을 꽃피우는 지속 가능한 평화를 추구해야 합니다.

지금 전 세계 어떤 곳도 자유와 평화에 대한 위협에
서 자유롭지 못합니다. 지금 한반도와 동북아의 평화
도 마찬가지입니다. 저는 한반도뿐 아니라 아시아와
세계의 평화를 위협하는 북한의 핵 개발에 대해서도
그 평화적 해결을 위해 대화의 문을 열어놓겠습니다.

그리고 북한이 핵 개발을 중단하고 실질적인 비핵화로 전환한다면 국제사회와 협력하여 북한 경제와 북한 주민의 삶을 획기적으로 개선할 수 있는 담대한 계획을 준비하겠습니다.

북한의 비핵화는 한반도에 지속 가능한 평화를 가져올 뿐 아니라 아시아와 전 세계의 평화와 번영에도 크게 기여할 것입니다.

사랑하고 존경하는 국민 여러분, 지금 우리는 세계 10위권의 경제 대국 그룹에 들어가 있습니다. 그러므로 우리는 자유와 인권의 가치에 기반한 보편적 국제 규범을 적극 지지하고 수호하는데 글로벌 리더 국가로서의 자세를 가져야 합니다.

우리나라뿐 아니라 세계 시민 모두의 자유와 인권을 지키고 확대하는 데 더욱 주도적인 역할을 해야 합니다. 지금 국제사회도 대한민국에 더욱더 큰 역할을 기대하고 있음이 분명합니다.

지금 우리나라는 국내 문제와 국제 문제를 분리할 수 없습니다. 국제사회가 우리에게 기대하는 역할을 주도적으로 수행할 때 국내 문제도 올바른 해결 방향

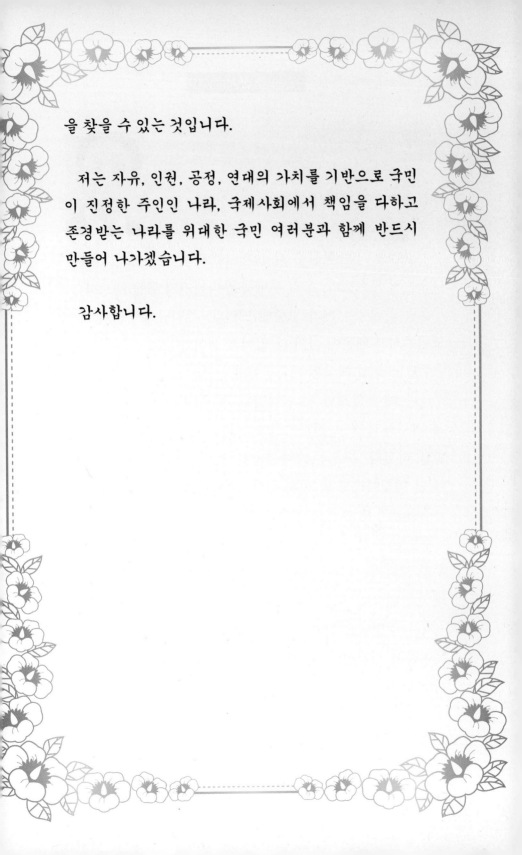

을 찾을 수 있는 것입니다.

저는 자유, 인권, 공정, 연대의 가치를 기반으로 국민
이 진정한 주인인 나라, 국제사회에서 책임을 다하고
존경받는 나라를 위대한 국민 여러분과 함께 반드시
만들어 나가겠습니다.

감사합니다.

김진태 / 강원특별도지사

　김용복 주필님께서 칼럼집을 내신다는 소식을 듣고 역시 주필님이다 생각했다.

　주필님을 아는 분들은 다 느끼시겠지만 그 정열이 어디서 나오는지 모르겠다. 우리 후배들은 따라가기 힘들 정도다.

　칼럼집 내용은 제가 보증해 드린다. 주필님께서 그때그때 보내주시기 때문에 이미 다 읽어본 셈이다.

　주필님 글의 핵심은 애국심이다.

　자나 깨나 앉으나 서나 나라 걱정. 그러니 잠을 줄여가면서 연구하고 쓰고 전파하신다. 이번 대통령선거에도 큰 역할을 하셨다. 그토록 오매불망하시던 정권교체도 이루셨으니 단 며칠이라도 맘 편히 쉬셨으면 좋겠다.

　주필님의 또 다른 사명은 후학양성이다.

　주필님은 눈에 한번 들어오면 웬만하면 놓지 않으신다. 우리 보수가 자기만 잘났지 후배를 키우지 않아 욕먹는 것과 정반대다.

　저는 주필님을 알게 된 것이 최근 몇 년 사이 가장 큰 행운이라고 생각한다. 주필님이 부디 건강하셔서 더 많이 쓰시고 더 많이 가르쳐주시기 바란다

김용복 주필님은 정열이 대단하십니다.

연세가 높으시지만 청년보다 더 뜨거운 열정을 가지고 계십니다.

청론탁설을 가리지 않고 매일 쓰시는데 정치인 누구라도 윤석열 후보를 비난하거나 정권교체에 방해기 되는 걸림돌 역할을 하는 사람이 있으면 가차 없이 펜을 휘두릅니다.

또 저같이 부족하고 드러나는 일도 별로 없는 사람을 어떻게 발견하셔서 '김문수 전 경기지사여, 나라 위해 그 몸 불사르라'라고 하는 저에 대한 엄청난 글을 37회나 써서 언론에 발표해 주셨습니다. 저에 대한 특별한 관심과 사랑이 없으면 이렇게 글이 나올 수 없습니다.

그 많은 정치인들에 대해 엄청난 양의 글을 쓰셔서 언론에 내시고, 책을 펴내시고, 사모님을 여의고 혼자 사시면서 그 집안일까지 챙기십니다. 또한, 늘 저에게도 먼저 전화하시고 관심을 표현하십니다.

김용복 주필님을 보면서 제가 정신이 번쩍 납니다. 주필님의 용감하고 열정적인 필력이 없었다면 과연 올해의 정권교체가 가능했을까 하는 생각이 드는 건 저만이 아닐 겁니다.

이제 윤석열 정부의 성공을 위해서 우리가 해야 할 일이 너무 많습니다. 김용복 주필님의 건강과 더욱 왕성한 나라 사랑 외침이 계속되시길 빕니다.

고영주 / 자유민주당 대표

2021년 10월 26일 오후 다섯시경, 국민
의힘 윤석열 후보의 전화를 받았다.

"선배님, 그동안 유튜브 등을 통해서 선배님의 생각을 잘
알고 있습니다. 저도 대한민국의 안전과 자유민주주의 체제
수호를 최우선 원칙으로 하겠으니, 믿고 도와주십시오."

그래서 아무런 조건 없이 주요 일간지 광고 등을 통해 윤
석열 후보가 대통령이 되어야 하는, 또 자유우파 국민들이
윤석열 후보를 지지해야 하는 이유 등을 홍보해 왔다. 그런
데 이런 광고의 효과를 배가시켜주는 분이 있었으니, 바로
이 책의 저자 김용복 님이었다. 본인과는 윤석열 후보가 대
통령이 되어야 한다는 데 의견이 완전히 일치해서, 우리 광
고가 나갈 때마다 칼럼으로 재작성해 중부권 여러 언론에 보
도해 주셨다. 일부 여론조사에 의하면 윤 당선인이 국정을
잘 이끌 것이라는 기대는 50% 남짓일 정도로 전임 대통령들
에 비해서 높지 않지만, 대한민국으로서는 적화를 최소한 5
년 이상 미룰 수 있게 되었으니 윤 당선인은 대통령 선거에
서 이겨준 것만으로도 이미 자신의 소임은 충분히 완수했다
고 볼 수 있을 것이다. 윤 당선인은 국정에 너무 큰 부담을
갖지 말고, 애초 약속대로 국가의 안전과 자유민주주의 체제
수호를 최우선 원칙으로 해주기만을 바란다. 김용복 주필님
도 본인과 똑같은 생각일 것으로 믿어 마지않습니다.

하나님이 보우하사

김정수 / 화백

〈김정수 화백의 '범 내려온다'〉

　우리나라 일부세력의 독선, 떼거리 문화, 비지성적 행동 등으로 온 국민이 시름하고 있던 차 이번 대선에서 호랑이 상(相)을 하고 있는 후보가 하늘에서 내려와 나라와 국민을 구했으면 하는 바람을 2022년 2월 20일에 그린 것이 '범 내려온다'이다.

김정수 화백
火牛 畵友會 회장 역임 / 보문 미술대전 초대작가 회장 역임
대전여자 정보고, 대전 관저고 교장 역임
現 충청예술협회초대작가회 회장
現 시나브로 초대작가회 상임고문
現 한국미술협회 서양화분과 원로작가 회원

대통령의 미소

장주영 / 대전도시과학고등학교 교사, 시인

나라의 미래
소년의 웃는 모습
누가 봐도 사랑이어라

수십 년 달려온 삶
삼만 리 우여곡절
이마에 근심걱정
십일 자 깊은 골 패였지만

소년의 미소 바라보니
맑고 잔잔한 호수
이내 뜨거워진다
대통령의 미소

어릴 적 활짝 웃음
다시 찾아 주리라
이제는 행복 만땅
눈가에 잔주름으로

웃음 소리 가득한 나라
최고의 국가 경쟁력
대통령의 미소

[대통령 당선자께 보내는 시]

목차

제1부

윤석열은 신이 내린 선물

제2부

자유민주당 고영주 대표께서도 힘을 보태고

제3부

걸림돌을 제거하며

윤 대통령은 역시 신이 내린 선물

윤석열 대통령이 취임사를 발표하는 동안 맑은 하늘에는 일곱 색깔 무지개가 축복해 주고 있었다. 대한민국 건국이래 처음 있는 일이다. 그런 축복을 받으며 윤 대통령은 "국제사회에서 책임과 역할을 다하는 나라로 만들어야 하는 시대적 소명을 갖고 오늘 이 자리에 섰다"며 "우리는 자유의 가치를 제대로, 그리고 정확하게 인식해야 한다. 자유의 가치를 재발견해야 한다"고 강조했다. 역시 윤석열다운 소신이었다.

이날, 윤 대통령의 뿌리인 논산 노성 명재고택 선조들과 같은 종원이신 윤석구 전 우리은행 대전충청 본부장은 취임식에 참석하고 난 후의 감동을 필자에게 보내왔다.

"대한민국 제20대 윤석열 대통령님의 취임을 진심으로 축하드립니다.

영광스럽고 기쁜 마음으로 취임식장 맨 앞줄에 앉아 식장에 들어오시는 대통령 님을 가까이서 뜨겁게 맞이했습니다.

'자유, 인권, 공정, 연대의 가치를 기반으로 국민이 진정한 주인인 나라, 국제사회에서 책임을 다하고 존경받는 나라를 위대한 국민 여러분과 함께 반드시 만들어 나가시겠다'라는 대통령님의 취임사를 숭고한 마음으로 경청하였습니다.

국민을 위해 멋지게 대통령직을 수행하실 것을 확신하며 뜨거운 마음으로 박수를 드리는 동안에 윤 대통령님의 취임을 축하하는 듯 모란꽃도 활짝 피었고 행운을 상징하는 오색찬란한 무지개도 하늘을 장식합니다."

그런데 염려되는 것이 있다.

〈윤 대통령이 취임사를 하는 동안 하늘에 나타난 무지개〉

이날 필자에게 어느 지인이 다음과 같은 글을 보내왔다.

"윤석열 정부는 문재인 정부보다 열 배 백 배 모질어야 5년간을 살아남는다.

취중 말 속에도 言中有骨(언중유골)이 있고, 시장 밑바닥에 膾炙(회자)되는 말속에도 진실이 있다.

찐 좌빨들은 검수완박 실패하면 윤석열 탄핵도 불사한다는 각오다.

이명박 정부 때 광우병으로, 박근혜 때는 세월호가 씨앗되어 탄핵까지 성공했다. 윤석열 탄핵에는 자신만만하고 북측도 지원할 분위기다.

반면에 보수진영의 윤석열 당선자는 권성동의 검수완박 손들기에 낭패를 보고 있고, 박근혜는 최순실에 당하고도 또, 유영하로 인해 낭패를 보고 있다.

目下(목하) 세상분위기는 박근혜 탄핵 때 집권여당 측 핵심이 진보야당 편들어 군주를 쫓아내듯 이러한 유사 판박이 조짐이 윤석열에게는 일어나지 않는다는 절대적 보장 없다.

퇴궐하는 문재인 지지율은 40.1%이고, 입궐하는 윤석열은 38.5%란 이것의 정체는 무엇인가?

대한민국 건국 이래 레임덕 없는 유일한 대통령 문재인!

이것의 배후에는 5.18과, 세월호 근거지가 있는 전라공화국(?) 같은 호남세력과, 586지지 세력에, 120만 명되는 공무원 중 상당부분이 동조자다.

여기에 민노총과 전교조가 있어 우리사회는 이미 보슬비에 옷 젖듯 전체인구 1/3이상이 전체주의 사상과 종복주의에 물들어 가고 있다.

보라! 전남북 지방의회 의원 628명 몽땅 민주당 소속은 뭘 의미하는가?

이것을 윤석열 정부는 절대로 과소평가하면 안 되는데도 불구하고 권성동 같은 사람 말 듣는 것이 통탄스럽다.

문재인은 이러한 지지세력 등에 업고 한 번도 경험하지 못한 세상을 만들었고, 무엇이든 1등 했다. 혼자만 달렸기 때문이다.

나라 경제는 완전히 박살내고도 이것을 커버하려고 민주화란 분가루로 원도 한도 없이 처발랐다. 코로나K 방역, 3백 원짜리 마스크 3천 원 받기, 탈원전, 중국유학생 특별지원, 김정은과 백두산 관광, 마누라 호화 의상비, 국민세금 강탈 등 아무도 못 말렸다.

自古(자고)로 세계사는 선진국 기준은 경제가 우선이고 민주화는 나중임에도 불구하고 문재인은 철저히 외면했다.

윤석열 정부는 화합, 타협, 용서, 융화 등이라는 말과 서로 힘을 모아… 라는 등 美辭麗句(미사여구)에 절대로 속아서는 안 된다.

국민들 65%는 문재인 정부가 지난 5년간 어떤 害惡(해악)을 끼쳤는지 알고 있다.

　세월호 희생자는 부처님 손주인가? 예수님 아들인가? 광주 5.18유공자는 왜 숨기는가? 국가유공자 예우의 240배가 되는 보상금과 특별전형으로 공무원으로 취직한 17만은 누구인가?

　윤석열 정부가 야당인 진좌와 화합하고 타협하는 날 이것은 영원한 미궁으로 증발할 것이다.

　말 못 하는 국민들은 속이 부글부글 끓고 있음을 윤석열 정부는 알아야 한다.

　586기득권 실세력들은 손톱 밑 가시가 아니고, 염통 갉아먹는 암과 같은 존재임을 반드시 숙지해야 한다.

　윤석열 정부는 나쁘고 안 되고 등 모든 것을 문재인 식으로 전임정부에게 책임 전가하듯 해야 한다.

　얼굴에 철판 깔고 모든 것을 문재인 前정부에 뒤집어 씌워도 욕할 국민 없음을 동력삼아 밀어붙여야 한다.

　다만 선거에는 99%이겨도 1% 모자라서 떨어질 때는 99%가 1%와 동률임을 명심해야 한다.

　안철수를 두고 하는 말이다.

　안철수와 합당이 없었다면 부정선거 일어나서 이재명이

당선했을 것임을 명심하고 여당 금배지 단속 잘 하라고 충고 드린다.

절대로 *左眄右顧*(좌면우고)하지 말고 박정희의 5.16군사 혁명 식으로 밀어붙이지 않으면 내가 탄핵당한다는 모진 마음을 가져야 한다.

끝으로, 한마디로 강조한다. 미쳐야 미친다.

不狂不及(불광불급)!!!

참으로 윤석열 대통령이나, 정부요인들은 이를 가슴에 새겨 일 처리를 해야 할 것이고, 우리 국민들도 이들의 거짓 선동에 속아서는 안 될 것이다.

〈대통령 취임 선서하는 윤석열 대통령〉

보라.

이재명 전 더불어민주당 대선 후보가 6.1 지방 선거와 함께 치러지는 인천 계양을 국회의원 보궐선거에 후보로 출마한 것을. 대선에 패배한 후보가 반년도 안 된 58일 만에 의원직에 출마하는 건 이례적이다. 좌파인 민주당은 "1600만 표를 득표한 당의 자산이 지방선거를 지원하려면 출마해야 한다"는 변명을 늘어놓고 있다.

이재명 그가 누구인지는 민주당내에서도 논란이 되는 인물이다. 만약 그가 국회의원에 출마하여 당선하게 되면 국회의원 신분이라는 이름으로 방탄용이 될 것이기 때문이다.

그러나 우리국민은 믿는다.

윤석열 대통령은 현명하고 뱃심이 두둑하며, 검찰 총장을 역임한 분이기에 저들의 비리를 속속들이 알고 있을 것이다. 또 법무부장관인 한동훈 장관은 저들의 온갖 음모를 겪고 이겨낸 인물이다. 누구보다도 저들의 비리를 잘 알고 있을 것이다.

하늘의 무지개가 우리나라의 앞날이 희망될 것이라고 조짐을 보여주었던 것이다.

윤석열 전 검찰총장이
당선되지 못했더라면

만약에 윤석열 전 검찰총장이 당선되지 못했더라면 이 나라가 어찌 되었을까?

180석이라는 숫자의 힘으로 '검수완박'법이라는 떼법도 만들어 자기들끼리 짝짜꿍하여 통과시키는 그들인데 대통령마저 좌파 정당에서 나왔더라면 무슨 짓인들 못했을까?

국민의힘에서 윤석열 전 검찰총장이 대통령으로 당선되었기에 좌편향 된 나라를 바로잡게 될 것이다. 그렇기에 그동안 윤석열 후보가 위기에 처하거나 공격을 당할 때, 그리고 같은 국민의힘 당직자들마저 그를 괴롭힐 때마다 필자는 기회를 놓치지 않고 그를 응원하고, 때로는 걸림돌을 제거해 가며 그에게 힘을 실어 줬던 것이다.

필자가 윤 후보를 알게 된 것은 윤 후보의 종원인 윤석구 전)우리은행 전무 때문이었다. 윤 전무는 2016년 9월 11일자 중도일보 '시시각각'난에 '이게 뭡니까'라는 필자의 칼럼을 본 후 전화를 해와 필자와 교제를 이어온 친구이다.

그러다가 그의 소개로 윤석열 대통령 후보가 필자를 알게 되어 2021년 4월 29일부터 그와 카톡문자로 교신하게 되었는데, 개인정보에 문제가 될 것 같아 1년여 주고받은 문자 내용은 생략하기로 한다.

만약, 윤석열 전 검찰총장이 대통령으로 당선되지 못했다면 필자가 저술한 이 칼럼집도 발간되지 못했을 것이다. 그만큼 윤 당선인의 대통령 당선은 우리나라는 물론 필자에게 큰 반향을 불러일으킨 사건이다.

이 책의 제1부 '윤석열은 신이 내린 선물'에서는 윤석열 후보를 바라보는 필자의 시각을 중심으로 언론에 발표된 칼럼을 중심으로 엮었으며, 제2부 '자유민주당 고영주 대표께서도 힘을 보태고'에서는 그동안 자유민주당 고영주 대표께서 조선일보 등 주요일간지에 광고형식으로 발표한 정책 제안이나 호소문을 필자가 다시 짜깁기하여 언론에 발표한 글을 다루었다. 제3부 '걸림돌을 제거하며'에서는 윤 대통령이 예비 후보 시절, 어려움을 당할 때나 상대에게(민주당 의원들이나 국민의힘 당원 등) 공격을 당할 때 걸림돌 제거하기 위해 집필한 것을 주로 엮었다. 그 외 지방 일꾼들로 활약하고 있는 분들에 대한 글도 첨부시켰다.

그리고 전국 독자들께서 윤석열 대통령 당선을 축하하는

시들을 보내와 장주영 시인의 시를 필두로 모두 칼럼 사이 사이 삽입하였다.

윤 대통령과의 첫 대면은 2021년 7월 6일 오전 10시 대전 현충원 천안함 장병 묘역에서 이루어졌다. 그래서 당시 현장에서 윤 후보님, 현충원장, 필자가 나란히 서서 참배하였고 이 모습이 tv와 여러 신문에 보도되기도 하였다.

윤 후보와 1년여간 때론 전화로, 때론 카톡 문자로 교제를 하다 보니, 그는 의외로 가슴이 따뜻한 분이라는 걸 느꼈다. 그래서 그에게 어려움이 있을 때나 상대로부터 공격을 받을 때 필자가 대신해서 칼럼으로 상대했던 것이다.

필자가 이와 같이 힘을 얻어 윤석열 후보를 위한 칼럼을 강하게 쓰게 된 배경에는 춘천의 김진태 전 의원과, 자유민주당 고영주 대표, 김문수 전 경기도 지사, 박찬주 전 육군대장, 그리고 전두환 전 대통령의 재판을 맡았던 장동혁 전 광주지방법원 부장판사의 도움이 컸다. 그들이 정보를 제공해 주고, 격려를 하며 힘을 실어줬기에 죽기살기로 윤 대통령을 위한 칼럼을 매일 썼던 것이다. 윤 대통령께서는 이 분들의 숨은 공도 알아야 할 것이다.

윤석열 후보가 대통령으로 당선되자 필자의 고등학교 친구인 이종휘께서 이런 문자를 보내왔다.

"국민의 힘 대통령 윤석열을 탄생시킨 김용복 친구에게 축하드리네. 김용복 친구 같은 열성팬이 모이고 모여서 제일 야당 대통령 윤석열을 만든 것일세. 김용복 같은 친구가 있어 자랑스럽네. 김용복 친구 파이팅, 서울서 종휘"

그래서 책 제목을 『윤석열을 대통령으로 만드는 데 기여한 김용복의 청론탁설』로 정했던 것이다.

앞으로 윤 대통령이 국정을 수행하는 데 있어, 외부의 적보다는 내부의 쥐[鼠]들을 더 조심해야 할 것이다. 다시 말해 최측근이라고 생각하는 사람들을 경계하라는 뜻이다. 박정희 대통령도 최측근인 김재규에게 총격을 당하지 않았던가?

필자도 방심하지 않고 예의 주시하며 어떤 자들이 경거망동한 짓으로 윤 대통령에게 걸림돌 되는 행위를 하는지 지켜보며 그때마다 언론에 보도하여 만천하에 알릴 것이다.

대한민국의 미래가 밝아온다. 기대가 크다.

윤석열 대통령과의 필연적 만남

2021년 6월 22일.

이날은 대한민국역사상 가장 의미 있는 날이다. 왜냐하면 검찰총장이던 윤석열 대통령이 조국이나 추미애의 칼부림에 직을 내놓고 물러나 대통령 예비 후보로 활동하고 있을 때였기 때문이다.

그때 나는 아래와 같이 투데이플러스에 '대한민국이 사는 길'이라는 칼럼을 써서 발표한 일이 있었다.

『대한민국이 사는 길

윤석열 전 검찰총장이 살아야 대한민국이 사는 길이다.

그는 1994년 평검사로 임명받아 검사 생활을 하다가 2021년 총장으로 그만두기까지 보인 행보가 정의로우며, 올곧고, 어떤 권력에도 아부하지 않는 법의 칼날을 들이댔던 인물이기 때문이다. 그런 그가 최재형 감사원장과 손을 잡고 국민의힘에 입당하는 길만이 대한민국도 살고 국민들도 살 수 있는 것이다.

물론 넘어야 할 산이 태산 같을 것이다.

첫째가, 국민의힘 대표이며 아들보다 더 어린 이준석과 어떻게 손을 잡아야 할 것이냐가 큰 걸림돌이 될 것이다.

이준석 그는 '인(仁), 의(義), 예(禮), 지(智)' 네 가지가 부족한 인물이라고 필자가 논한 바 있다. 그는 그동안의 혀 놀림과 태도로 보아, 겸손하지 않고, 예의가 없으며, 한국당이 어려움을 겪을 때 유승민과 함께 탈당했던 인물인 데다가 자기를 키워준 박근혜 대통령의 탄핵이 합당하다고 한 배신의 인물이다. 거기다가 정치 경험이라고는 전무(全無)한, 그래서 정치적인 포용력이 없는 인물인 것이다. 우리가 유비의 삼고초려를 왜 높이 평가하는가? 겸손한 태도와 포용력 때문인 것이다.

삼고초려를 해서 모셔와야 할 대선배에게 "버스 출발하기 전에 타라"고? 웃기지 말라. 대선행 열차는 면허 없는 이준석이 운전하는 버스 말고도 얼마든지 있는 것이다.

'새정치국민회의'라는 버스를 아는가?

새정치국민회의는 1992년 제14대 대통령 선거에서 낙선한 김대중 씨가 국회의원직 사퇴와 함께 정계 은퇴를 선언하고도, 대권에 미련이 남아 1995년 7월에 조직하여 2000년 1월에 해산한 대한민국 정당 형태의 정치모임이다. 그러니 무면허 운전자가 운전하는 대선버스에 성급히 탑승하지 말라는 것이다.

둘째로, 그를 죽이려는 저격수들이 국민의힘 말고도 민주당에, 공수처에, 검찰에 얼마든지 많다는 것을 알고 잘 대처하기 바란다.

보자, 검찰은 8개월째 수사하고도 혐의를 못 찾자 윤석열 전 검찰총장의 아내 김 여사의 전시기획사인 '코바나컨텐츠'에게 내부 메신저 등 자료 일체를 제출하라는 '압박성' 공문을 보냈다.

그래서 시비를 걸어보자.

우선 검찰은 대한민국의 대권주자로 선두를 달리고 있는 윤 전 총장을 죽이려 하지 말고, 윤 전 총장을 죽이려 하는 자들의 먼지부터 털어보기 바란다. 청와대와 정부 각료들이나 국회의원들, 털어서 먼지 나지 않는 자가 얼마나 있을 것인가? 그러니 국민의 기대주를 이런저런 죄목을 씌워 죽이려 하지 말기 바란다.

셋째로, 윤 전 총장이 삼고초려해야 할 분들이 많다는 것이다.

정치브로커 김종인이나 배신의 대명사 유승민, 김무성을 찾아뵈라는 것이 아니다.

나라를 걱정하는 판, 검사를 역임한 김진태 전 의원을 비롯한 대선배들과, 정치 경륜이 많은 이완구 전 총리와 총리 역임한 분들, 그리고 올곧고 강직한 김문수 전 경기지사, 고영주 자유민주당대표, 전광훈 목사

등도 삼고초려해서 손을 잡아야 할 분들인 것이다.

넷째가, 윤 전 총장도 말했듯이 아울러서 함께 가야 할 분들과 손을 맞잡는 것이다.

우파를 자칭하는 보수와 중도, 그리고 새로운 변화를 추구하는 진보세력과 문재인 정부에 실망한 탈진보 세대까지 아울러야 할 것이다.

다섯째가, 문재인 정부가 그동안 거덜 낸 국고(國庫)를 어떻게 채워 청년들의 몫으로 돌아갈 빚을 해결하느냐 하는 문제를 고민해야 할 것이다.

정치 9단 DJ는 전임자 탓을 해서 인기를 얻었다. 그가 대통령에 당선된 일주일 뒤 한 말은 "대통령이 되고 봤더니 국가부도가 눈앞이더라."(97. 12. 22) "내 팔자는 고생만 할 팔자인가 보다."(97.12. 24)라고 해서 전임자(YS)는 국고를 거덜 낸 사람으로, 후임자(DJ)는 그 국고를 걱정하는 사람으로 비치게 하여 인기를 끌었다. 그러나 그는 10년 앞도 못 내다보는 정치를 한 위인인 것이다. 고속도로 건설현장에 김영삼과 드러누운 자가 바로 김대중이요, 김영삼인 것을 우리 국민들은 잘 알고 있는 것이다.

그러니 대권을 거머쥐었을 때 전임자 탓하지 말고 청년들에게 돌아갈 무거운 빚을 해결할 방도를 마련하라는 것이다.

여섯째로 최재형 감사원장과의 입 싸움은 절대 금물임을 명심하기 바란다. 그분은 정치인은 물론 국민 대부분이 존경하는 분. 대권의 자리가 그분에게 가는 것을 국민들이 원한다면 법무부 장관 자리를 맡아 정의의 칼날을 휘두를 수도 있을 것이다. 그대는 아직 젊다. 상대가 최재형 원장이라면 경선하지 말고 양보하는 미덕을 발휘하기 바란다.

윤 전 총장이 살아야 대한민국이 사는 길이요, 그 길은 최재형 감사원장과 손잡고 국민의힘에 입당해서 힘을 모으는 것 외에 달리 방법이 없을 것이다. 부탁하고 싶은 것은 입당하되 무면허자가 운전하는 버스에 성급히 올라타지 말고 그의 운전 기술을 더 지켜본 뒤에 입당하기 바란다.』

이 칼럼이 나가자 전화가 걸려 왔다. 윤석열 대통령 후보였던 것이다. 만나 뵐 수 없느냐고 했다.

7월 6일 10시 대전 현충원 천안함 묘역에 오면 만날 수 있다고 했다. 그래서 장동혁 국민의힘 대전시당위원장과 함께 가 만나 뵙고 분향을 같이 했다.
그 이후 윤 대통령과 주고받은 카톡 문자와 전화를 주고받은 내용은 일일이 게재할 수가 없다.

2021.7.6일 대전 현충원 천암함 묘역에서 함께 참배하는 모습. 왼쪽이 필자

김진태 전 의원의 가족(장인어른 장례를 마치고)

 꼭 밝혀두고 싶은 것은 내가 제일 존경하는 분 가운데 하나인 강원도 춘천에서 국회의원을 하셨던 김진태 전 의원을 삼고초려해서 내 사람으로 만들라고 당부한 것이다. 그러다가 여러 가지 일정상 차일피일 미루고 있던 차에 김진태 전 의원으로부터 장인상을 치르고 찍은 사진을 받게 되었다.

 나는 사진을 윤 후보에게 즉시 보내며 이래도 안 갈 것이냐고 했다.
 그는 그날 즉시 달려가서 문상을 하고 김진태 의원과 춘천 닭갈비로 한잔하는 동영상을 나에게 보내왔다.

윤석열, 춘천 닭갈비 골목서 오찬

이 책 제1부에는 필자가 윤석열 대통령을 옹호하거나 격려하기 위해 언론에 발표했던 칼럼을 40편 올렸고, 제2부에는 자유민주당 고영주 대표께서 강직한 국가관으로 윤석열 대통령을 지키기 위해 그동안 조선일보를 비롯해 주요 일간지 사설면에 광고를 내보냈던 자료를 보내주시어 그것을 칼럼으로 쓴 것 15편을 올렸으며, 제3부에서는 윤석열 전 총장이 대통령이 되기까지 곁에서 방해를 부렸던 국민의당 안철수 대표를 비롯해, 홍준표, 이준석 국민의힘 대표 인사의 행위에 대해 칼럼으로 응사했던 글 8편을 올렸다.

이 책이 나오기까지는 윤석열 대통령과 가까운 문중종원(門中宗元)이신 윤석구 전 우리은행 전무, 행복도서출판 권선복 대표의 도움이 컸음을 알리는 바이다.

– 2022.4.9 저자 김용복

축하합니다

가수 **허진주**

축하합니다 축하합니다
축하합니다 축하합니다
축하합니다 축하합니다
하늘에서 축복이
꽃눈처럼 내려오네요
하늘에서 축복이
셀 수 없이 내려오네요
우리 같이 밀어주고 끌어줍시다
영치기 영차 영치기 영차
우리 모두 파이팅

축하합니다 축하합니다
축하합니다 축하합니다
축하합니다 축하합니다
축하합니다 축하합니다
하늘에서 축복이
꽃눈처럼 내려오네요
하늘에서 축복이

셀 수 없이 내려오네요
우리 같이 밀어주고 끌어줍시다
영치기 영차 영치기 영차
우리 모두 파이팅

축하합니다 축하합니다
축하합니다 축하합니다
축하합니다 축하합니다
축하합니다 축하합니다

이 가요는 윤석열 대통령께서 당선되신 후 축하해드리기 위하여 2022년 3월 23일 음반에 취입되어 나온 유행가요입니다. 밝고 상쾌한 리듬이기에 운행 중 들으면 피로가 풀리고 졸음이 없어져 운전하기에 도움이 되실 것입니다.

                                                                                           - 필자 주

오풍연

전) 서울신문
법조대기자가 지켜본

윤석열의 운명

오풍연닷컴

제1부

윤석열은 신이 내린 선물

1

윤석열 전 총장의 경제안목

－2021.05.13일자 투데이 플러스－

이방원은 고려충신 정몽주를 변심시키기 위해 "이런들 어떠하며 저런들 어떠하리."라고 회유했다. 그러면서 "저 만수산 드렁칡이 이리저리 얽혀있다 한들 그것을 탓하는 이가 어디 있단 말입니까?"라고 하면서 "포은 선생과 삼봉 스승님. 두 분이 저리 얽혀 우리 셋이 손을 맞잡고 조선백성들을 위해 일해주신다면 그보다 더 큰 보람이 어디 있겠느냐?"고 설득했다.

그 회유를 들은 정몽주의 대답은 간단하며 분명했다.

"이 몸이 죽고 죽어 일백 번 고쳐 죽어도 님 향한 일편단심이야 변할 수 있겠느냐?"로 대답한 것이다. 그의 변함없는 충성심 속에는 생명을 걸겠다는 각오가 꽉 차 있었다.

결국 이방원은 조영규를 시켜 정몽주를 죽였고, 정몽주의 붉은 피가 이방원의 얼굴 위에 튀었다. 철퇴를 내리치는 조영규와, 비극 속에 눈을 감는 정몽주, 그리고 그를 바라보는 이방원의 모습으로 고려의 역사는 막을 내렸다.

필자의 눈에 비친 윤석열 전 총장의 가슴속도 정몽주와 같았으리라. 자유한국당의 김무성과 유승민을 따르는 졸개들에 의하여 죄 없는 박근혜 전 대통령을 탄핵시키고 이런저런 죄를 뒤집어씌우는 일을 처리하게 되었으니 말이다.

분통이 터졌을 것이다. 그러나 당시 검찰총장으로서 어쩔 수 없었을 것이다. 한국당이 죄를 만들어 넘겨주었으니 법대로 처리할 수밖에. 그래서 살아있는 문재인 정부의 권력에 칼을 들이대게 되었고, 살아있는 권력 앞에 검찰총장의 직분은 고양이 앞에 쥐밖에 되지 않음을 알고 사표를 던졌던 것이다. 이 몸이 죽고 죽어 일백 번 고쳐 죽어도 불의 앞에는 굴종 않겠다는 심정으로.

그런 윤석열 전 검찰총장이 오랜만에 자영업 전문가를 만나 "최저임금 인상, 주 52시간 등 소득 주도 성장 정책의 최대 피해자는 자영업자고, 자영업자는 국가의 기본인 두꺼운 중산층을 만드는 핵심"이라며 대책 마련을 강조했다.

윤 전 총장은 "한국의 자영업 종사자가 1000만 명이나 되는데 이들이 취약해지면 중산층 형성이 어렵고 한국 사회의 안정과 성숙이 어려워진다."며 자영업을 살릴 방안에 대하여 고심 중이라 했다.

또한 윤 전 총장은 정규직 중심의 노동시장 양극화로 양질의 일자리가 없어졌고 여기에서 밀린 사람들이 자영업에 대거 몰려들며 자영업 공급 과잉이 발생했다는 것, 여기에 현 정부의 최저임금 인상과 주 52시간 도입으로 자영업자들이 타격을 입었고 코로나19 사태로 빈사 상태에 빠졌다는 것도 알게 됐다고 한다.

그러니 윤 전 총장이여! 그대는 검찰총장직을 수행하면서 문 정권과 그를 둘러싸고 있는 좌파들의 죄를 낱낱이 알고 있을 터. 그대는 살아있는 권력에 칼을 들이댔던 최초의 검찰총장 아니었던가? 회유를 뿌리치는 정몽주의 심정으로 쓰러져가는 나라를 살리기 바란다.

무엇이 두려우랴.

이미 좌파의 몰락이 다가오고 있는 것을. 그리고 문재인 정부는 國民을 우롱(愚弄)하는 정부라는 것이 그동안의 장관 임명과 하는 짓거리에서 드러나지 않았는가?

앞으로 좌파들과 맞서 싸울 때는 사전에 전략을 세워놓고 해야 할 것이며, 늘 경계심을 늦추어서는 안 될 것이다. 그들은 필요하면 갓난아기들을 유모차에 태워 동원하고, 미국을 적대시하기 위해 미국산 소고기를 먹으면 뇌에 구멍이 송송 나서 죽는다고 나불거리던 인간들이 아니더냐?

이 몸이 죽고 죽어 일백 번 고쳐 죽더라도 애국을 향한 그 마음 변하지 말기를 간절히 바란다. 그리고 중산층을 살려야 경제가 살아난다는 그 신념을 가지고 경제 살리는 길에 앞장서 주기 바란다.

2

야권의 칼잡이 적임자는?

-2021.5.17일자 투데이 플러스-

윤석열의 어퍼컷

우리는 흔히 망나니를 칼잡이라고 부른다.

칼을 제대로 휘두르지 못하는 자라도 상대를 오랏줄로 묶어 놓은 상태에서 칼질을 하면 쉽게 목을 벨 수 있다.

필자가 말하는 칼잡이는 이순신 장군이나 을지문덕, 연개소문 장군처럼 적군을 향해 칼을 휘두른 이들이 아니라, 아군이지만 이적행위나 자신의 이권에 눈이 멀어 나라에 해악을 끼친 자들을 향해 칼을 휘두를 수 있는 자를 말한다.

우리나라는 헌법상 대권을 거머쥔 자만이 칼을 휘두를 수 있도록 보장돼 있다. 그동안 좌파에서는 이런저런 죄목을 뒤집어씌워 이명박이나 박근혜 전 대통령을 교도소로 보냈고, 전두환 씨도 교도소로 보내기 위해 죄목을 들추어내려고 하였다.

그런데 보자.

야당 측에서는 최재형 감사원장과 윤석열 전 검찰총장이 차기 대권주자로 급부상하고 있다.

윤석열 전 검찰총장이 야권 대권주자로서 압도적 지지율 1위를 유지하고 있음에도 불구하고 최재형 감사원장이 대권주자로 나서야 한다는 목소리가 예서제서 터져 나오고 있다. 매우 희망적이고 고무적인 이야기다. 지금 좌파정권에서는 이렇다 하게 내세울 만한 인물이 없는 데다가 그나마 지지를 얻고 있는 사람은 비도덕적인 인물이요, 퍼주기로 인기를 끌고 있는 인물이기에 대권주자로서는 적임자가 못 된다.

최재형 감사원장은 판사 '외길' 원칙주의자로 정평이 나 있으며, 고등학교 때부터 사법연수원 시절까지 다리가 불편한 동료를 수년간 등에 업고 통학했다든지, 독실한 기독교 신자로서 직접 두 아들을 입양해 키우고, 기부활동을 꾸준히 이어오는 등 미담도 적지 않은 분임을 알 만한 사람들은 알고 있다.

문 정권이 7대 인사 배제 원칙을 발표한 뒤, 문 대통령에 의해 발탁된 첫 고위공직자였던 최 원장은 인사청문회 당일에 본회의에서도 찬성 231명, 반대 12명, 기권 3명의 압도적 찬성 속에 24대 감사원장 자리에 오른 흠이 없는 분이었다.

사상 최초로 국가정보원에 대한 감사도 진행해 조직·인사 분야부터 예산·기획 분야 등 다방면에 걸쳐 지적사항을 적발하는 월성 원전 1호기 감사를 기점으로 외부 공개 보고서와 다른 상세한 '수사 참고자료'도 별도로 검찰에 송부해 월성 원전 수사에 본격 불을 붙인 분이기도 하다.

국민의 기대주 윤석열 전 검찰총장의 이야기도 안 할 수 없다.

윤석열을 알려면 파평윤문 노종파 윤황 윤전 형제 및 윤증님을 알아야 한다. 이분들 파평윤문 노종파 조상들은 국가관이나 정의감, 그리고 올바른 가치관 등으로 조선시대 널리 알려진 분들이다. 그 훌륭한 조상들의 핏줄을 타고난 분이 윤석열 총장인 것이다.

윤 총장은 1960년 12월 18일 서울특별시 서대문구 연희동에서 애국자의 가문인 파평윤씨 후손으로 태어났다. 문재인 정부의 두 번째 검찰총장(43대 검찰총장)인 윤석열 총장은 서울법대에 진학, 1991년 사법시험에 합격했다. 평검사로서 1994년부터 2002년까지 활동, 사표를 내고 변호사로 1년 재직하다가, 경력직 채용형식으로 검찰에 복직하게 되었다.

다만 흠이 있다면 2016년 12월 1일 박근혜 최순실 게이트 관련 특검팀의 수사팀장으로서 활동한 것인데, 그로서도 피해갈 수 없는 처지였을 것이다. 당시 거대 여당인 한 국당 의원들이 김무성과 유승민을 주축으로 하여 이런저런 죄를 뒤집어씌워 옭아매었고, 그런 정죄된 사건을 상부로 부터 배당받았으니 담당자로서도 어쩔 수 없는 일. 직분을 다 할 수밖에.

본론으로 돌아가자.

칼잡이 이야기다. 대권을 거머쥔다는 것은 위에서 밝힌 바와 같이 손에 막강한 권력의 칼을 쥔다는 얘기다. 지난 5 년간 현 정부가 저질러놓은 잘못된 제반 정책들을 대청소 하고 자유민주주의와 시장경제 등을 부활시킬 수 있는 적 격자가 누구인지는 바로 답이 나올 것이다.

이제 부동산 급등의 원인을 파헤치고, 각종 비리와 연루 된 자들을 잡아내고, 가짜 5.18 유공자들을 잡아내어 나랏 돈을 축내지 않게 하기 위해서는 아무리 민주당의 의석이 많고 주사파들이 드세더라도 맷집이 탄탄해야 한다. 뚝심 과 인내력, 그리고 돌파력이 있어야 하는 인물이어야 할 것 이다.

십 년 선배이며 동시에 목에 칼이 들어와도 직언을 서슴 지 않는 최재형 감사원장과, 숱하게 몰매를 맞아가면서도 살아 있는 권력에 칼을 들이댔던 윤 총장. 경선을 통하여 선발된 분에게 칼자루를 주고 힘을 합친다면 비로소 나라 다운 나라로 바로잡아지리라 믿는다.

제1부 윤석열은 신이 내린 선물

3

윤석열 전 총장의 이글거리는 눈빛

― 2021.5.20일지 미래세종일보 ―

윤석열의 눈빛

윤석열 전 총장은 2021년 3월 4일 사의를 표명했고, 5일 청와대가 이를 전격 수리했다. 그는 사의를 표명하면서,

"검수완박(검찰 수사권 완전 박탈)은 부패를 완전히 판치게 하는 부패완판"이라며 여권을 강하게 비판한 다음 "이 나라를 지탱해 온 헌법정신과 법치 시스템이 파괴되고 있다. 그 피해는 오로지 국민에게 돌아갈 것"이라며 "이 사회가 어렵게 쌓아 올린 정의와 상식이 무너지는 것을 더는 두고 볼 수 없다"고 강조했다.

필자는 윤 총장이 대구고·지검을 방문해 현 정권을 비판하는 모습에서 이글거리는 눈빛이 전광석화처럼 스치는 것을 보았다. 그는 그 이글거리는 눈빛을 가지고 며칠 전에는 중소기업 관계자들을 만났고, 5월 17일에는 서울대 반도체 공동연구소를 찾았다.

반도체 수급난이 국가 기간산업에 막대한 타격을 주는 가운데 직접 연구·개발의 최전선 현장을 방문해 전문가들과 소통을 시도한 것이다.

그는 지난 17일 오후 수행원 없이 연구소를 방문하여 서울대 전기정보공학부 정덕균 석좌교수와 연구소장인 이종호 교수 안내로 4시간가량 시설을 견학했다. 윤 전 총장은 연구소를 둘러보는 동안 학계 권위자인 두 교수에게 수십 가지 질문을 쏟아냈다고 한다.

윤 총장의 궁금증은 "실리콘 웨이퍼와 기판은 어떻게 다른가", "포토레지스터에서 레지스터는 무슨 뜻인가" 등 반도체 생산 기술과 관련한 내용이 대부분이었다고 하는데, 특히 팹에 있는 일부 장비를 가리켜 "나노 반도체 시대에 크게 뒤떨어진 노후 장비들 같다"며 신형 장비 교체 비용 등에 대해 질문했다는 것이다. 이로 보아 그는 4차 산업시대에 반도체의 역할이 얼마나 소중한가를 알고 있는 것임이 분명했다.

이왕 대권도전을 향해 내디딘 발걸음 같기에 필자도 한마디 권하자.

세종시 전의면에 가면 우리나라 원자력 분야에 가장 권위가 있는 장인순 박사의 도서관이 있다. 원자력은 에너지나 핵 기술 등 모든 분야에서 필요한 기술이다. 그러기에 그 기술을 익으려고 북한에서 안달을 하는 게 아니겠는가? 어서 찾아가 뵙도록 하기 바란다. 아직도 장인순 박사는 노익장을 과시하듯 정정하게 에너지 기술을 전수하는 노력을 게을리하지 않고 있다.

　요즘 언론에 비친 기사에 의하면 세종시 A공원묘원에 안장된 윤 전 총장 조부 묘역 봉분 위에 누군가 인분과 계란 껍데기 등 음식 찌꺼기를 올려놨고, 봉분 앞에는 작은 구덩이를 판 뒤 식칼과 부적, 여성의 것으로 추정되는 길이 1m 안팎의 머리카락 한 뭉치 등을 넣고는 다시 덮어둔 흔적을 발견해 경찰이 수사에 나섰다고 한다.

　이로 볼 때, 윤석열 전 총장이 대권주자 1인자임이 확실히 증명되고 있음이 확실하다. 그렇지 않다면야 범죄인 줄 알면서 왜 그런 짓까지 하겠는가? 그 저주행위가 부메랑이 되어 그들에게 되돌아갈 것이 분명하다. 필자는 그런 짓을 하여 윤 전 총장에게 국민들의 마음을 더욱 단합하게 해준 그들에게 감사하는 바이다.

　또한, 윤 전 총장의 행보가 언론에 자주 보도되자 그에 대한 첩보나 정보들이 유튜브나 카톡을 통해 이리저리 퍼지고 있다. 그러나 과거를 묻지 않겠다.

왜냐고 묻지 마라.

필자가 존경하는 김 모 전 경기지사는 적극적인 운동권이었다가 운동권의 실체를 알고 나서는 보수 우파로 돌아선 분이다. 이처럼 대깨문이었다가, 또는 친북세력이었다가 돌아선 사람들이 얼마나 많은가. 필자도 과거엔 김대중이나 김영삼을 존경하여 그들의 바람대로 길거리에 나가 독재 타도를 외쳤지만, 지금은 몹시 후회하고 있다. 그들은 백성을 위한다며 독재 타도를 외쳤지만, 그건 자신들이 대권을 잡기 위한 기만에 불과했던 것이다. 경부고속도로의 정체 현상을 보라. 아니 그러한가? 그래서 그들이 십 년 앞도 내다보지 못하는 갑남을녀에 불과하다는 것을 지금에야 깨닫고 후회하고 있는 것이다.

요즘 윤 전 총장이 뜨기 시작하니까 윤석열은 홍 아무개의 개였다는 유튜브도 떠돌고 있다. 그러나 현재가 중요하다는 것을 그대는 알고 있을 터. 검찰직을 수행하면서 대깨문들의 흉심이 어떻고 좌파의 정권이 권력을 잡으면 어떻다는 것을 그대는 누구보다 잘 알고 있을 것이다. 그래서 그대에게 이런저런 행위나 말들로 모함하고 있는 것이다.

앞서도 말했지만 필자는 그대의 이글거리는 눈빛을 보았다. 나라를 위한 확실한 신념이 불타지 않고서야 그런 눈빛을 낼 수 있겠는가?

그러니 대권을 거머쥔 뒤에는 대한민국을 바로 세우기 위해 혼신의 힘을 기울이기 바란다.

기대가 크다. 그대의 행보에.

4

이제 나라기틀 잡히려나 보다

‒ 2021.12.01자 투데이플러스 ‒

일산 을 사랑하시는 손기호변호사
님

　국가관이 투철한 정의로운 인사들이 '국민특검단'을 조직
하여 비리덩어리로 의심을 받고 있는 이재명을 '국민재판
부'에 기소하였다. 이것을 중앙일보 12월 1일자 35면에 사
비를 들여 공표하였고, 국민의힘 김진태 전 의원은 매일같
이 이재명 대장동 비리와 이재명 조카의 보복 살인변호를
언론에 공개하고 있다.

　얼마나 국민들이 애태워 바라던 일들인가? 김진태 전 의
원의 날카로운 지적도 우리 국민들의 오장육부까지 시원하
게 해주고 있는데, 거기에 금상첨화로 자유 민주당 대표이

며 전 남부지검 검사장을 역임한 고영주 대표께서 손기호 님과 공동대표로 '국민재판부부'에 기소하게 된 것이다.

국민들이여! 이 기쁜 소식을 함께 보자. 오늘 하늘은 구름이 많더라도 우리 국민들의 마음엔 밝은 태양이 빛날 것이다.

국민특검 기소장 발표!

"이재명 전 성남시장은 최소 3,318억 원 배임의 공범"

대장동 부동산비리 「국민특검」, 11월 30일 서울중앙지검에 기소장 전달!

"검찰이 국민의 이런 노력에도 전 성남시장에 대한 수사를 기피한다면 '직무유기죄'의 책임 져야 할 것" 경고 첨부!

"검찰 수사 또는 특검이 도입되지 않는다면 국민재판부가 구성될 것이며, 국민적 심판까지 피할 수 없을 것!"

[대장동 국민특검 '국민 기소장' 요지]

○발신자 : 국민특검

○수신자 : 국민재판부

○피고인 : 이재명

○죄 명 : 특정 경제 범죄 가중처벌 등에 관한 법률위반(업무상배임)

○적용법조: 특정 경제 범죄 가중처벌 등에 관한 법률 제3조 제1항 제1호, 제2항, 형법 356조, 제355조 제2항, 제30조

■ 공소사실(범죄사실 요지)

1. 피고인은 성남시와 성남도시개발공사의 정당한 재산권을 보호해야 할 업무상 임무와 책임이 있다.

성남시장으로서 대장동 개발사업의 과반주주(50%+1주)인 성남도시개발공사의 감독권자이며 최종 결재자이자 최고 책임자였다. '대장동 개발계획' '성남의 뜰에 대한 출자 승인' 등 최소한 12개 이상의 공문에 직접 결재하면서 사업을 통제했다. 그 과정에서 '성남의 뜰'이란 민관 합작 시행사로 주택분양가 상한제를 피해 가게 하고, 임대주택 비율을 국토부 지침에 반하여 6.7%로 대폭 낮춰(유찰을 빌미 삼아) 토지 강제수용의 정당성을 훼손하였으며, 용적률도 당초 계획보다 높여 분양 가구를 늘림으로써 막대한 이익이 나도록 하여 화천대유, 천화동인 등 민간 출자사가 막대한 이익을 남기게 하였다.

2. 피고인은 초과이익 배당과 환수를 포기하는 임무 위배 행위를 하였다.

대장동 개발사업이 헐값에 토지를 수용하여 비싸게 매각하도록 돼 있어 엄청난 수익이 보장되는 사업임을 알면서도 화천대유 등 민간인들에게 그 이익이 돌아가도록 하기 위해 성남시 공기업인 성남도시개발공사(사장 직무대행 유동규)에 대해 "이익을 고정하라"고 지시하였다. 그 결과 출자지분이 7%, 3억5천만 원에 불과한 화천대유 등 민간 출자사들이 배당금 등 총수익이 2천 배가 넘는 8,571억 원을 갖도록 한 반면, 출자 지분의 절반 25억 원을 출자한 성남도시개발공사는 1,830억 원만 배당받도록 해 성남시와 공사가 큰 손해가 나도록 했다. 피고인은 공사의 공모지침서 및 사업협약서를 승인 또는 방임하는 방법으로 위 유동규 등과 공모하여, 성남시와 공사의 정당한 재산권을 보호해야 할 업무상 임무에 위배되는 행위를 하였다.

3. 피고인의 임무 위배 행위로 인한 재산상 손해 및 제3자의 이익 취득

피고인은 화천대유 대주주 김만배, 공사 기획본부장 유동규, 전략사업팀 투자사업파트장 남욱 등과 공모하여, 2015년 대장동 개발사업을 진행함에 있어 김만배의 요청에 따라 금융사 주도 컨소시움으로 된 '성남의 뜰' 사업자를 우선협상자로 선정되도록 해 각종 특혜를 줌으로써 화천대유 등이 막대한 부당 이익을 취득하게 하여 공사에 손해를 가하였다.

2021년 11월 30일

부동산비리 국민특검(상임대표 고영주 전 남부지검 검사장, 공동대표 손기호)

고영주, 손기호 대표와 김진태 전 의원이여, 당신들 같이 국가관이 확실한 분들이 앞장서 싸우고 있으니 국민들의 불안한 마음이 놓이는 것이다. 이왕 칼을 뽑았으니 끝을 마무리할 때까지 칼집에 꽂는 일이 없길 바란다.

5

윤석열 전 총장은
그렇게 한다고 죽을 사람이 아니다

-2021.5.22일자 투데이 플러스-

윤석열 조상 묘소

필자가 다시 펜을 들어야 하는 이유를 알아야 할 사람들이 있다.

윤석열 전 검찰총장의 묘소에 잡신(雜神)을 믿는 자들이 행한 짓거리들 때문이다.

지난 5월 19일 세종경찰은 세종시 A공원묘원 내 윤 전 총장 조부 묘역의 봉분 위에 누군가 인분과 계란 껍데기 등 음식 찌꺼기를 올려놓고, 봉분 앞에는 작은 구덩이를 판 뒤 식칼과 부적, 여성의 것으로 추정되는 길이 1m 안팎의 머리카락 한 뭉치 등을 넣고는 다시 덮어둔 흔적이 있다고 하면서 이에 수사를 벌이고 있다고 하였다.

그와 비슷한 테러행위가 지난 4월에도 한 차례 있었지만, 윤 전 총장 측은 경찰 신고 등의 조처는 취하지 않았다고 하면서 "별것 아닌 일로 유난 떠는 걸로 비치고 싶지 않았고, 묘를 관리해 온 친척 어른이 오물을 발견한 그 자리에서 모두 치워버린 데다, 신고했을 경우 목격자인 고령의 손윗 어른을 경찰서에 드나들게 만드는 데 대한 부담도 있었던 것 같다"고 말했다고 한다.

왜 윤 전 총장 조상의 무덤에 그와 같은 짓을 했을까?

답은 뻔하다. 현 정권이 지난 4년 동안 적폐청산만 일삼는 짓에 실망을 느낀 국민들의 기대주로 윤 전 총장이 부상하고 있기 때문이다.

어디 윤 총장만 이런 일을 겪었을까?

과거로 거슬러 올라가 보면 정몽주를 그렇게 죽였으며, 이순신 장군도 그렇게 죽이려 했다.

조선시대 무능력했던 숙종은 당쟁을 없애기 위해 인재를 파별 없이 등용했으며, 인재를 발굴한 후에는 당파 관계없이 등용하였다.

그러나 요즘 정치 세계는 이와 딴판이다. 공관병에게 갑질을 했다고 군대도 갔다 오지 않은 임태훈이라는 자가 박찬주 육군 대장을 죽이려 하고, 고 성완종 씨에게 3천만 원을 받았다 하여 이완구 전 총리를 죽이려 했으며, 그 이외에도 나라의 버팀목들이 이런저런 명분으로 죽임을 당할 뻔한 사실을 우리는 잘 알고 있다.

진정한 보수우파는 신뢰와 의리를 신념으로 삼고 역사를 배신하지 않으며, 자신의 이익 때문에 좌파독재세력에 아부하지 않는다. 이것을 확실히 안다면 보수우파의 기둥들을 모함하지 못할 것이다. 인재를 구별할 수 있는 방법은 그의 말과 행동을 살피는 것이다. 지난 과서에 어떤 행동을 했느냐가 중요한 게 아니라, 지금 그가 어떤 위치에서 어떤 행동을 하고 있느냐가 중요한 것이다.

그래서 필자는 윤석열 전 총장을 모함하고 죽이려 하는 무리들에게 그의 이글거리는 눈빛을 보라고 말한 적이 있다. 지금은 그의 손에 들려졌던 칼이 없다. 그래서 어느 누구도 공격할 수가 없다. 그러나 그의 뒤에는 그에게 기대를 거는 수천만의 국민들이 있다. 그런 그에게 기대를 거는 이유는 윤석열 전 총장이 어느 누구에게나 굽히지 않고, 국가관이나 정체성도 확실하며, 검찰총장을 역임하는 동안 예서 제서 실컷 두들겨 맞아 맷집도 단단하기 때문이다. 어디 그뿐인가? 윤석열은 칼을 들이대되 박근혜 대통령이나 문재인 정권에 공정하게 들이댔다. 다른 점이 있다면 박근혜 대통령에게는 김무성이나 유승민을 비롯해 그 졸개들이 누명을 씌워 검찰이라는 조직에 넘겨줬기에 칼을 대게 된 것이고, 살아있는 정권인 청와대에 칼을 들이대게 된 것은 울산시장 부정선거가 청와대가 개입했기에 그리하였던 것이다.

윤석열 전 총장의 올곧은 판단력은 그 몸속에 흐르는 피의 DNA부터 잠재하고 있었다.

그의 핏줄에는 그야말로 꼿꼿하다는 표현 그대로 왕이나 권세가에 조금도 돌려 말하지 않고 직언하는 걸로 이름 높았던 윤증이 조상으로 있다.

그래서 윤 전 총장을 죽이려 하는 자들에게 훈수 좀 두자.

윤 전 총장을 죽이려는 결심이 섰다면 애국심으로 이글거리는 그의 눈빛부터 죽여야 할 것이다. 그렇지 못한다면 아예 그를 죽이려 하지 말기 바란다. 조상의 봉분 위에 인분과 계란 껍데기 등 음식 찌꺼기를 올려놓거나 봉분 앞에 구덩이를 파고 식칼과 부적, 길이 1m 안팎의 머리카락 한 뭉치 등을 넣는 일 가지고는 그를 죽이지 못할 것이다.

그의 눈빛, 이글거리는 그의 눈빛과 면면이 이어온 그 몸속의 피를 보면 그가 어떤 인물임을 알기에 하는 말이다.

제1부 윤석열은 신이 내린 선물

제비처럼 날아보라

나영희 / 시인

지나는 바람을 잡아
물안개 퍼지듯
오롯이 하늘로
날려 보낸다.

가슴 조인
마음 끝의 강렬한 꿈
오랜 설레임 끝에
온전하게 피어날까요!

기다리고 기다리며
눈비가 내릴 때
커다란 돌덩이 가슴에 박혀도
부릅뜬 눈은 앞을 직시하거라.

한 걸음 한 걸음
디딤돌을 딛고
소망이 봄과 함께 속삭이니
이제 물찬 제비처럼
꿈을 찾아 날아보라.

6

죽으려고 환장하면 무슨 짓을 못해

− 2021.06.10일자 미래세종일보 −

개성공단 폭파

"죽으려고 환장하면 무슨 짓을 못해!"

이 말은 필자가 자주 쓰는 말이다. 북한의 김여정이 죽으려고 환장했기에 대한민국이 건설비 약 180여억 원, 유지비 약 160여억 원 들여 건축한 개성공단 연락사무소를 임의대로 폭파했고, 남한 정부와 우리 국군, 문재인 대통령을 향해 온갖 모욕을 퍼부었다.

"태생적인 바보", "떼떼(북한에서 '말을 더듬는 바보'라는 뜻)", "겁을 먹은 개가 더 요란하게 짖는다.", "잘난 척, 정의로운 척, 평화의 사도처럼 행동하는 처신머리가 역겹고 꼴불견", "겉으로는 멀쩡해 보이는 사람이 정신은 잘못된 것이 아닌가 하는 걱정이 든다."는 막말을 쏟아냈으며, 김정은이란 애송이는 최고인민회의 시정연설에서 우리의 문 대통령을 겨냥해 "오지랖 넓은 중재자·촉진자 행세하지 말라"고 직격탄을 날렸고, 4개월 뒤 조국평화통일위원회는 문 대통령의 광복절 경축사를 문제 삼아 "삶은 소대가리도 앙천대소할 노릇", "보기 드물게 뻔뻔스러운 사람"이라고 했다.

어디 그뿐인가?

문 대통령이 북한을 방문했을 때 옥류관 주방장이 문 대통령을 겨냥해 "평양에 와서 옥류관 국수를 처먹을 때는 그 무슨 큰일이나 칠 것처럼 요사를 떨고 돌아가서는 지금까지 전혀 한 일도 없다."고 북한 선전매체가 보도까지 했다.

이러한 비아냥을 듣고도 우리의 문 대통령은 삶은 소대가리가 비웃을 일을 서슴없이 해댔던 것이다.

이른바 북한을 주적으로 삼고 있는 남한의 대통령이,

▲휴전선 DMZ(비무장지대) 최전방 감시초소(GP) 철수

▲동해안 휴전선 근방 철조망 철거

▲병력 12만 감축 발표

▲북한 고속도로 및 철도 건설 지원(전쟁 발발 시 북쪽의 대량 무기 남쪽으로 바로 이동 가능, 속도전 허용, 철도지원 또한 대량무기가 남으로 바로 이동 용이해짐)

▲백령도 등 서해5도 북한군 공격 방어를 위한 시설 철거

▲접경지역 탱크 방어벽 철거

▲육군 최강 보병사단 및 기계화 사단 해체

▲51향토보병사단, 52향토보병사단, 55향토보병사단, 56향토보병사단 각 해체 발표

▲8기계화 사단, 11기계화 사단, 26기계화 사단 해체 등 등 등

필자가 무슨 말을 하려고 이렇게 김여정, 김정은, 문 대통령을 끌어들여 요란하게 서두를 장식하는가?

바로 죽으려고 환장하는 짓거리가 우리 정부에서 일어나고 있기 때문이다. 대한민국 국민들이 그토록 대권후보자로 갈망하고 있는 윤석열 전 검찰 총장을, 공수처에서 옭아매려 하고 있는 것이다.

보자, 언론에 보도된 내용을.

『고위공직자범죄수사처(공수처)가 유력 대권주자로 부상한 윤석열 전 검찰총장 수사에 나섰다.

10일 법조계에 따르면 공수처는 지난 4일 윤 전 총장을 직권남용권리행사방해 등 혐의로 정식 입건해 수사하고 있다. 앞서 사법정의 바로세우기 시민행동(사세행)은 지난 2월 8일 윤 전 총장과 검사 2명이 2019년 5월 옵티머스 펀드 사기 사건을 부실 수사한 의혹이 있다며 이들을 직권남용권리행사방해 혐의로 공수처에 고발했다.

이어 3월 4일에는 윤 전 총장이 한명숙 전 국무총리 모해위증교사 의혹을 받는 검사들에 대한 수사·기소를 방해했다며 그와 조남관 전 대검 차장을 같은 혐의로 고발했다. 공수처는 최근 사세행에 이 두 사건을 입

건했다는 사실을 통지했다.』 6월 10일자 연합뉴스 제공.

　두고 보자.

　국민들의 민심이 어떻게 돌아갈지.

　윤석열 전 총장은 올곧고 정의로우며, 맷집도 좋고 뱃심도 좋은 줄 국민들은 알고 있다. 그리고 박정희 전두환 이후에 등장한 모처럼이 기대주인 것이나.

　이런저런 죄명을 뒤집어씌워 윤석열 전 총장을 옭아매려는 좌파 정권은 연산군의 최후가 어떻게 마감됐는지 알고 처신하기 바란다. 연산군은 왕권을 강화한다는 명목 아래 신하들을 무참히 살해하고 유배시키는 등 수많은 폭정을 저질렀다. 그 결과가 어찌 되었는가?

　민심은 좌파정권으로부터 등 돌리기 시작했음을 모르지는 않을 터.

　기대가 크다. 윤석열 전 총장을 옭아맨 후의 결과가 어떻게 될지.

7

대한민국이 사는 길

– 2021.6.16일자 투데이플러스 –

최재형 감사원장과 손잡고

윤석열 전 검찰총장이 살아야 대한민국이 산다.

1994년 평검사로 임명받아 검사생활을 하다가 2021년 총장으로 그만두기까지 그가 보인 행보는 정의로우며, 올곧고, 어떤 권력에도 아부하지 않고 법의 칼날을 들이대고 있기 때문이다. 그런 그가 최재형 감사원장과 손을 잡고 국민의힘에 입당하는 길만이 대한민국도 살고 국민들도 살 수 있는 길이다.

물론 넘어야 할 고비가 태산 같을 것이다.

첫째로, 국민의힘 대표이며 아들보다 더 어린 이준석과

어떻게 손을 잡아야 할 것이냐가 큰 걸림돌이 될 것이다.

이준석, 그는 '인(仁), 의(義), 예(禮), 지(智)' 네 가지가 부족한 인물이라고 필자가 논한 바 있다. 그동안의 혀 놀림과 태도로 보아, 그는 겸손하지 않고, 예의가 없으며, 한국당이 어려움을 겪었을 때는 유승민과 함께 탈당했던 인물인 데다가 자기를 키워준 박근혜 대통령의 탄핵이 합당하다고 한 배신의 인물이다. 거기다가 정치 경험이라고는 전무(全無)한, 그래서 정치적인 포용력이 없는 인물인 것이다. 우리가 유비의 삼고초려를 왜 높이 평가하는가? 겸손한 태도와 포용력 때문이다.

삼고초려를 해서 모셔 와야 할 대선배에게 "버스 출발하기 전에 타라"고? 웃기지 말라. 대선행 열차는 면허 없는 이준석이 운전하는 버스 말고도 얼마든지 있다.

'새정치국민회의'라는 버스를 아는가?

새정치국민회의는 1992년 제14대 대통령 선거에서 낙선한 김대중 씨가 국회의원직 사퇴와 함께 정계 은퇴를 선언하고도, 대권에 미련이 남아 1995년 7월에 조직하여 2000년 1월에 해산한 대한민국 정당 형태의 정치모임이다. 그러니 무면허 운전자가 운전하는 대선버스에 성급히 탑승하지 말라는 것이다.

둘째로, 그를 죽이려는 저격수들이 국민의힘 말고도 민주당에, 공수처에, 검찰에 얼마든지 많다는 것을 알고 잘 대처하기 바란다.

보자, 검찰이 8개월째 수사하고도 혐의를 못 찾자 윤석열 전 검찰총장의 아내 김 여사의 전시기획사인 '코바나컨텐츠'에게 내부 메신저 등 자료 일체를 제출하라는 '압박성' 공문을 보냈다 한다.

그래서 시비를 걸어보자.

우선 검찰은 대한민국의 대권주자로 선두를 달리고 있는 윤 전 총장을 죽이려 하지 말고, 윤 전 총장을 죽이려 하는 자들의 먼지부터 털어보기 바란다. 청와대와 정부 각료들이나 국회의원들, 털어서 먼지 나지 않는 자가 얼마나 있을 것인가? 그러니 국민의 기대주를 이런저런 죄목을 씌워 죽이려 하지 말기 바란다.

셋째가, 윤 전 총장이 삼고초려해야 할 분들이 많다는 것이다.

정치브로커 김종인이나 배신의 대명사 유승민, 김무성을 찾아뵈라는 것이 아니다.

나라를 걱정하는 판검사를 역임한 대선배들과, 정치 경륜이 많은 이완구 전 총리를 비롯한 총리 역임자 분들, 그리고 올곧고 강직한 김문수 전 경기지사, 고영주 자유한국21 당대표, 김진태 전 의원, 전광훈 목사 등이 손을 잡아야 할 분들인 것이다.

넷째가, 윤 전 총장도 말했듯이 아울러서 함께 가야 할 분들과 손을 맞잡는 일이다.

우파를 자칭하는 보수와 중도, 그리고 새로운 변화를 추구하는 진보 세력과 문재인 정부에 실망한 탈진보세대까지 아울러야 할 것이다.

다섯째가, 문재인 정부가 그동안 서널낸 국고(國庫)를 어떻게 채워 청년들의 몫으로 돌아갈 빚을 탕감하느냐 하는 문제를 고민해야 할 것이다.

정치 9단 DJ는 전임자 탓을 해서 인기를 얻었다. 그가 대통령에 당선된 일주일 뒤 한 말은 "대통령이 되고 봤더니 국가부도가 눈앞이더라."(97. 12. 22) "내 팔자는 고생만 할 팔자인가보다."(97.12. 24)라고 해서 전임자(YS)는 국고를 거덜낸 사람으로, 후임자(DJ)는 그 국고를 걱정하는 사람으로 비추게 하여 인기를 끌었다. 그러나 그는 10년 앞도 못 내다보는 정치를 한 위인이다. 고속도로 건설현장에 김영삼과 드러누운 자가 바로 김대중이요, 김영삼인 것을 우리 국민들은 잘 알고 있다.

그러니 대권을 거머쥐었을 때 전임자 탓하지 말고 청년들에게 돌아갈 무거운 빚을 해결할 방도를 마련하라는 것이다.

여섯째로 최재형 감사원장과의 입 싸움은 절대 금물임을

명심하기 바란다. 그분은 정치인은 물론 국민 대부분이 존경하는 분이다. 대권의 자리가 그분에게 가는 것을 국민들이 원한다면 법무부 장관 자리를 맡아 정의의 칼날을 휘두를 수도 있을 것이다. 그대는 아직 젊다. 상대가 최재형 원장이라면 경선하지 말고 양보하는 미덕을 발휘하기 바란다.

윤 전 총장이 살아야 대한민국이 사는 길이요, 그 길은 최재형 감사원장과 손잡고 국민의힘에 입당해서 힘을 모으는 것 외에 달리 방법이 없을 것이다. 부탁하고 싶은 것은 입당하되 무면허자가 운전하는 버스에 성급히 올라타지 말고 그의 운전 기술을 더 지켜본 뒤에 입당하기 바란다.

8

윤석열다움

– 2021.6.16일자 미래세종일보 –

청와대 압수수색

윤석열 전 검찰총장이 '윤석열다움'의 행보를 보이기 시작했다.

그 증거는 다음과 같다.

그동안 윤 전 총장은 김대중 기념관을 찾고, X파일과 관련해 "대응을 하지 않겠다."던 기존 입장을 바꿔 적극 대응으로 선회한 것이 첫 번째 증거이고, 칼자루 쥔 실세 정권의 애완견 노릇하지 않고 "X파일은 출처불명의 괴문서"라며 "저는 국민 앞에 나서는 데 거리낄 것이 없고, 그랬다면 지난 8년간 공격에 버티지 못했을 것"이라고 밝힌 것이 두 번째 증거이며, 좌파정권에서 윤 전 총장의 장모님과 부인의 의혹에 대하여 문제 삼았을 때 문재인의 아버지나 어머니가 어떠한 인물인지 잘 알면서도 일체 입을 벌리지 않았던 점이 그 셋째 증거이다.

그는 과묵하면서도 살아있는 정권에 칼을 들이댈 정도로 자신만만한 태도를 보이고 있는 국민의 기대주인 것이다.

보라, 그는 "괴문서로 정치공작 말고 진실이라면 내용·근거·출처를 공개하기 바란다."고 강력히 요구했고, "허위사실 유포와 불법사찰에 대해 책임을 분명히 해야 한다."라고 하면서 "공기관과 집권당에서 개입했다는 이야기도 있던데 그렇다면 명백한 불법 사찰"이라고 정면돌파 의지를 보여 '윤석열다움'을 보여주며 국민들을 안심시키고 있는 것이다.

윤 전 총장에게 단단히 당부하겠다. 명심, 또 명심하여 그동안 당신이 걷던 행보대로 오로지 국민을 위한 길만 걷기 바란다.

지금 우리나라는 모든 분야에서 중병(重病)에 걸려 있는 것을 그대도 모르지는 않을 터. 의원이 병을 진찰하는 데는 맥(脈)을 살피어 증세(證勢)를 확정해서 병이 생긴 원인을 분명히 안 다음에 그 증세에 합당한 처방을 해야 치료가 되는 것이다.

조선시대 이항복은

"병은 양명(陽明)에 있는데 음경(陰經)에 침(針)을 놓는다든지, 울화증(鬱火證)을 앓는 데다 함부로 조약(燥藥)을 복용시켜서, 진찰을 정확하게 하지 못하여 병과 약이 서로 어긋난다면 그 통증만 가중시킬 뿐 약효를 거두기가 어렵다."고 했다.

지금 민주당이 하는 짓거리로 볼 때 우리나라의 앞닐은 암울하기 짝이 없다. 그래서 국민들은 최재형 감사원장과 그대를 필요로 하는 것이고, 필자도 얼마 전 칼럼에서 국민의힘 입당을 서두르지 말고 무면허 운전자 이준석의 운전 모습을 살펴본 뒤 최재형 감사원장의 손을 잡고 함께 입당하라고 당부한 바 있다.

지금 국민의힘에는 유승민과 김무성의 얼굴을 살피며 해바라기 노릇을 하는 정치꾼들만 눈에 뜨일 뿐 나라를 위해 소신껏 주장을 펼치는 정치인이 눈에 띄지 않는다.

따라서 윤 전 총장이나 국민들이 알아야 이 위기를 벗어나는 데 도움이 될 것이다.

내년 지방선거와 대선은 대[竹]처럼 곧고 깨끗한 척하는 좌파와의 싸움이다. 그동안 운동권출신이나 윤미향, 손석희, 조국 같은 인간들은 대처럼 온갖 깨끗한 척을 다하며 국민을 속여왔다.

필자는 자주 대[竹]의 속성을 이야기하여 좌파들의 속성을 파헤치는데 그 이유는 다음과 같다.

대[竹]의 겉모습은 곧고 속은 비어 있다. 그래서 사람들의 눈에 그럴듯하게 보이나 그 뿌리를 보면 자기들끼리 똘똘 뭉쳐 여타의 식물이나 동물들이 살 수 없게 대로 된 숲만을 이루고 있다.

대[竹]의 겉모습은 곧다. 그리고 속은 텅 비어 있어 욕심이 없는 것처럼 보인다. 사회 경험이 없는 청소년들은 학교에서 정철의 시조를 배운 바대로 대를 곧고 욕심이 없는 것으로 알고 있다. 그러나 보라, 곧고 깨끗한 척했던 자들의 결과가 어찌 되었나를.

그리고 또 보자, 눈에 드러나지 않은 대의 땅속뿌리를.

대의 땅속뿌리는 땅 위에 보이는 줄기와 달리 속이 비지 않고 알차게 채워져 있으며 자기들끼리 이리저리 얽히고설키어 빽빽하게 군락을 이루기 때문에 열매 맺는 활엽수나 침엽수, 또는 잡풀들이 자라지 못하게 하고, 그로 인해 짐승들도 이곳에서는 둥지를 틀 수 없게 만들고 있다. 가까이는 대전광역시청 앞 대숲이나 멀리는 전라남도 담양에 가보라. 가서 땅속뿌리를 파 보라.

다른 잡초나 열매 맺는 활엽수들이 어디 있으며, 이곳에 살고 있는 새나 짐승들이 어디 있나. 그래서 그들만의 숲을 이루며 시민들에게 온갖 짓으로 속이고 있는 것이다.

윤석열 전 총장이여!

이제 '윤석열다움'의 행동을 보이기 시작했으니 그대로 밀어붙이기 바란다. 필자는 전에도 대한민국이 사는 길은 윤 전 총장이 살아 있는 길밖에 없다고 했다.

보라, 정(政)은 백성을 살리는 것인데 지금 백성의 입에서 나오는 탄성을 들어보고, 신(信)은 백성들을 믿고 따르게 하는 것인데 지금 적폐청산 말고 신의가 어디 있으며, 나랏돈 퍼줌으로 곳간이 비게 된 것을 채우기 위해 안전운전을 핑계대어 시속 30~50km 제한 속도를 이곳저곳에 늘리고 있으며, 각종 제도를 바꾸어 세금 폭탄을 던지고 있지 아니한가?

그러니 국민들은 '윤석열다움' 행동을 믿는다.

소신껏 하라. 두 눈 부릅뜬 천만 국민들의 눈동자를 보라. 힘이 생기지 않는가?

9

윤석열만이 답이다

‒ 2021.6.21일자 투데이플러스 ‒

　나라꼴이 이 지경이니 윤석열 전 검찰총장만이 답인 것이다.

　물론 최재형 감사원장도 있다. 최재형 감사원장은 판사 '외길' 원칙주의자로 정평이 나 있으며, 고등학교 때부터 사법연수원 시절까지 다리가 불편한 동료를 수년간 등에 업고 통학했다든지, 독실한 기독교 신자로서 직접 두 아들을 입양해 키우고, 기부활동을 꾸준히 이어오는 등 미담도 적지 않은 분임을 알 만한 사람들은 알고 있다.

　또한 2020년 4월, 월성 1호기를 둘러싼 논란에 대하여도 언론에 보도된 대로 솔직하게 밝힌바 있으며, 윤석열 전 총장과 달리 박근혜 대통령을 수사한 적 없어 일부 보수진영의 거부감도 덜할 수 있다는 것이 그에겐 장점으로 작용될 수 있다.

하지만 보자, 왜 윤석열 전 총장만이 나라를 위기에서 구할 인물인가?

지금 우리나라를 위기로 보는 것은 문 대통령 임기 말의 하는 행보가 불안하기 때문이다.

첫째, 원전 발전에 있어 7%나 중국과 러시아의 전기를 수입하려고 추진 중에 있는 것이다. 만약 중국·러시아 전기를 수입한다면 그를 운반할 전선은 어디를 거쳐야 하는지 답은 불을 보듯 뻔한 일. 주적인 북한에게 고삐를 맡겨서야 되겠는가?

둘째는 정권수사하던 검찰팀장을 전원 바꿔치기했다는 점이다.

법무부는 6월 25일 차장·부장검사급 검찰 중간 간부 652명의 승진·전보 인사를 발표했는데, 이날 인사에선 최근까지 주요 정권 수사를 진행해 온 일선 부장검사 4명이 전원 교체됐고, 반대로, 서울중앙지검 차장 등 핵심 요직에는 좌빨 성향을 보인 검사들이 대거 전진 배치된 것이다.

그래놓고 박범계라는 장관은 "나름 조화와 균형 있게, 공정하게 한 인사"라고 자평했다.

필자는 박범계를 문재인의 애완견 노릇하는 인간이라 평

했다. 왜냐하면 "집권 후반기를 맞는 현 정권이 정권 수사를 틀어막을 '방탄검사단'을 완성했다."고 표현한 것이 그 증거다. 보라, 문정권 임기 일 년도 채 안 남았다. 그동안 했던 짓거리로 보아 앞으로 최후의 발악을 하듯 국정을 자신들의 입맛에 맞게 가지고 놀 것은 뻔한 사실. 그렇다면 임기 후 이들의 잘못을 바로 잡을 인물이 누구인가 생각해 보라.

셋째는 청와대를 비롯한 현 정권의 실세들의 부동산 투기다.

그동안 새로 들어서는 정부기관 건립이나 고속도로 건설 사업의 정보를 빼내어 부동산 투기를 하여 부동산 값을 치솟게 함으로 서민들의 집 장만은 꿈도 꾸지 못하게 한 것과, 3년간 4% 뛴 전셋값이 지난 1년 동안 16% 뛰게 한 것이 그들의 투기 때문인 것이다.

넷째는 가짜 5.18유공자를 색출해 내어 그들의 죄과를 물어야 할 것이다.

5.18유공자 명단을 못 밝히는 이유가 무엇인가? 5.18 유공자라면 그가 몇 살 때 나라를 위해 어디서 어떤 일을 했기에 유공자임을 밝혀야 할 것이다. 5.18 유공자에게 돌아가는 특혜를 보라.

북괴군 6.25 남침 때 참전하여 목숨을 잃은 분이나, 월남

전에 참전하여 목숨을 잃은 참전용사에게 돌아가는 혜택이 얼마인가 생각해 보라. 나라가 왜 이 지경이 되었는가?

그래서 칼자루 휘어잡고 이를 파헤칠 인물은 윤석열 말고는 없다는 것이다. 거기에 최재형 감사원장께서 그의 손을 잡아 치켜세운다면 얼마나 힘이 되겠는가?

박근혜 전 대통령에게 수갑을 채운 인물이기에 안 된다고? 그렇다면 보자. 만일 당신이 그 직에 있었다고 가정해 보자.

당시 거대 여당인 한국당 의원들이 김무성과 유승민을 주축으로 하여 이런저런 죄를 뒤집어씌워 탄핵시킨 다음 검찰직에 근무하던 자신에게 배당하였으니 피할 수 없었던 일. 그도 박 전 대통령의 사건을 맡으며 얼마나 분통이 터졌겠는가? 그리하여 울산 선거에 청와대가 개입했다는 사건이 입수되자 청와대 압수수색에 들어갔던 게 아니던가?

대답해 보라. 윤석열 전 총장이여. 그 당시 분통이 터지는 것을 참느라 고생했다고. 그리고 윤 전 총장을 비난하는 무리들이여, 청와대 압수수색 할 때 윤 전 총장의 이글거리던 눈빛을 보지 못했단 말인가?

다시 말한다.

이 지경으로 기울어진 나라를 바로 잡을 자 윤석열 전 총장 말고는 없는 것이다.

10

윤석열이여,
좌파들의 꼼수에 휘둘리지 말라

– 2021.7.3일자 미래세종일보 –

좌파들은 새겨듣기 바란다. 윤석열 장모가 뭐 어쨌다구? 윤석열 전 총장의 장모가 의료법 위반 혐의로 법정 구속된 것이 사필귀정이기에 윤 전 총장에게도 책임이 있다고?

그렇다면 묻자.

우리 국민들은 문 대통령의 아버지 문용형 씨가 6.25때 어떤 짓을 했는가를 잘 알면서도 문 대통령에게 연좌제를 묻지 않고 대통령직을 수행하는 데 걸림돌이 되지 않게 하고 있는 것을 모르지는 않을 터. 더구나 결혼 전 장모의 과거 사건까지 사위가 책임져야 하는 우리나라 법조문이 어디 있으며, 나이 쉰 살이 넘어 결혼하면서 상대 어머니의 직업까지 검증하고 결혼을 하는 사람이 어디 있는가 묻자.

또 묻자.

윤 전 총장이 대권 선언을 하지 않았다면 장모님을 구속시켰을 것이며 연좌제 적용을 했겠는가? 거듭 묻자.

윤 전 총장이 대권 주자로 선두에 달리지 않고 유야무야한 존재로 있었다면 장모님을 구속했겠는가?

그대들은 과거 미국산 소고기 먹으면 뼈에 구멍이 송송 나서 죽는다고 촛불에 유모차까지 동원했던 인간들 아니던가? 방송으로 나불거리던 인간은 어떤 일로 무슨 짓을 했기에 방송에서 물러났는지 이미 언론에 보도되어 잘 알고 있을 터. 권력을 손아귀에 잡자 그대들이 한 짓이 어떤 것들인지 차마 입에 담기도 부끄러울 정도다.

보라, 온갖 얼굴 들기가 부끄러운 짓들을 그대들이 하고 있는 게 아니었던가?

국민의힘 졸개들도 반박하는 이들이 있을 것이다. 박근혜 전 대통령을 구속시킨 인물이기에 안 된다고. 그렇다면 국민의힘 졸개들에게도 묻자. 박근혜 대통령에게 죄를 뒤집어 씌워 거대 여당과 손잡고 검찰에 넘긴 자들이 누구인가? 김무성이나 유승민을 비롯해 그 졸개들이 누명을 씌워 검찰이라는 조직에 넘겨줬던 게 아니던가? 당시 윤 전 총장은 총장직에 있지 않았다.

연좌제를 나불거려 윤 전 총장에게 흠집을 내려는 자들은 이것만을 알라.

팽이는 때릴 수록 잘 돈다는 말은 하지 않겠다.

캐나다에 가면 백송(白松)나무가 많다. 서울 통의동에 가도 천연기념물로 지정된 백송나무가 있다. 이 백송나무는 칼을 대어 흠집을 내면 송진이 나와 나무를 보호한다. 보호하되 아주 단단히 톱날이 들어가지 않도록 보호한다.

우리나라의 대들보 역할을 하게 될 윤석열 전 총장에게 흠집을 내려는 그대들에게 이 정보를 주는 것이다.

백송나무에서 나오는 송진은 우선 자신을 이루고 있는 소나무를 지키고, 나무뿐만 아니라 우리 인체에도 엄청난 효능을 준다. 송진은 나무에서 흘러나올 때는 맑은 액체로 되어 있다. 좋은 향기도 풍기기에 송지(松脂)라 하고 송고(松膏)·송방(松肪)·송교(松膠)·송향(松香) 등으로도 불리며 역청이라고도 불린다.

백송나무에서 나오는 송진은 구멍을 뚫거나 불에 태워 인위적으로 채취한 송진보다 오래된 소나무에서 외부의 상처로 인해 자연적으로 흘러나온 것이 사람들에게 양질의 약재가 된다.

그대들이 윤 전 총장에게 상처를 입혀 나오는 송진도 이와 같을 터. 상처를 받는 윤 전 총장이 굽히지 않고 더욱 강한 인물로 버텨준다면 불치병으로 알려진 나병(癩病)이나 무릎관절도 고칠 수 있는 것처럼 이를 지켜보는 국민들의 마음도 정제와 조제를 거쳐 상처를 치료함은 물론이다.

거기에 유모차로 동원되어 지금 성인이 된 이들의 상처에 사용해도 절묘하게 낫는 게 백송에서 나오는 송진의 효능인 것이다.

필자가 왜 이런 말을 하는가?

사필귀정이니 연좌제를 떠들고 있는 좌파들에게 정보를 알려주기 위해서다. 그게 무슨 정치와 관련된 정보냐고 묻는 애완견들이 있을 것이다.

백송같이 꿋꿋한 윤 전 총장에게 결혼 전의 장모님 일 가지고 연좌제니 사필귀정이니 상처를 내지 말라는 것이다. 상처를 내면 낼수록 그 몸을 지키기 위한 송진이 국민들의 마음속에서 마구 흘러나오게 될 것이고 그 송진으로 말미암아 위와 같은 마음의 상처를 받은 국민들이 치료를 받게 되어 결국은 윤 전 총장을 지키기 위해 두 주먹 불끈 쥘 것이 뻔하기 때문이다.

자랑스럽다. 윤 전 총장이여!

졸개들의 비아냥에도 끄떡하지 않고 정권교체를 위해 제 갈 길 가고 있는 모습이.

터널

서민경 / 시인

터널
함부로 뚫어버린 산의 심장
저 구멍을 통과해야 하기에 페달을 밟는다

호랑이 입 같은 어둠의 아가리
꿀꺽 삼켜버릴 것만 같은 불길한 예감
어둠이 길게 누워있다

숨이 막힐 듯한 터널의 긴 내장 속에
매캐한 냄새가 나고
밀려오는 공포심을 떨치며
시속 70km의 제한속도를 지키며 달린다

점점 가까워지는 밝은 손짓
흰 구름 사이로 날아오르는
작은 새떼의 날개가 푸르다

나를 소화하지 못하고 토해낸 터널은
아무 일 없었다는 듯
쓱쓱 입을 닦는다

터널을 빠져나와
또다시 브레이크를 밟고

11

윤석열 두 눈에 맺힌 피눈물

– 2021.7.6일자 미래세종일보 –

천안함 묘역 참배

2021년 7월 6일 화요일 오전 10시.

대전 현충원 천안함 용사 묘역에 오면 만날 수 있다는 윤석열 전 검찰총장의 문자를 받고 장동혁 전 광주지방법원 부장판사와 함께 달려갔다.

윤 전 총장은 차에서 내리자마자 현충탑을 찾아 분향을 마치고 "공정과 상식"을 재차 강조했다. 특히 천안함 전사자의 묘비를 어루만지면서 "뭐라고 한 말씀 하라"는 기자들의 요구에,

"젊은 몸으로……."

말을 잇지 못했다. 순간 필자는 그의 두 눈에 맺힌 눈물을 보았다. 눈물이되 진한 피눈물로 필자의 눈에 비쳤던 것

이다.

왜 아니 그러랴!

언제라도 싸워 이길 수 있는 필승의 임전 태세로 NLL을 지키다 2010년 장렬히 산화한 천안함 46용사들이 지금 이곳에, 윤 전 총장의 앞에 말없이 누워있는데, 그리고 그 용사들의 말 없는 충성심과, 슬픔과 온갖 고초를 이겨 내신 전우들과 유가족 분들이 아직도 살아 슬픔과 고통을 견뎌 내고 있는데 어찌 피눈물인들 흘리지 못하겠는가?

그는 묘비를 어루만졌다. 쓰다듬으며 눈물을 흘렸다. 이 묘역 저 묘역 보살피며 어루만지는 모습이 감동, 그 자체였다.

국방부는 지난 3월을 천안함 피격 11주년과 제6회 서해수호의 날을 기념하기 위해 '서해수호 용사 추모 주간'으로, '안보결의 주간'으로 정했지만 지금 휴전선을 가 보라. 북괴군 침략의 걸림돌이 되던 지뢰밭을 비롯해 대부분 방어 장비가 어디 있으며, 그 많던 군인들이 어디로 갔는가? 오로지 휴전선에서 김정은 괴뢰도당과 손잡고 헤헤거리며 넘나들던 문 대통령의 모습만 국민들의 뇌리에 남아있을 뿐이다.

윤 전 총장이 흘린 그 피눈물에 간곡히 호소한다.

'전우가 사수한 NLL 우리가 지킨다'는 결심 아래 위대한 조국 대한민국을 지키다 가신 젊은 목숨들과 살아남은 전우, 그리고 그 부모님과 자녀들의 한을 풀어주기 바란다.

왜 5.18정신과 촛불정신은 기리자고 기염을 토하면서, 처참히 폭침된 천안함과 함께 서해 바닷속에 뿌려진 거룩한 피와 통한의 눈물, 살아있는 천안함 전사자들의 정신과 연평도 전사자들의 정신을 기리자는 말은 없는가?

살아 돌아와 마지못해 삶을 영위해 가는 전우들의 고통도 헤아려 주기 바란다.

사지에서 살아 돌아온 후유증으로 시달리다가 지난 2월 말에 전역한 최원일 함장과 천안함 생존 장병들의 피 끓는 호소에도 귀를 기울여야 할 것이다.

우리는 언제까지 북괴와 좌파들에게 당할 수만은 없는 것이라는 단단한 결심도 하기 바란다.

그대가 방명록에 기록한 '목숨으로 지킨 대한민국, 공정과 상식으로 바로 세우겠습니다.'라는 결심 그대로 실천하기 바란다.

또한, "보훈이라고 하는 건 국방과 어떻게 보면 동전의 앞뒷면같이 하나라고 생각한다."며 "국방 강화도 중요하고 마찬가지로 우리 국가를 위해 희생되신 분과 가족들에 대한 보훈도 확실하게 챙겨야 한다."고 말한 것을 확실히 지켜주기 바란다.

그리고 카이스트를 방문해 문재인의 탈원전 공약을 비판해 온 서울대학교 원자력공학과 주한규 교수와 만남을 가진 뒤, 문 대통령의 탈원전 정책들이 성급한 정책이었다며 비판하는 자리에서, 원자력은 "영화에서 말한 것보다 위험하지 않다"고 했는데, 영화에서 말하는 것보다 위험하지 않은 것이 아니라, "좌파들이 말하는 것보다 훨씬 더 위험하지 않다"고 했어야 했다. 보라, 원자력이 위험했다면 왜 그 기술을 그가 그토록 좋아하는 북한에 넘기려 했겠는가?

　말이 나온 김에 당부 좀 더 하자.

　앞으로는 모든 차(車)들이 전기차로 대체되게 될 것이다. 원자력 발전소 없이 태양광 발전으로 가능하겠는가? 얼마나 많은 산을 더 까뭉개고, 농지에 말뚝을 더 세워야 그 많은 전기를 충족시킬 수 있겠는가? 태양광 발전을 꼬득여 산을 까뭉기게 한 사람들과 그 의문도 확실히 밝히기 바란다. 앞으로는 기차뿐만 아니라, 하늘을 나는[飛] 비행기나 자동차들이 전기로 움직이게 될 터인데 그 수요를 어떻게 감당하게 될 것인가?

　해답은 윤석열 전 검찰총장밖에 없는 것이다.

　그대는 뚝심이 강하고, 미래를 내다볼 줄 알며, 나라를 위한 일이라면 언제든 살아 있는 권력에 서슴없이 칼을 들이댔던 인물이기 때문이다.

12

윤석열이
갈지(之)자 행보를 하고 있다고?

– 2021.7.17일자 미래 세종일보 –

윤석열 전 검찰총장을 향해 갈지(之)자 행보를 하고 있다고 비아냥거리는 인간들이 있다.

갈지(之)자 행보란 이리저리 비틀거리며 쓰러질 듯 걷는 걸음을 말한다. 북한의 김정은이야말로 갈지 자 걸음의 대표적 인물이다. 그런데 그를 보고 갈지 자 걸음이라고 비아냥거리는 것을 필자는 보지 못했다.

갈지 자 걸음이 왜 어때서?

서둘러 국민의힘에 입당하지 않고 독자적인 행보만 하고 있다고?

보라, 갈지 자 행보를 하지 않고 퇴임 며칠 만에 국민의힘에 입당한 최재형 전 감사원장이 지금 어떤 지경에 놓여 있는가?

최재형 전 감사원장은 대부분 국민들로부터 존경을 받는 분이다. 거기에 이렇다 할 흠도 없다. 그런 그가 지난 15일 이준석 국민의힘 대표와 회동을 한 뒤 전격 입당했다. 감사원장직을 사퇴한 지 17일 만이다. 최 전 원장은 이날 입당 배경에 대해 "정치는 뜻을 같이하는 사람들이 함께 모여서 공동의 목표를 이뤄가는 과정"이라며 "온 국민이 고통받는 현실에서 가장 중요한 명제인 정권교체를 이루는 중심은 제1야당인 국민의힘이 돼야 한다"고 말했다.

맞는 말이다. 그리고 그는 갈지 자 행보를 하지 않고 달리기 선수처럼 좌고우면(左顧右眄)도 하지 않았다. 그 결과가 어떻게 되었는가?

민주당의 공격대상이 되고 말았던 것이다. 일부 민주당 의원들은 사정기관장의 '정치적 중립성'이 훼손됐다며 맹폭을 가했다.

윤호중 민주당 원내대표는 "사표 잉크도 마르기 전인데 너무 급하다. 우사인볼트도 울고 갈 정도의 속도"라며 "임기 중 출마 선언 자체가 헌법 유린 행위다. 그야말로 자리 '먹튀', 인지도 '먹튀'하며 관료들의 특권의식이 목불인견 수준에 이르렀다"고 비꼬았으며, 김영배 민주당 최고위원도

"정치적 사익에 눈이 멀어 그 직을 이용해 정치적 중립을 차버린 최 전 원장은 최소한의 금도도, 책임감도, 비전도 없는 3무(無) '최로남불'"이라고 꼬집었던 것이다.

거기에 한술 더 떠 정청래 민주당 의원은 최 전 원장을 '친일파'에 빗대기도 했다. 그는 15일 페이스북을 통해 "독립운동을 하다가 노선이 안 맞는다며 곧장 친일파에 가담해서는 안 되는 것 아닌가. 관직을 받을 때는 충성을 맹세하다가 단물 다 빼먹고 헌신짝 버리듯 하는 나쁜 인간성은 갖지 말자"고 꼬집었다.

필자는 민주당 윤호중 원내 대표나 김영배 최고의원의 말과, 정청래 의원을 향해 '단물 다 빼먹었다고 했는데 그 빼먹은 단물이 무엇이냐'고 따지거나 탓하지는 않는다. 상대 당 선수를 향해 펀치를 날리는 것은 당연한 그들의 임무이기 때문이다.

문제는 국민의힘에 있다. 최재형 전 원장이 입당할 때만 하더라도 적극적인 지원군 행세를 하던 국민의힘 의원들 말이다. 이준석 국민의힘 대표의 "최재형에 정치적 공격 감행한 집단 어딘지 국민이 안다"는 말 외에 두들겨 맞고 있는 최 전 감사원장을 방어해 주는 의원들이 어디 있나 말해 보라.

이준석 국민의힘 대표는 최재형 전 원장이 얼마나 몰매를

맞고 있는지 알고 있다. 그래서 이 대표는 16일 YTN 라디오에 출연해,

"최 전 원장이 직무를 수행하지 못할 정도로 압박을 주고 정치적 공격을 감행한 집단이 어딘지 국민이 안다"고 말했던 게 아니던가.

퇴직하자마자 오랜 숙고(熟考)의 과정이나 정치선배들의 훈수도 들어보지 않고 무면허 운전자(이준석 대표를 말함)가 운전하는 당에 덥석 뛰어들었다는 것은 최 전 감사원장이 정치적 초보생임을 여실히 보여주는 증거가 아니고 무엇이겠는가? 최소한 윤 전 총장이나, 이완구 전 총리와 숙의를 한다음 애국선열의 묘를 찾아 다짐을 한 뒤에 입당을 했어야 국민들이 바라는 아름다운 그림이 그려졌을 것이다.

더구나 국민의힘에는 모사꾼의 대부(代父) 유승민이나 김무성이 도사리고 있는 것을 모르는 국민들이 없을 것이다. 정치 경험이라고는 조금도 없는 최 전 감사원장이 그들의 모사를 견뎌내고, 이겨낼 수 있을지 의문이다.

보라,

갈지 자 걸음을 걷는다고, 그래서 지지율이 떨어지고 있다고 비난을 들으면서 정치 선배를 찾아 아는 길도 물어가는 윤석열 전 총장의 행보가 얼마나 믿음직스러운가를.

그리고 윤 전 총장이나 최 전 감사원장은 가슴 깊이 새겨야 할 것이다. 지금 국민의 힘에는 살아있는 실세 권력인

박근혜 대통령을 탄핵시키고 죄를 뒤집어씌워 검찰의 손에 넘겼던 유승민과 그 추종자들이 우글거리고 있고, 원로답지 않게 아군에게 총질하는 홍준표 의원이 있음을 명심 또 명심하고, 갈지 자 걸음을 걸어 늦어도 좋으니 가벼운 행동 삼가기 바란다.

13

정치인으로 변신하는
윤석열 전 검찰총장

– 2021.7.20일자 투데이플러스 –

　윤석열 전 검찰총장이 정치꾼이 아닌 정치인으로 변신하고 있다. 5.18묘역을 찾은 것이 그 대표적 예이다.

　그러나 윤석열 전 검찰총장의 광주 5.18 민주묘지 참배를 두고 정청래, 김두관을 비롯해 여권 인간들이 비난을 쏟아내고 있다. 비난을 쏟아내되 저질스러운 비난을 쏟아내기에 필자가 또 나선다. 비난의 내용을 보면 '검찰' 출신은 참배할 자격이 없다는 게 이유다. 김두관 민주당 의원은 19일 직접 광주 5.18 묘역으로 달려가 "더러운 윤석열의 손이

닿았던 묘비를 다시 닦아 깨끗이 하겠다."고 윤 총장이 어루만졌던 묘비를 닦아내는 시늉을 했다.

정청래라는 민주당 의원도 "광주의 한을 표로 이용해 먹으려는, 광주의 눈물과 거리가 멀었던 정치꾼들에게 광주는 엄청난 분노를 갖고 있다"고 했다. 윤 전 총장을 향해서는 "광주의 눈물을 흘리게 했던 자들은 광주 5.18 정신에 침 흘리지 말라."고 침을 튀겼다.

정청래는 그 입 다물고, 김두관은 그 저질스러운 행동 집어치우기 바란다. 그리고 가슴에 손을 얹고 깊이 생각해 보기 바란다. 광주 묘역을 이용해 먹는 자들이 누구인가를. 필자는 5.18에 대한 칼럼을 쓸 때마다 호남선 열차를 타지 않는다 했다. 가짜 유공자가 차내에 있어 오염될까 두려워서다.

윤석열 전 총장이 5.18 묘역을 찾아 눈물을 흘린 것은 진심으로 민주화를 부르짖다 돌아가신 영혼들을 위로하기 위해서지 "광주의 한을 표로 이용해 먹으려"는 의도는 아닌 것이다. 정청래와 김두관은 필자의 논리에 반박해 보기 바란다.

지금 민주당 내에는 이런 자들이 금배지를 달고 국가의 세금을 축내고 있다.

5.18 묘역을 찾는 것을 일반 우파 시민들은 대부분 좋아

하지 않는다. 무기고를 습격하고 장갑차를 몰았던 자들도 이곳에 묻혀있는지 모르기 때문이다. 그러니 이곳에 묻혀 있는 영령들의 신분과, 언제, 어디서, 무슨 일을 했기에 유공자가 되어 이곳에 묻히게 되었노라고 떳떳이 밝혀주기 바란다.

말이 나온 김에 유튜브에 떠도는 말도 짚고 넘어가자.

첫째가, 서울대 모의재판에서 윤석열 전 총장이 박정희 대통령을 비난했다는 것이다.

그랬을 것이다. 필자도 당시에는 한 치 앞도 내다보지 못하는 김대중과 김영삼에게 속아 길거리 투쟁에 나간 것이 한두 번이 아니었다. 휘발유 한 방울도 안 나오는 나라에서 무슨 고속도로 건설이고, 자동차 공장 건설이냐고. 삼천리 자전거 한 대면 그만이지 하고.

둘째가, 문재인에게 충성 맹세했다는 것이다.

생각해 보라. 정치 보복을 하지 않겠다는 것이 충성 맹세인가?

이것을 두고 "집권하면 문재인을 아주 보호하겠다."고 공언을 한 것으로 매도해서야 되겠는가?

문재인 정권 4년 동안 윤석열이나 추미애, 박범계에게 칼자루를 쥐어주고 얼마나 피비린내 나는 정치 보복을 하였는가? 문 정권에 이용당하면서 이를 갈았을 것이다. 그래서 울산 선거 비리가 터지자 청와대에 압수수색을 감행했던 게 아니던가?

그러니 윤 전 총장은 정치 보복을 위한 수사는 하지 않되 죄는 물을 것이다. 정치 보복이란 죄 없는 박근혜 대통령에게 죄를 뒤집어씌워 몇십 년 형량과 벌금을 때려 교도소에 가두는 것을 말한다.

보라, 얼마나 두려웠으면 현 정권을 수사하던 검사들을 흩어버렸겠는가?

윤석열 전 총장 말대로 권력을 남용하면 몰락하게 돼 있다. 그동안 권력을 남용해 원자력을 없앤 결과가 어떻게 되고 있나 보라. 공무원 나리들 에어컨 돌리지 못하고 찜통 근무실에서 근무하느라 얼마나 더우시겠습니까?

아아, 윤석열 대권 주자여!

그대 결심대로 나라와 국민을 위해서라면 좌로나 우로나 흔들리지 말고 앞만 보기 바란다. 박정희 대통령도 흔들리지 않았기에 5천 년 가난을 물리치지 않았던가?

모세가 출애굽 할 때의 심정으로 대한민국을 이끌어가기 바란다. 많은 시련이 뒤따를 것이다.

14

윤석열 대 이재명, 누구를 택할 것인가?

- 2022.01.30일자 투데이플러스 -

자유민주당 고영주 대표가 1월 26일 조선일보, 동아일보, 중앙일보, 문화일보 사설지면에 올린 국민에게 전달하는 메시지다. 보자, 그 간곡한 메시지를.

국민 여러분,
'공정과 자유의 나라'와 '전과 4범이 대통령인 나라'중 무엇을 원하십니까!
(정권 교체되면) 자유시장경제와 굳건한 한미동맹의 나라를 원할 것인가?!
(정권 유지되면) 국민을 갈라치고 끼리끼리 이권 나눠 먹는 나라를 원할 것인가?

1. 대통령의 자격으로 볼 때

   '윤석열' 최고권력의 불법과 탄압, 위선과 무능에 맞서 싸운 대통령이 법치와 공정, 자유와 품격, 전문가 국정운영으로 자유와 창의를 활짝 꽃 피우는 나라. 굳건한 한미동맹과 힘에 의한 대북 평화

   '이재명' 국토보유세, 음식점 허가제 등으로 국민 생활과 시민사회를 통제·억압. 가족과 이웃에 대한 패륜적 막말과 상습적인 거짓말 횡행. 국가 권력 남용 일상화. 철지난 이념에 의한 끼리끼리 이권사회

2. 부동산, 대장동 사건으로 볼 때

   '윤석열' 시장을 존중한 주택 250만호 공급정책. 민간 영역과 재건축·재개발을 통한 달성. 1주택자에 대한 양도세·재산세 완화 종합부동산세 전면 재검토 등 부동산세제 정상화, 부동산 거래도 시장 자율

   '이재명' 부동산 규제 남발로 가격을 폭등시켜 국민간의 자산소득 불공평 극대화. 국토보유세와 기본소득 토지세 도입, 공시지가 폭등 등의 세금폭탄으로 일자리 창출 기업은 죄악시, 국민은 갈라치기

3. 경제와 기본소득 면에서 볼 때

   '윤석열' 탈원전 부담을 국민에 떠넘긴 전기료 인상 백지화. 현금 뿌리기 아닌 어려운 계층 우선 지원. 모태펀드 확대로 청년과 여성 창업자 지원. 중부권 최첨단 연구개발 창업단지. 역동적 성장, 따뜻한 복지

'이재명' 국민에게 기본소득 100만 원 지급. 50조 원이나 되는 재원 마련 위해 국토보유세, 탄소세 등 부과. 스위스에서는 국민이 거부한 단순 퍼주기 정책 시행. 국가가 일일이 개입하는 전체주의적 경제정책

4. 도덕성면에서 볼 때

'윤석열' 범법 사실이 전혀 없고 최고권력을 상대로 공정과 상식을 관철시킨 사람이 대통령인 나라. 부인에 대한 여권의 의혹선동에 오히려 2030여성의 지지가 오르는 후보가 대통령인 나라

'이재명' 전과 4범(무고 및 공무원 사칭, 도로교통법위반 음주운전, 특수공무집행방해 공용물건 손상, 선거법 위반)에다 가족에 대해 패륜적 막말을 하는 사람이 대통령인 나라

5. 여성, 청년 정책에서 볼 때

'윤석열' 여성가족부를 성평등가족부 등으로 개칭 공약했으나 여론 과반이 폐지 찬성(1.20~11 리얼미터). 청년기본소득 100만 원 지급 공약했으나 2030세대 60%가 반대(1.18~19 우리리서치)

'이재명' 여성가족부는 여성을 볼모로 정치하는 사익집단의 수단. 남성을 잠재적 범죄자로 취급하는 홍보 시정해 양성평등 정책 지향하고 육아휴직 확대

6. 북핵 안보, 외교면에서 볼 때

'윤석열' 쇼와 대북 굴종에 의한 평화가 아니라 강력한 방어력에 평

화. 북한의 핵·미사일 한 발에 국민 수백만 명이 희생되는 것을 선제적으로 막기 위해 '킬 체인'을 비롯한 한국형 3축 체계 구축. 당당한 외교와 튼튼한 안보의 한미동맹을 재건. 완전한 비핵화를 전제로 남북 대화와 협력 가능

'이재명' 극초음속 미사일 시험 등 대한민국을 겨냥한 핵무기를 고도화하고 있는 북한과 원팀이 되어 강한 안보론자를 전쟁광이라 모는 나라. 우리만 무장 해제한 '한반도 평화프로세스'를 계승. 종전선언으로 미군철수를 선동. 대북 대중 굴종외교 지속

국민들이여, 답하기 바란다. 3월 9일이다.
며칠 남지 않았다.

15

윤석열 전 검찰총장의
절규가 들리지 않는가?

− 2021.08.12일자 투데이 플러스 −

　윤석열 전 검찰총장이 문재인 대통령을 향해 절규를 토했다. 얼마나 두고 보기에 속이 터지도록 안보가 위태로웠으면 그랬을까?

　얼마 전 박찬주 국민의힘 충남도당 위원장께서도 한미군사훈련을 "국방부 장관이 미국과 잘 협의해서 처리하라."는 말을 듣고 "전쟁이 일어나도 국방부 장관에게 책임을 전가할 것이냐?"고 울분을 토하며 대권 반열에 뛰어들었다.

　문 대통령은 분명히 답해야 할 것이다.
　이 두 분 대권후보들의 물음에. 이들의 울부짖음은 안보를 걱정하는 대다수 국민들의 울부짖음인 것이다.

보자, 윤석열 후보의 포효를.

한반도 평화를 위협하는 북한의 오만한 행동이 선을 넘고 있습니다.

북한이 '주한미군 철수'를 주장하는 무리수를 둔 데 이어, 얼마 전 복원한 군 통신선마저 일방적으로 끊어버렸습니다. 심지어 김여정 부부장은 '위임에 따라'라는 표현을 적시한 담화를 통해 이런 주장이 김정은의 뜻임을 분명히 밝혔습니다. 이에 그치지 않고 오늘 김영철 부장은 '엄청난 안보 위기를 느끼게 해 줄 것'이라며 엄포를 놓고 있습니다.

문재인 정부가 북한에 일방적으로 끌려가며 만들어진 남북관계의 현실이 여실히 드러나고 있습니다. 북한 김여정의 '한미 연합훈련 중단 담화' 이후 범여권 정치인들의 성명서 발표 등 잇따른 행위를 지켜보면서 '김여정의 하명 정치'에 걱정과 우려를 보인 국민 분들이 적지 않습니다. 특히 이후 김여정의 담화에 담긴 "남조선 당국자들의 배신적인 처사에 강한 유감을 표한다."라는 문구를 보며 이런 의구심은 더욱 커집니다.

문재인 정부에 묻습니다. 단절된 통신선 복구를 진행하면서, 국민께 알리지 않고 북한과 이면 협의한 내용이 있습니까. 북한이 왜 통신선 복구에 관한 청구서를 내밀기나 하듯, 이런 무리한 적대행위에 나서는지 저간의 상황에 대해서 정부가 있는 사실 그대로 국민 앞에 설명하기 바랍니다.

북한이 심각한 내부 정치 상황을 타개하기 위해, 무리한 도발을 강행하면서 그들의 입지를 강화하려는 것은 아닌지 걱정이 큽니다.

북한과의 대화는 필요하고 환영합니다. 하지만 그것은 실질적 평화와 호혜적 교류 협력을 지향하는 것이어야 합니다. 그리고 지금은 국민안전을 최우선으로 하면서 북한의 도발 가능성에 대비하고, 한미동맹은 굳건히 지켜나가야 할 때입니다.

한반도 평화를 위협하는 북한의 정치공세에 단호히 대응하고, 국민의 생명과 안전을 지키기 위한 대통령의 분명한 행동을 촉구합니다.

윤 전 총장에게 훈수 좀 두자.

이제 그대는 각오해야 할 것이다. 그대가 싸워야 할 상대는 민주당 대권후보들보다 내부에 있는 국민의힘 12명 가운데 10명의 후보들인 것이다. 박찬주 전 육군대장은 안보를 걱정하는 마음이 그대와 같기에 그대를 향해 총질을 해대진 않을 것이고, 최재형 후보도 덕망이 높고 국민들로부터 추앙을 받는 분이니 그대에게 흠집 내는 일을 하지 않을 것이다. 그러나 다른 후보들의 면면을 보라.

그들과 맞대응하기 위해 일일이 말다툼하지 말기를 바란다. 윤석열 그대의 올곧음은 국민들이 알고 있다. 박찬주, 최재형 후보를 제외한 10명의 후보와 침묵으로 싸워 이겨 난세에 처해 있는 대한민국을 바로잡아주기 바란다. 청와대 압수수색을 할 때에도 그대는 말없이 행동으로 옮겼던 것을 국민들은 잘 알고 있다.

따라서 그대가 할 답변은 언론에서 필자가 대신 할 것이다.

아침의 나라

류지탁 / 시인

따스한 숨결들이
여기 저기서 피어나고 있다

하늘과 땅에 목숨 줄 이어주는
밝은 태양 솟는다

지난 어둠의 탯줄 끊고
솟아나는 태양을 맞아
목청 높여 찬가를 부르자

쇠 심줄같이 질기고 쇠 말뚝처럼 굳건한 정신
자유와 평화 사랑과 정의가 살아
새 날의 꿈을 가꾸는
아침의 나라 한 민족의 거룩함이
통일의 그날을 향해
금빛 찬란한 동방의 나라
영원히 빛나라 크게 외쳐보자

자유와 평화 정의가 함께하는
세상을 가꾸어
아침의 나라 해 돋는 나라
동방예의지국
온누리에 빛나게 하자

16

맞으면 맞을수록
높아지는 윤석열의 지지율

— 2021.8.14일자 투데이플러스 —

2월 4주차 대선후보 통합 지지율
*단위: %, ( )안은 2022년 2월3주차 대비

이재명	더불어민주당	*통합 지지율	39.4(+2.5%p)
윤석열	국민의힘		42.4(+0.0%p)
심상정	정의당	3.1(+0.2%p)	
안철수	국민의당	7.9(-0.3%p)	

*분석대상: 2022년 2월 25일 이전 여심위 등록 580개 여론조사
*자료: 한규섭 서울대 교수 연구실
그래픽: 김지영 디자인기자

이미 대다수의 국민들의 마음속에는 오로지 윤석열이란 이름만이 새겨져 있다.

그에게 좌파정권을 몰아낼 수 있는 신으로부터 부여받은 강력한 카리스마가 있다는 것을 국민들이 알고 있기 때문이다.

그는 숱하게 뭇매도 맞아보았고, 자기를 검찰총장으로 임명해 준 문재인 정권을 향해 청와대 압수수색도 실천으로 옮긴 인사다. 죄 없는 박근혜 전 대통령에게 죄를 뒤집어씌우게 한 장본인이라고? 웃기지 말라. 죄를 뒤집어씌운 것은

유승민과 김무성, 그리고 그들의 졸개들 수십 명이다. 그들이 탄핵을 하고 민주당과 합작하여 중앙지검에 넘겼던 게 아니던가?

그리고 판결은 판사들이 한 것이지 검사들이 할 수는 없는 일.

필자가 왜 모두(冒頭)에서 '대다수의 국민들의 마음속에는 오로지 윤석열이란 이름만이 새겨져 있다'고 하였을까? 국민의힘에서 하는 짓거리들이 눈살을 찌푸리게 하고 있기 때문이다.

보자, 언론에 보도된 내용을.

"국민의힘 대선 경선준비위원회가 마련한 토론회를 앞두고 당내 '잡음'이 일고 있다. 이준석 국민의힘 대표와 김기현 원내대표가 일부 대선주자들의 반발을 고려, 절충안으로 정견 발표회를 제시했으나 경선준비위원가 원안대로 정책 토론회를 열기로 한 데 따른 것이다. 여기에 야권의 유력 대선주자인 윤석열 전 검찰총장마저 답변을 유보하고 있어 토론회를 둘러싼 당내 갈등은 심화할 것으로 예상된다."는 것이다.

국민의힘에는 아직 선거관리 위원회도 구성이 되지 않은 상태다.

그리고 대권후보로 등록된 인사들도 4명밖에 안 된다 하는데 누굴 데리고 정책 토론회를 한단 말인가?

이를 보다 못해 속이 터진 이완구 전 충남도지사 정치특보를 맡았던 천안의 정석희 씨가 필자에게 카톡 문자를 개조식으로 보내왔다.

그 내용은 다음과 같다.

1. 신지호 문제 윤석열이 사과했다. 이 정도면 당내 갈등 책임은 해소됐다.

2. 정한론(征韓論)을 주장한 배경은 일본 내 정쟁을 조선으로 돌려 징벌하고자 했던 것.

3. 이준석 대표에게 하는 전략은 외부로 돌려 지난번 은평구에서 했던 당원 배가운동으로 세력확장 해야 한다.

4. 어린 이준석하고 말싸움은 대변인단이 하게 하고 윤석열은 문재인 실정(失政)을 집요하게 공격함으로 보수 유권자의 지지를 유도해야 한다.

5. 예전에 김대중, 김영삼은 여의도에 각자의 지지자를 모이게 해서 세를 과시했다. 그렇듯 대구 서문시장, 부산 자갈치시장에서 지지자 모임을 보았듯이 쇼정치의 필요성도 있다. 최재형 전 감사원장이 대구 서문시장에 갔을 때 사람이 안 모여 마이크 잡고 지지호소해 선거법 위반 여지를 남겼다.

6. 최재형은 후원금계좌를 개설했는데 후원자가 적어 후보사퇴를 심각하게 고민 중이다.

7. 경선준비위원회토론은 당헌당규에도 없다. 정식으로 경선참가비를 내고 입후보한 후보끼리 경선은 환영한다. 도나 개나 출마한다고 토론회 참가해 편 가르기 하고 유망 후보 윤석열을 집중 공격한 다음 퇴진하는 수순을 밟는 저들의 얕은 꼼수를 국민들은 알고 있다.

8. 모시던 주군(박근혜 대통령)을 배신한 자들이 자신들의 야욕을 채우기 위해 무슨 짓인들 못하겠는가?

9. 우매한 홍준표는 저들의 각본에 이용만 당하고 팽당할 것이다.

그러면서 정씨는 전화 통화를 통해 "국민의 마음속에는 윤석열밖에 없는데 무엇이 두렵겠느냐"고 톤을 높였다.

그러니 윤석열 후보여!

국민의힘 대선 경선준비위원회가 마련한 토론회에 참가하지 말라.

그대의 토론을 듣지 않아도 이미 국민들의 마음속은 그대에 대한 기대감으로 부풀어 있고, 필자에게 전국에서 하루에 수십 명의 독자들이 그대 윤석열을 응원하는 격려 카톡 문자를 보내주고 있다.

더구나 그대는 매를 맞으면 맞을수록 지지율이 높아지는 것을 알고 있지 않은가?

그러니 소신껏 하라. 그대는 국민의 기대주인 것이다.

17

이재명으론 절대 안 되는 이유

− 2022.02.07일자 뉴스티앤티 −

이재명으론 절대 안 되는 이유가 한두 가지가 아니다. 이재명의 비리는 말할 것도 없거니와 그 부인마저 비리에 동참하고 있는 것이 시간이 지나면서 속속 드러나고 있기 때문이다.

처음에는 첩보인 것처럼 쉬쉬하며 입에서 입으로 구전되다가 sns를 통해 인터넷을 도배하다시피 하더니 이제는 실명(實名)까지 밝히며 자신 있게 그의 범죄행위를 밝히고 있는 사람들이 늘어나고 있는 실정이다.

우선 이재명의 비리부터 파헤쳐 보자. sns에 공공연히 떠도는 이야기다.

『이재명이 형수한테 한 욕설을 들었다. 욕설이 정도를 벗어나 거의 패륜(悖倫) 수준의 쌍욕이었다. '미친년'이라는 욕이 귓전에 똑똑히 들린다. 다른 사람도 아닌 형수에게 하는 욕이었다.

그런 저질의 인격자가 대한민국 대통령이 되겠다고 나섰다. 그리고 자기가 얼마나 가장 유능하고 가장 도덕적인가를 강조하고 있었다. 거짓이었고, 부끄럼 없는 철면피(鐵面皮), 후안무치(厚顔無恥)의 전형이었다.

더 웃기는 것은, 이재명을 지지하는 유명 인사들이 부르는 용비어천가였다. 이재명이 '하늘이 내린 사람'이라는 것이었다. 도올 김용옥이 그리하였고 유시민이 또한 그랬다. 더러운 오물을 빨아대는 이상한 식자들이었다.

이 저질에 동조하는 인간들이 30%라는 점 또한 아예 코미디라 할 것이다. 어떻게 저런 저질을 지지할 수 있는가라는 의문이 강하게 밀려든다. 대한민국 대통령에 전과 4범의 이재명 같은 저질을 앉힌다는 것은 불합리하다. 즉 합당한 이치에서 크게 벗어난다. 그게 저질이든 아니든 정권은 연장해야겠다는, 그리하여 권력을 누리고 부를 누리겠다는 독한 이기적 판단이 아니면 30%를 이해할 길이 없다.』

다음으로 그 부인 김혜경의 비리다. 김혜경의 비리는 자유민주당 고영주 대표가 언론(조선, 동아, 문화일보(2월 7일자 사설계 재면)를 통해서 전 국민들에게 알리고 있다.

보자, 이재명의 부인 김혜경의 비리를.

『국민혈세를 카드깡으로 도둑질한 부부도둑 이재명에게 나라를 통째로 맡기시렵니까?

온 가족이 온갖 불법과 특권을 누리고도 모든 것은 남탓!

부인 김혜경의 혈세 법인카드 횡령은 부하직원 탓! 아들 군복무중 특혜는 공군 탓!

1. 김혜경은 황후 의전 및 공무원을 가사도우미로 부리며 약을 대리처 방받아 사 오게 하고 혈세 법인카드로 카드깡 시키며 쇠고기, 초밥 등 사 먹는 갑질 적폐의 종합판!

   ▷ 공무원으로 하여금 개인카드로 쇠고기를 구입케 한 후, 법인카 드 불법 사용이 발각되기 어려운 근무시간 중에 법인카드를 쓴 것으로 교체, 사실상 경기도 법인카드를 이용한 카드깡

   ▷ 그 밖에 음식 구매와 배달, 냉장고 정리, 장남의 퇴원 수속, 세탁, 빨랫감 처리 등 가사도우미 역할 수행

   ▷ 이는 행정안전부의 '지자체 준수사항'을 위반한 것으로, 이런 황 후의전은 '국고 손실'과 '직권남용'에 해당

2. 평소 사상 최고의 청백리 행세로 국민을 기만하는 내로남불의 전 형, 이재명.

   ▷ '그분' 이재명은 남양주 시장이 업무추진비로 2만 5천 원짜리 커 피 상품권 20장을 구입해 직원 격려용으로 나눠 주었다고 관련 자를 중징계했음.

   ▷ 또한 "공금횡령을 한 번만 저질러도 퇴출된다."고 산하 공무원들 에게 지시한 이재명은 정작 자신과 가족이 업무추진비로 쇠고기,

초밥, 샌드위치 사 먹고도 부하직원 탓이고 자신은 모른답니다.

3. 아들은 군복무 중 인사명령도 없이 성남 국군수도통합병원에 장기
   간 입원하는 특혜를 누리고도 "공군 인사담당자가 실수한 것이지
   특혜가 아니라"고 주장
   ▷ 이 말을 믿으라니… 국민을 바보로 여기는 겁니까?

4. 이것도 사과인가?
   ▷ 이재명은 부인 김혜경을 수발드는 5급 공무원과 7급 공무원 두
   명을, 자신이 사적인 목적으로 특채해 놓고도, 마치 감독책임을
   다하지 못한 것뿐인 것처럼 거짓말한 것인데 이게 사과한 것이
   라 할 수 있나?

5. 이재명이 직접 임명한 감사관이 감사하는 '유명무실'한 감사의뢰
   ▷ 마지못해 이재명은 자신과는 관련이 없는 듯 경기도의 감사를
   요청한다고 하였으나, 경기도 감사관 역시 이재명이 임명한 사
   람이어서 감사 결과에 대한 신뢰성도 없다.

6. 일말의 양심이 있다면 이재명은 후보직을 사퇴하라!
   ▷ 이재명은 전과 4범, 대장동 배임 의혹, 백현동 인가 의혹, 성남
   FC 후원금 의혹뿐 아니라, 이번의 새 의혹으로 추호의 공인의식
   도 갖추지 못했음이 명백히 드러났다.
   ▷ 이쯤 되면 후보직을 사퇴함이 마지막 남은 양심의 표현이다!』

필자도 한마디 하자. 국민들이 알아야 할 사항이기 때문이다.

좌파들 가운데 동성끼리 항문 섹스를 주장하며 병역기피하다가 1년 6개월 교도소 생활을 한 임태훈이라는 자를 잘 알 것이다. 그자는 노무현 대통령의 특혜로 출옥하였다. 그리고 군 인권센터를 차려 박찬주 전 육군 대장을 공관병 갑질이란 이유를 들어 군복을 입힌 채 포승줄에 묶어 87일간이나 교도소 생활을 하게 하였다. 윤석열이 반드시 대통령이 돼야 하는 이유인 것이다. 박찬주 대장의 한을 풀어줘야 하기 때문이고 그의 명예를 회복시켜줘야 하기 때문이다.

이처럼 죄 없는 박찬주 육군대장을 수감생활하도록 만드는 게 좌파들인 것이다. 그러면서 이재명의 부인 김혜경의 죄는 만천하에 드러났는데도 거리를 활보하게 하고 유세장에 나타나 얼굴을 내밀고 있어도 그대로 두고 있다. 두고 볼 것이다. 내로남불로 처리하고 말 것인지.

국민들이여!
이런 짓거리를 하는 것이 좌파들의 민낯인 것이다. 오죽하면 공안검사를 역임한 대쪽 같은 고영주 대표가 울분을 토하겠는가?

18

왜 국민들은
윤석열을 강력히 요구하는가?

― 2021.8.26일자 미래세종일보 ―

국민약속 비전발표

왜 국민들이 그토록 윤석열을 강력히 요구하고 있는지를 윤석열 그는 확실히 알고 있었다.

8월 25일 13시.

서울 여의도 국민의힘 당사에서 열린 '국민 약속 비전발표회'에 나선 그는 "정권교체를 이루기 위해서는 먼저, 당의 단합과 통합이 매우 중요하다고 생각한다."고 전제한 다음 "이념과 진영 논리에 빠져 국민을 편 가르기 하는 낡은 정치를 청산하고 국민이 진짜 주인인 나라를 만들라는 것으로 생각한다."면서 "정치권력이 불법과 비리를 은폐하기 위해 사법기관에 압력을 가하고 흔드는 일이 다시는 발생하지 않도록 하겠다."고 말했다.

이어서 윤 전 총장은 "윤석열 정부에서는 조국도, 드루킹도, 김경수도, 추미애도 없을 것을 약속한다."고 톤을 높였다.

이어 "자영업자, 소상공인에게만 희생을 강요하는 불공정한 거리 두기 방역 체계를 과학적, 합리적으로 조정하여 이분들의 생업활동이 코로나 이전으로 회복되도록 하겠다."면서 "청년 일자리 창출을 가로막는 규제는 규제영향분석 전담기구를 만들어 제로베이스에서 검토하고 기업이 창출하는 지속 가능한 좋은 일자리를 만들어나가겠다."고 강조했다.

들어보자. 문재인 정권에 경고한 내용도.

"문 정권에 경고한다. 언론자유를 말살하는 언론중재법안을 여당이 다수의 힘으로 끝내 처리한다면 엄청난 국민저항에 직면할 것이다. 국민과 함께 이 악법의 무효화를 위해 투쟁하고 관철할 것이다."

맞는 말이다. 15년간 언론에 글을 써오던 필자도 강력히 협력할 것이다.

　도대체 문재인 정권과 그 이하 여당의원들은 한 치 앞도 내다보지 못하는 졸개들에 불과한 인간들인 것이다. 보라, 문재인 정권이 스스로 판 무덤에 뛰어드는 모습이 눈에 보이지 않는가?

　윤 전 총장은 이날 '무분별한 국가 주도산업 정책과 재정 포퓰리즘 중단', '코로나 펜데믹으로 무너진 삶의 회복', '일자리 창출을 위한 기술과 제도 혁신', '촘촘한 교육·복지체계 구축과 집값 안정', '사법기관 독립과 국익 우선 외교' 등 5가지 비전을 전했다.

　무엇인가?

1. 국민의 지상명령인 정권교체를 이루기 위해서는 먼저, 당의 단합과 통합이 매우 중요하다고 생각합니다. 갈등의 경선이 아닌 통합과 정책의 경선이 될 수 있도록 최선을 다하겠습니다.

2. 가장 먼저 국가가 해야 할 일은 코로나 펜데믹으로 무너진 서민, 취약계층의 삶을 코로나 이전으로 회복시키는 것입니다. 코로나 펜데믹은 자영업자, 소상공인, 실업자, 취약계층에게는 생사가 걸린 전쟁입니다. '빈곤과의 전쟁'을 선포할 것입니다. 긴급구조 프로그램을 취임 100일 안에 확실하게 가동하겠습니다. 채무조정 등 금융지원, 손실 규모에 따른 충분한 보상 지원과 조세감면 등 세제 지원을 할 것입니다. 실업 수당 지급기간을 획기적으로 연장하여, 실업 상태에 놓인 분들이 재취업을 할 때까지 가족의 생계유지 지원도 하

겠습니다.

3. 좋은 일자리 창출을 위해 기업의 기술 혁신을 지원하고 제도 혁신을 이루겠습니다. 스타트업이 강소기업이 되고 대기업으로 성장하고 다시 글로벌 첨단기업으로 우뚝 설 수 있도록 집중 지원하겠습니다. 수출과 일자리, 특히 청년 일자리 창출을 가로막는 규제는 규제영향분석 전담기구를 만들어 제로베이스에서 검토하겠습니다.

4. 유년부터 노년까지 국민의 삶을 책임지는 교육과 복지체계를 촘촘하고 충분하게 구축하고, 납세자가 만족할 수 있도록 스마트하고 투명한 재정 운용을 하겠습니다. 아동과 청소년의 보육과 교육은 국민을 국민답게 만들고, 국가의 지속가능성을 보장하는 기초이기 때문에 국가가 전적으로 책임을 져야 하는 일입니다.

집값, 반드시 안정시키겠습니다. 집에 관한 세금은 내리고, 규제는 풀고, 공급은 늘리겠습니다. 원가 주택을 통해 무주택 서민들이 싼값에 내 집을 마련할 수 있도록 하겠습니다. 은퇴 이후 생활이 안정될 수 있도록 국가가 지원함은 물론, 100세 시대에 맞는 건강보장 시스템 구축을 통해 든든한 복지를 구현하겠습니다. 아울러, 양질의 사회서비스 일자리도 창출하겠습니다.

5. 청와대가 선거에 개입하고, 대통령 측근이 여론조작에 관여하는 일도 없을 겁니다.

언론자유를 말살하는 언론중재법안을 여당이 다수의 힘으로 끝내 처리한다면 엄청난 국민저항에 직면할 것입니다. 저는 국민과 함께 이 악법의 무효화를 위해 투쟁하고 관철할 것입니다. 북한에 굴종적인 태도로는 북핵 문제를 결코 해결할 수 없습니다. 북핵 협상은 당당한 자세로 임할 것이며, 북의 도발에 대해선 단호하게 대처할 것입니다. 한미연합훈련 실시 등 한미동맹을 강화하는 일에 있어서 북한의 눈치를 보는 일도 없을 겁니다. 국익을 최우선으로 하는 실사구시 외교를 통해 방향을 잃은 국제관계를 복원하겠습니다.

국민들의 뜻을 받들어 위기를 극복하고 다시 도약하는 대한민국을 반드시 만들겠습니다.

감사합니다.

6분여 '국민 약속 비전발표회'를 하는 동안 그의 눈빛은 강하게 이글거렸고, 집념은 불타오르고 있는 것을 필자는 보았다.

그래, 윤 전 총장이여!

청와대 압수 수색하던 강직함으로 좌파 일당을 몰아내기 바란다. 그리고 그들의 속임수에 절대로 넘어가지 말기 바란다. 그들은 어린이들까지 유모차에 태워 광화문광장으로 몰고 나온 잔재주 부리는 인간들임을 명심, 또 명심하기 바란다.

19

정치인들이여, 문맥의 법칙을 아는가?

– 2021.9.7일자 미래세종일보 –

'문맥의 법칙'은 우리 일상생활에서는 물론 성경말씀에도 흔히 나타난다. 따라서 이 문맥의 법칙을 모르거나 이해를 못하는 사람들은 저속한 사람 취급을 받고, 이런 사람들이 정치인이 되면 말싸움만 하게 되는 것이다.

예를 들어보자.

문맥의 법칙에는 도치법(倒置法)이란 게 있다.

1. 이 많은 감자를 할머니가 보내셨구나.(정치법)

2. 할머니가 보내셨구나, 이 많은 감자를.(도치법)

1번처럼 쓰면 많은 감자를 할머니께서 보내셨기에 감사한 것이 되고,

2번처럼 쓰게 되면 할머니가 보내신 것을 강조하는 말이 되어 할머니께 감사하는 마음이 더해지는 것이다.

이처럼 도치법은 하나의 문장 안에서 낱말과 구(句)의 정상적인 순서가 뒤바뀌는 것으로, 문장 가운데 특별히 어떤 부분을 강조하거나 감정이 격화된 상태를 보이려는 경우에 주로 쓰이는 수사법인 것이다.

성경에도 문맥의 전후를 살피지 않으면 난해한 구절이 많다. 어떤 목자는 성경의 문맥을 무시하고 가르치기도 한다.

예를 들어보자.

요한복음 3장에 보면 "네가 물과 성령으로 거듭나지 아니하면 천국에 들어갈 수가 없다."고 돼 있다. "네가 거듭나야 한다."는 구절을 들어 환생을 주장하는 사람들이나, "살인하지 말지니라."라는 성경 구절을 가지고 사형제도에 반대하는 사람들도 있는 것이다.

이번에 법무법인 원(WIN) 대표 변호사이며, 국민의힘 대전시당위원장을 역임한 장동혁 변호사가 언론에 발표한 내용도 보자.

『최재형 후보가 "국가는 국민의 삶을 책임질 수 없다."고 발언하자 여야 할 것 없이 비판을 쏟아부었다. 발언의 앞뒤 맥락을 보면, "국가가 국민의 모든 삶을 책임지겠다고 민간 부문이나 시장경제에 과도하게 개입하는 것은 위험한 발상"이라는 취지다. 그런데도 상대 후보들은 짜깁기를 통해 발언의 취지를 비틀고 있다. 물론 정치인은 단어 선택 하나하나에도 신중해야 한다. 그러나 그보다 과도한 비틀기나 프레임 씌우기는 더 위험하고 비겁하다.

선거를 흔히들 '총성 없는 전쟁'이라고 한다. '원숭이는 나무에서 떨어져도 원숭이지만 사람은 선거에서 떨어지면 사람이 아니다'라는 말은 때로 웃자고 하는 말이지만 선거 결과에만 집착하는 우리 선거풍토를 제대로 꼬집는 말이기도 하다.』 (2021. 9. 2. 16:11 충남일보)

맞는 말이다.

장동혁 변호사. 그는 광주지방법원 부장판사를 역임하면서 전두환 전 대통령 재판을 담당했던 경험이 있다. 그는 외유내강(外柔內剛)한 성격에 가슴에선 따뜻한 피가 흐르고, 법리를 잘 해석하여 정확한 판단을 내리기로 정평이 나 있다.

그는 선거에서는 이기기 위해 많은 전략들이 사용된다고 하며, 그중 캠페인 전략은 크게 세 가지라고 했다.

첫째, '네거티브(Negative) 캠페인'은 상대편 정치 후보자의 능력, 자질, 정책, 이슈 입장 등을 공격하는 행위이고,

둘째, '포지티브(Positive) 캠페인'은 상대편 후보자에 대한 언급 없이 정치 후보자의 능력, 자질, 정책, 이슈 입장 등의 긍정적인 면만을 부각시키는 행위이며,

셋째, '대조적인(Contrastive) 캠페인'은 이 둘을 합친 것으로

유권자들에게 정치 후보자 간 능력, 자질, 정책 등의 차이점을 비교하여 전달하는 선거 캠페인 행위라고 할 수 있다. 대부분의 선거 캠페인에는 이 세 가지 캠페인이 모두 섞여 있다고 했다.

옳게 지적했다.

지금 여당 의원들 가운데는 최재형 대권후보나 윤석열 후보를 죽이기 위해 침을 튀기는 의원들이 있다. 그러나 이들 두 후보는 여당이나 같은 당 홍준표 의원이 때리면 때릴수록 인기도가 높아지고 있으며, 그들을 지원하기 위한 조직들이 전국에서 불꽃처럼 번지고 있는 것이다.

그러니 상대편 후보의 신뢰성을 떨어뜨리기 위해 네거티브 작전을 펼 양이면, 언어에는 있는 문맥의 법칙을 안 다음, 내 입에 똥이 묻지 않았나 살핀 후에 침을 튀기기 바란다.

도대체 하는 짓거리들이 식상해, 필자도 상식에 벗어나는 말을 사용할 수밖에 없는 것이다.

20

윤석열 후보의 포효(咆哮),
"제가 그렇게 무섭습니까?"

— 2021.9.9일자 미래세종일보 —

제가 그렇게 무섭습니까

　무서울 수밖에 없었을 것이다. 공정의 칼날을 잡고 청와대까지도 압수수색했으니 얼마나 무서웠겠는가? 좌파들이 그대를 무서워하는 이유는 그대의 뚝심이나 맷집보다는 그대의 가슴속 깊이 내재 된 애국충정에 의한 공정한 칼날 때문인 것이다.

　그래서 논지를 전개하기 전 좌파의 속성을 알아야 그들과의 싸움에서 이길 수 있을 것이기에 그들의 속성부터 안 다음 싸움에 임하기 바란다.

　좌파들은 그들의 단체 이름에 언제나 '민주'라는 어휘와

'정의'라는 단어로 포장을 한다. 그래야 갑남을녀들이 잘 속아 넘어가기 때문이다. 그리고 다음에 지적하는 것들도 염두에 두기 바란다.

첫째, 그들은 유능한 인재를 죽이기 위해 언제나 꼼수를 쓴다.

과거 미국 소고기 먹으면 광우병 걸려 뼈에 구멍 송송 나서 죽는다고 어린이들 수백 명을 유모차에 태워 시위에 동원했던 인간들이다. 방송에 나와 나불대던 손석희의 말로가 어찌 됐나 보라.

둘째, 국방외교에 능한 박찬주 전 육군대장을 죽이기 위해 한 짓거리를 보라.

군입대를 거부하여 교도소 수감생활을 한 임태훈이라는 자는 자신이 세운 '군 인권센터' 소장이라는 직함을 걸고 공관에도 없는 감나무에 올라가 감 따오라고 갑질했다며 '공관병 갑질'이라는 죄명을 씌워 박찬주 육군 대장을 군복 입힌 채로 포승줄에 묶어 87일간 교도소 생활을 하게 했다. 박찬주 대장은 퇴임식도 못하고 물러나지 않았던가?

이것 말고도 그들의 꼼수는 수를 헤아릴 수 없이 많다. 그러나 예서 줄이고 본론으로 돌아가자.

그대가 8일 갑자기 기자회견을 열게 된 심정을 국민들은 잘 안다. 얼마나 속이 터졌겠는가? 그래서 "제가 그렇게도 무섭습니까?" 하고 입을 열기 시작했던 게 아니던가?

물론 그대가 말하지 않더라도 국민들은 그대를 고발한 고발장 문건이 '출처와 작성자가 없는 괴문서'라는 것을 잘 알고 있다. 아직도 국민들은 박근혜 대통령이 무슨 죄를 졌기에 수감생활을 하고 있는지 모른다.

윤호중 더불어 민주당 원내 대표가 국회연설에서 "윤석열 국민의힘 후보는 국민 앞에 사죄하고, 수사에 성실히 임해야 한다."고 말하면서 문재인 정부의 자화자찬에 열을 올리자 광주지방법원 부장판사와 국민의힘 대전시당 위원장을 역임한 장동혁 변호사가 보다 못해 울분을 토했다.

보자, 장 변호사가 토한 울분을.

"듣기 민망하고 낯 뜨거운 36분이었다. 윤호중 더불어민주당 원내대표의 국회연설 말이다. 나르시시즘에 빠진 문재인 정권의 자화상을 보는 것 같다. 문재인 정부가 국민들의 목소리를 전혀 듣지 않고 4년 동안 왜 하나도 변하지 않았는지를 역설해 준 연설이다. 문재인 정부 자화자찬에 8분을 쏟았다. 나라 빚만 쌓아놓은 문재인 정부가 대한민국을 선진국으로 만들었다고 했다. 백신 빈곤에 허덕이면서도 K-방역 성공은 빼놓지 않았다. '나라의 틀을 다시 세웠다'는 부분에서는 '화성인'을 떠올렸다. 무너진 대한민국을 다시 세우자는 국민들의 목소리는 도대체 어디로 간 것인가? 과대포장을 넘어선 허위광고에 국민들은 신물이 난다. (중략) 정권의 공과 과는 여당 스스로 평가하는 것이 아니라 국민이 평가하는 것이다. 역사는 문재인 정부를 해방 이후 75년 만에 법치를 완전히 무너뜨린 정부로 기록할 것이다."

윤석열 후보여.

그들의 정치공작은 국민들이 다 알고 있다. 그대가 대권을 거머쥐게 되는 날이 이제 몇 개월 남지 않았다. 대권을 거머쥐게 되면 그대가 말한 대로 국회의원들에게 면책 특권을 주지 않도록 하라. 국회의원이란 자들이 면책특권을 이용해 얼마나 만용을 부리고 있는가?

그대는 "폭탄을 던져놓고 숨지 말고 당당하게 나와서 디지털 문건의 출처 작성자에 대해 정확히 대라."고 지적했다. "국회가 긴급현안질의 등에 부르면 응하겠다."는 입장도 밝혔고, 오늘 오전 김웅 의원의 기자회견과 관련해선 "봤지만 특별한 게 없다."고도 했다.

앞으로도 그렇게 당당하게 맞서기 바란다.

조선시대 이순신 장군은 명나라 장군 진린이 조선의 구원병으로 오자 낮은 자세로 그를 대했다. 왜 그랬을까? 이유는 간단하다. 나라를 구하기 위해서다. 조선의 힘만으로는 도저히 왜적을 물리칠 수 없었기에 어떻게든 진린의 비위를 맞춰서 왜적을 함께 몰아내야 한다는, 보다 큰 대의를 위해 자존심을 과감히 접어버린 것이다. 하지만 결국은 진린 제독이 장군의 인격에 감복해 자신의 부하들에게 장군보다 한 발자국도 앞서 걷지 말라고 엄명했다. 이순신 장군의 지시에 따르라는 뜻이다.

그러나 지금 그대 앞에 있는 자들은 아군이나 적군이나 그대를 죽이려고 모함을 꾸미는 자들로 우글거린다. 낮은 자세로 대할 필요가 없다. 그러니 아군인 유승민이나 홍준표, 이준석에게도 경계심을 늦춰서는 안 될 것이다.

아아, 기대가 크다.

어제의 기자회견은 국민들에게 내리는 가뭄의 단비였기 때문이다.

새 날을 기다리며

월정 이선희 / 시조시인

간밤에 내린 찬비
앞 마당을 적시더니

겨울의 초입임을
예고하며 달려온다

그래도
이 비 그치면
새 날이 밝아 오겠지

벌 나비도 숨어버린
싸늘한 창 밖에는

나무 끝에 매달린
마지막 잎새 하나

새 날을
기다리느라
안간힘을 쓰고 있다

21

윤석열은 신이 내린 선물

- 2022.02.16일자 굿처치뉴스 -

취임식 때 하늘에 나타난 무지개

요즘 일어나는 징조로 볼 때 윤석열은 우리나라에 신이 준 선물임에 틀림없다.

그 징조가 예서제서 나타나기 시작하고 있는 것을 보라.

20대 대선 공식 선거운동 첫날인 15일 이재명 더불어민주당 후보의 선거 유세차량이 오후 12시 15분쯤 부산진구의 한 도로에서 굴다리를 지나가다 굴다리에 걸려 옆으로 넘어졌다.

운전기사 정 모 씨는 앞 유리창에 이마를 부딪치는 사고로 병원에서 세 바늘을 꿰맸고, 동승자였던 이 모 구의원도 어깨 타박상 부상을 입은 것으로 전해졌다.

국민의당 안철수 후보에게도 악재가 겹쳤다.

안철수 후보의 공식 선거운동을 앞두고 부인 김미경 서울대 교수가 신종 코로나바이러스 감염증(코로나19) 확진 판정을 받은 데 이어, 선거운동 첫날 5시 24분쯤 충남 천안시 천안터미널 인근에서 정차 중이던 국민의당 선거 유세 차량에서 남성 2명이 심정지 상태로 쓰러진 채 발견됐다.

공식 선거운동이 눈앞인데 이런 사고가 나타나는 것은 하늘이 보이는 징조인 것이다. 진작 조건 없이 윤석열과 손을 맞잡았다면 인명피해는 막았을 것이다.

보라, 안철수 대표여.

그대의 과한 욕심 때문에 지지율은 땅에 떨어지고 인명피해까지 불러오지 않았는가? 물론 다른 후보라면 필자가 이런 말도 하지 않는다. 그는 자신과 연관된 사건으로 인해 몇 사람이 자살(?)하는 일이 벌어졌는데 눈 하나 깜짝하지 않기 때문이다.

지금도 늦지 않았다. 자유민주당 고영주 대표의 간곡한 부탁을 들어보기 바란다.

『대선후보 단일화는 '국민에게 고통을 준 죄과를 만회하고 영웅이 될 절호의 기회'입니다!

1. 위기의 조국과 국민은 영웅을 기다렸고, 여망을 받들기만 하면 이

젠 영웅이 될 수 있습니다. 얄팍한 머리에서 나오는 주위의 잔꾀는 대범하게 소화하세요!

한 후보는 검증을 받아 솟아올랐고, 다른 한 후보는 시행착오를 겪었지만 마침내 절대적인 바른 나라를 선언했습니다. 서로 걸어온 길과 인간됨은 이미 국민 앞에 검증돼 있습니다. 조국을 위기에서 구하고 역사상 최고의 번영으로 이끈 박정희·김종필 조합의 재현이 될 수 있습니다. 흔쾌히 합의하고 함께 국민과 나라를 위해 온몸을 던지면 됩니다. 그것으로 모두 국민의 영웅입니다. 나라에 축복입니다. 모든 것이 해결됩니다. 어떤 수법도 꾀도, 충언이라는 이름의 감언도 넘어서는 일입니다. 국민에게 희망과 축제와 안정감을 주십시오. 모든 것이 준비돼 있습니다.

2. 지난 10년의 후보 단일화·양보는 해야 할 때 안 하고 안 해야 할 때 했습니다. 그 모든 실수를 갚고 나라와 국민을 살릴 결정적 기회입니다. 영웅이 되십시오!

후보 단일화에 대한 미숙한 정치적 판단들로 야기된 국론 분열과 나라 퇴행이 더 이상 거듭되지 않게 하십시오. 지난 2017년 대선후보 난립으로 어부지리로 들어선 문재인 정권이 무작정 퍼주기로 늘려 놓은 나라빚 400조 원. 미래세대인 청년들이 감당해야 하는 사태까지 왔습니다. 후보 양보로 어부지리한 전 박원순 서울시장의 지난 10년간도 서울시의 좌파 시민단체 등에 대한 시민 혈세 1조 원 퍼주기였습니다. 그래서 다음 대선은 나라 운명을 좌우합니다. 지지율 격차는 확연히 나와 있는 만큼 두 후보가 아름답게 대승적으로 함께 하기만 하면 됩니다. 국민 여망의 힘을 더욱 키우기만 하면 됩니다. 이 이상의 최고 조건도 상황도 없습니다.

큰 정치인으로 거듭나고 영웅이 되어 주십시오.

3. 자리에 연연한 단일화는 고려할 필요 없습니다. 국민이 신뢰와 역할을 줍니다. 여당이 독주하는 국회와 나라를 살려 내는 투쟁에만 함께 나서 주십시오!

전체 후보 지지도 조사 결과와 정권교체 지지자들의 후보 지지도 조사 결과가 큰 격차를 보이고 있습니다. 주위를 생각해 협상용으로 한 쪽만 주장하는 건 소인배입니다. 모든 게 해결되는 더 큰 국민의 여망이 기다리고 있습니다.

4. 정권교체 실현 후의 국정 운영 방향과 정책비전을 먼저 협의해 주세요. 그리고 투명하고 신속하게 협상하세요. 나라를 걱정하는 온 국민이 주시하고 있습니다.

5. 나라와 국민, 큰 정치인으로서의 자세 정립만 생각하세요. 이번 대선이 끝이 아닙니다. 큰 정치인은 국민이 반드시 다음에도 선택합니다! 입증된 결과입니다.』

지금도 늦지 않았다. 어서 달려가 윤석열 손을 잡아 높이 치켜세우기 바란다. 국민의 염원인 것이 정권교체인 것이다. 그런 다음 윤석열 손을 잡고 상가(喪家)에 함께 와서 고인의 명복을 빌고 유족을 위로해 주기 바란다.

22

윤석열 후보의 십자가

- 2021.09.19일자 뉴스티앤티 -

  윤석열 후보가 알아야 할 이것, '브좇트 하브락하'라는 말. 번역하면 '그래야 축복을 받는다'는 말이다.

  대통령 선거를 180여 일 앞둔 상태에서 여야 할 것 없이 윤석열 죽이기에 열을 올리고 있지만 그런 모습을 지켜보는 국민들의 마음은 윤 후보를 향해 똘똘 뭉쳐가고 있는 것을 볼 수 있다.

  윤 후보여, '브좇트 하브락하'라는 말 명심하고 좌절하거나 포기하지 말라. 그대가 지금 받고 있는 모든 공격을 이겨내고 있는 것은 대한민국을 위하고, 국민을 위하는 일이며, 더 나아가 좌파들의 횡포를 막아 세계평화에 이바지하는 길이기 때문이다.

윤 후보가 며칠 전 조용기 목사님의 장례식장에서 김장환 목사님 등 몇 분들에게 축복기도를 받은 것을 국민들은 알고 있다. 축복기도(祝福祈禱)란 하나님의 부르심을 받은 종이 성부, 성자, 성령의 이름으로 하나님께 성도들의 축복을 비는 기도를 뜻한다. 윤 후보는 이 축복기도를 거절하지 않고 순종함으로써 하나님의 부르심을 받게 된 것이다.

과거 이스라엘의 지도자 모세의 경우를 보자.

모세는 히브리인으로 태어나 애급 왕자가 되었다가 그의 혈통을 알게 된 후 다시 히브리인으로서 하나님의 부르심을 받고 애급에서 430년 동안 종살이하던 히브리인들을 구해낸 지도자다.

보자, 윤 후보 그대의 행적도.

그대는 박근혜 대통령 시절 대통령을 기소한 당사자다. 그래서 조원진의 우리공화당 인사들이나 일부 야당 인사들로부터 지탄을 받고 있다. 그대가 박정희 대통령의 생가를 방문했을 때, 조원진 우리공화당 대표를 비롯해 당원 100여 명이 현장으로 몰려와 진입로를 막는 추태를 부렸다. 그러나 구미 시민들의 열렬한 환호에 조원진의 가슴이 뜨끔했을 것이다.

윤 후보를 막아선 우리공화당 100여 명은 검사의 직분이 무엇인지 모르는 사람들 같았다.

국민의힘 유승민과 김무성이 주동이 되어 몇몇 졸개 의원들과 민주당 의원들이 짝짜꿍 되어 죄를 뒤집어씌우고 탄핵을 시킨 다음 검찰에 넘겼는데, 공교롭게도 그 배당을 윤 검사에게 맡겼던 것일 뿐이다.

윤 검사는 법대로 기소하여 법원에 넘겼다. 옳고 그름의 판결은 판사들이 하는 것이다. 윤 검사의 임무가 아닌 것이다.

윤 후보가 TV토론에서, 홍준표 의원이 "박 전 대통령 수사를 하면서 구속시킨 공로로 서울중앙지검장까지 했다."며 "국민의힘 입당할 때 당원이나 대국민 사과를 해야 하는 게 맞지 않느냐."고 한 데 대해, 윤 후보는 "법리와 증거에 기반해 일을 처리했다. 당시 검사로서 맡은 소임을 한 것이고 사과한다는 건 맞지 않다."고 말하여 홍 후보를 한 번에 KO시켰다.

맞는 말이다. 공무원의 신분으로서 그 직무를 충실히 이행한 것을 가지고 죄를 뒤집어씌워 상대를 죽이려 하는 것은 구태일 뿐인 것이다.

윤 후보 그대가 추석명절에 즈음하여 국민께 드리는 인사말에서, "무능한 정권이 이념과 진영의 논리로 국민의 삶을 외면하더니, 이제는 권력 연장에 혈안이 되어 '윤석열 죽이기'에 물불을 가리지 않고 있습니다. 국정원, 검찰, 공수처 등 권력기관이 총동원되어 '윤석열 죽이기'에 나선 이유는 단 하나입니다. 저 하나만 꺾으면 집권 연장이 가능하다고 믿기 때문입니다. 저 윤석열, 두려움 없이 싸우겠습니다. 저를 이 자리로 부른 국민 여러분과 함께 하기에 자신 있습니다. 문재인 정권 심판은 현 정권과 정면으로 맞서 이긴 제가 해내겠습니다. 국민과 함께 정권교체를 이뤄 무너진 나라를 바로 세우겠습니다. 법과 원칙을 지켰던 소신 그대로, 나라를 정상화 하는데 온몸을 바치겠습니다."라고 하였다.

또한, 박근혜 대통령 탄핵의 주동자 유승민 의원이,

"만약에 고발사주 의혹이 사실이라면 후보직을 사퇴할겁니까?"라고 질문을 던졌을 때, "사실이 아닌 사건을 가정이라 설정하고 들이밀면서 자신만의 생각의 굴레에서 못 벗어나는 다른 후보들이 안타깝다. 이런 바보 같은 생각의 굴레에서 벗어나지 못하고 눈앞의 이익을 추구하는 후보들은 국민의 심판을 받아야 한다."고 하였다. 모두 자신 있는 말로 확실한 신념을 내보인 말이다.

유승민 의원은 보라.

윤석열 등장 전, 국민의힘 지지율과 등장 후 지지율 변화를. 지금의 국민의힘은 윤석열 후보가 등장함으로 아사(餓死) 직전에 있다가 소생하지 않았는가?

"정치한 지 6개월 만에 대통령할 자격이 있는가?"라고 묻는 인사들도 있다.

그렇다면 문재인 탄생과 민주당이 설칠 때 국민의힘 3선 4선 의원들 뭘 했는가? 자리보전하기 급급하지 않았는가?

당신들의 무력함이 국민의 외면을 받아 국회 경험이 전무한 이준석이 당 대표 됐고, 0선 이재명이 여권 유력한 후보로 떠오르고 있으며, 0선 윤석열 후보의 돌풍이 불고 있지 않은가?

그대들에게 식상한 국민들이 윤석열 열풍을 불러일으키고 있는 것이다.

장수는 조직을 리드할 힘과 어떠한 고난도 이겨내야 할 끈기가 있어야 한다.

하나님은 모세를 리더로 쓰기 위해 광야에서 40년 동안 단련을 시켰다.

그대에게 공격의 칼날을 들이대는 홍준표, 유승민 의원은 그대를 단련시키기 위해 하나님께서 쓰시는 도구에 불과하다는 것을 알기 바란다.

견뎌라, 하나님께서 리더로 쓰기 위해 그대에게 고난의 십자가를 메게 한 것이다.

견뎌야 '브좆트 하브락하'가 그대와 우리 국민들에게 오는 축복을 얻게 될 것이다.

본선 승리가 확실한 후보, 정권교체를 확실히 이룰 후보는 윤석열 그대뿐인 것이다.

23

윤석열 후보의 웃음, 그 친근한 매력

- 2021.9.20일자 투데이플러스 -

집사부일체

2021년 9월 19일 오후 6시 25분 SBS TV방송.

'집사부일체' 프로에 윤석열 후보가 출연해 시청자들에게 웃음을 선사해 주었다. 이날 윤 후보는 '집사부일체' 멤버 이승기, 양세형, 김동현, 유수빈을 자신의 집으로 초대해 음식을 대접하며 프로 진행에 동참했다.

이 자리에서 윤 후보는 "혼밥하지 않고, 국민 앞에 숨지 않는 대통령 될 것"을 약속했다. 그가 그동안 자신의 입을 벌려 남을 모함하지 않았고, 가정(假定)하여 남을 의심하지 않았으며, 큰소리 질러 포장된 자신감을 내놓지도 않고 올곧게 살아왔음을 필자를 비롯해 많은 국민들은 알고 있다.

필자는 물론 필자와 함께 방송을 본 10여 명의 지인들은 방송이 진행되는 내내 친근하고 솔직한 윤 후보의 모습을 흥미진진하게 볼 수 있었다. 노총각으로 살아왔으니 음식 솜씨가 얼마나 좋았으랴! 그는 김치찌개와 계란말이를 준비하며 음식 솜씨를 맘껏 자랑했다. 윤 후보가 이처럼 자기 자랑하는 모습을 처음 보는 우리는 그의 여유로움에 안도감을 가졌다. 거기다 웃음까지 곁들였으니 얼마나 친근감이 있었겠는가?

이날 보인 윤 전 총장의 웃음은 솔직한 모습 그대로였다. 여당의 모 후보처럼 야릇하고 미묘한 웃음이 아니라, 오히려 어린애처럼 순진무구한 그대로의 웃음이었다.

그러나 전국 시청률은 그리 높지 않았을 것이다. 추석 전이기에 귀향하는 차량들로 고속도로가 정체현상을 빚고 있다는 방송이 나오고, 방송시간대가 오후 6시이기에 국민들이 한가하게 앉아 방송을 시청할 여유가 없는 시간이기 때문이다.

윤 후보는 "우리 때는 회사 10년 다니면 아파트를 장만할 수 있었다."며 "요즘은 집 구하기가 너무 어려워졌다. 결혼과 출산에도 영향이 갔다."고 했다. 이어 "젊은 사람이 희망이 없으면 그 사회는 죽은 거다."며 "새로운 일을 할 때 제가 좀 겁이 없는 경향이 있다. 부족한 게 많지만 포기하지 않고 내가 생각한 방향대로 쭉 밀고 나가면 된다는 확신이 있다."고 자신감을 드러냈다.

그래서 윤 후보에게 묻자.

집 장만할 돈 모으려고 결혼을 늦게 했는가? 아니면 눈높이에 맞는 여인이 없어 고르느라 늦었는가?

식사가 끝나고 본격적인 '집사부 청문회'가 시작됐다. 윤전 총장은 "청문회 받는 게 내 전공이다."라고 말해 출연진도 시청자들도 함께 웃음을 자아내게 했다. 청문회 중 '사람에 충성하지 않는다'는 어록에 윤 전 총장은 "후배들한테 '검사는 사람에 충성하면 안 된다'고 말했다."면서, "거기서 말하는 사람은 '인사권자'"라고 설명하며 "충성은 오직 국가와 국민에게만 하는 것이다."라고 소신을 밝혔다.

맞는 말이다. 그래서 그대는 그동안 좌로나 우로나 치우치지 않고 올곧게 걸어왔던 게 아니던가! 프로를 담당한 이승기 씨는 '쌈닭'이라는 윤 전 총장의 청문회 별명을 언급하며 특히 "다 대통령이랑 붙었다."고 말했다. 양세형 씨는 "대통령만 보면 싸우고 싶은 건가?"라고도 물었다. 이에 윤 전 총장은 "맡은 사건을 법에 따라 처리한 것"이라며 "제가 대통령한테 도전할 이유도 없고, 대통령도 국가적으로 대사가 얼마나 많은데 일개 검사하고 싸울 시간도 없다. 그런 문제는 아니다."라고 답했고, 이어 "권력의 편보다 법의 편이 되는 게 훨씬 든든하다."면서 "권력자의 위법을 제대로 처리 안 하면 국민들한테 법을 지키라고 할 수 없고 사회는 혼란에 빠진다. 그래서 권력자에 대한 원칙적인 수사가 중요하다."고 강조했다.

이 말을 듣는 순간 우리 시청자들은 윤 후보의 답을 들으며 공감의 머리를 끄덕였던 것이다.

윤 후보는 "정치 경험에 대한 우려가 있다."는 질문에는 "어려움이 있어도 물러서지 않았다."며 "원리에 입각해 집착한 게 새로운 분야를 공부하는 데 도움이 됐다."고 했다. 이어 "치열하게 살았다."면서 "어떤 새로운 일이든 성공할 자신이 있다. 일 잘하는 건 자신 있다."고 했다.

이재명 씨와 사법시험을 함께 봤는데, "이재명 씨는 한 번에 합격했고, 자신은 족발에 소주를 먹다가 5년을 더 응시하고 총 8번 떨어졌다가 아홉 번 만에 합격했다."고 밝혔다.

출연진 이승기 씨가 "9수라는 게 보통이 아니다. 떨어졌을 때 무슨 생각했냐?"고 묻자 "가서 한 잔 먹자. 내년에 수석하자."라고 답하며 "지치고 좌절하는 스타일이면 9수 못한다."며 낙천적인 성격도 드러냈다.

이어 출연진 멤버들이 대선 후보 경쟁자인 이재명 경기지사와 이낙연 전 더불어민주당 대표를 언급하며 "이들보다 내 외모가 월등히 낫다고 생각하냐?"는 질문을 던졌을 때, "아니요."라고 답한 뒤 "월등히는 아니고 조금 낫다."고 말해 웃음을 자아냈다.

참으로 여유 있고 재치 있는 답변이 그처럼 무겁던 입에서 이처럼 술술 풀려나올 줄 전혀 몰랐다.

이어 "이재명·이낙연 후보에게 뺏고 싶은 게 있느냐?"는 질문에 "예"라고 답한 그는 "이낙연 후보에게는 '꼼꼼함', 이재명 후보에게는 '깡'을 닮고 싶다."고 설명했다. 이 대답에 필자가 훈수 좀 둬야겠다.

그대는 이미 이낙연 후보가 가지고 있는 과묵하며, 남을 헐뜯지 않는 점이 있으며, 이재명 씨의 형이나 형수에게 입에 담지 못할 막말을 해놓고도 "내 배 째라"는 두둑한 배짱도 있다. 상대방들로부터 심한 공격을 받을 때 흔들리는 모습을 보일까 염려돼서 하는 말이다. 그대 말처럼 더 보완하되 국민들이 안심할 수 있도록 확실히 보완하도록 하길 바란다.

자랑스러웠다. 이런 인물이 우리나라를 잘 이끌어 보겠다고 나섰으니 왜 자랑스럽지 아니하랴!

여유를 보이며 거짓말 탐지기도 무용지물로 만든 그대의 진실성에 아낌없는 찬사를 보낸다.

아, 대한민국이여 축복이어라!

24

특검을 거부하는 자가 범인이다

– 2021.10.2일자 투데이플러스 –

"특검을 거부하는 자가 범인이다."

필자의 말이 아니라 국민의 힘 대전시당 양홍규 위원장의 말이다. 물론 국민의힘 중앙당에서도 이 구호를 내걸고 대장동 개발 특혜 의혹을 받고 있는 이재명을 압박하고 있다.

국민의힘에서 대권후보자로 선두를 달리고 있는 윤석열 후보도 그의 sns에 직접 글을 올려 "대장동 게이트의 몸통은 이재명!!"임을 확실히 하고 있다.

보자, 윤석열 후보가 직접 올린 글을.

『지난 9.14. 국회 기자회견에서 이재명 지사는 대장동의 설계자가 이재명이라고 자기 입으로 실토했고 전국에 방송되었다. 그런데도, 대장동 아수라 게이트의 본질이 왜곡 변질되고 있다. 덮어씌우기의 달인들답게 꼬리를 미끼로 흔들며, 게이트의 몸통을 숨기려 하기 때문이다.

그러나 누가 보더라도 대장동 게이트의 몸통은 이재명이다. 본인이 방송에 나와 '설계자'라 자백(9.14.)하고, 본인이 싸인한 증거까지 명백한데 어찌 손바닥으로 하늘을 가릴 수 있겠는가?

저들은 덮어씌우기의 달인들이다. 상식과 공정, 정의를 짓밟았던 조국 비리를 '검찰개혁'을 내세워 여론을 호도하고, 사건의 본질을 변질시키려 했던 것과 똑같은, 덮어씌우기 여론전을 펴, 조국사태 시즌2를 만들고 있다. 그야말로 정의의 이름으로 정의를 죽이고 공정의 이름으로 공정을 짓밟는 짓이다.

○ 정권교체 못하면 저들은 "국민을 '설계'의 대상"으로 삼아, "대한민국을 온통 대장동 아수라판으로" 만들 것이다. 선거를 면죄부 삼아 5년 내내 이권카르텔의 배를 불리기 위해 국민을 약탈할 것이다.

이번에 우리가 대장동 게이트의 진실을 제대로 규명하지 못한 채 대선을 치르고, 그래서 자칫 정권교체에 실패한다면, 저들은 이제 5천만 우리 국민을 '설계'의 대상으로 삼아, 대한민국 전체를 대장동 아수라판으로 만들지도 모른다. 이는 역사의 죄를 짓는 일이다. 이것만은 반드시 막아야 한다. 이걸 막는 것이 이 윤석열에게 맡겨진 소명이라고 믿는다. 이런 부패, 몰상식, 부정의, 불공정을 척결하기 위해 대통령 후보로 나선 것이다.

○ 대장동 게이트, 이렇게 수사해야 한다.

우선 핵심이자 출발점은 공영개발로 땅값을 후려쳐서 강제수용하여 땅 주인들에게 피해를 주고, 팔 때는 분양가 상한제를 피해 비싸게 분양해 수분양자들에게 피해를 준 수천억 원 배임범죄인데, 이 부분은 이미 '설계' 단계에서 결정된 범죄다. 그런데 이재명 지사는 스스로 '설계자'라고 자백했다. 이런 사건은 대개 실무자 선에서 꼬리자르기 하는 것을 돌파하는 수사가 어려운 건데, 본인 스스로 방송에 나와 설계자라 했으니 꼬리자르기도 안 된다. 게다가 대장동이 처음이 아니고 위례지구 등의 수법 그대로이니 고의도 분명하다.

다음으로, 그런 범죄행위가 드러나지 않고 넘어가게 하기 위해 정관계에 로비한 범죄를 수사해야 한다. 이 부분도 이미 언론 보도로 단서가 나와 있고 수사하면 더 나올 것이다. 이번 기회에 여야 진영 불문 나오는 대로 모두 발본색원해서 엄벌하면 된다. 범죄에 여야가 어딨나?

마지막으로, 배임으로 인한 수천억을 아무런 수고 없이 꿀꺽 삼킨 화천대유에서 그 돈을 어떻게 했는지 횡령과 범죄수익은닉 범죄를 수사하면 된다. 그러면 그 돈의 종착역이 나올 것이다. 그러면 이 수사는 완성된다.

제대로 된 수사팀이 수사 의지만 있다면 다 밝혀질 범죄이고, 이미 언론취재로 많은 부분이 드러났다.

제가 대통령이 되면 대장동 같은 일은 없을 것이고 화천대유의 주인은 감옥에 갈 겁니다. 이재명 후보가 대통령이 되면 대장동이 전국에 수십 개 더 생길 것이고, 화천대유의 주인은 밝혀지지 않을 것입니다.』

맞는 말이다.

대전시 거리거리마다 양홍규 위원장의 이름으로 내걸린 플래카드를 보면 몸통이 이재명임을 확실히 하고 있다. 이재명 지사는 특검을 거부하며 결백하다고 목소리만 높이고 있기 때문이다.

그러니 윤 후보여!

국민들은 오로지 그대만 기대하고 있음을 알고 대권을 거머쥐기 전에, 여론에 떠밀려 수사하는 척하는 정권바라기 검사들이나, 돈에 눈이 어두워 비양심적인 판결을 일삼았던 판사들의 목부터 쳐내겠다고 국민 앞에 선언하기 바란다. 이런 일을 과감히 할 수 있는 사람은 오로지 윤석열 그대뿐인 것이다.

이재명 지사. 그도 입으론 큰소리치지만 윤석열 그대 때문에 똥이 탈 것이다.

25

이런 자들이 정치한다고 덤벙대니

– 2021.10.4일자 미래세종일보 –

홍준표나, 유승민 의원들이 정치를 한답시고 국민들에게 식상한 막말을 해서 필자도 정치적 예우를 갖춘 언어를 삼가고 그에 걸맞은 언어를 사용할 것임을 미리 밝혀두는 바이다.

보라, 유승민이나 홍준표가 왜 야당이 되었는가? 현직 대통령인 박근혜 대통령을 지켜내지 못하고, 자기들끼리 똘똘 뭉치고 야당이던 민주당과 야합하여 탄핵시키고 죄를 뒤집어씌워 검찰에 넘기고, 검찰은 그들이 뒤집어씌워 온 죄를 그대로 처리하여 법원에 넘겼다. 그래서 야당이 된 것이다.

필자는 그들의 입에서 튀어나오는 말마다 여당인 민주당을 공격하지 않고 내 편을 공격하고 있으며, 건설적이고 국가의 미래에 희망을 주는 공격이 아니라, 갑남을녀들도 하지 않는 그런 망나니 같은 공격을 하고 있기에 정치적 예우를 갖춘 말을 하지 않는 것이다.

보라, 어떤 일 때문에 필자가 이들을 낮잡아보고 저질 정치인으로 보고 있는가를.

국민의힘 대권주자인 유승민 의원은 2일 경쟁자인 윤석열 전 검찰총장이 손바닥에 임금 왕(王)자를 써서 TV토론회에 출연한 것을 두고 "과거 오방색 타령하던 최순실 같은 사람과 윤 후보님이 무엇이 다르냐"고 직격했고, 홍준표 의원은 "대장동 비리 후보도 모자라 각종 비리 의혹 후보에 이젠 무속인까지 등장하는 역사상 최악의 대선 경선이다. 참 안타깝고 서글픈 대선 경선"이라고 비판했다.

그래서 유승민과 홍준표 의원에게 묻자. 오방색 타령하던 최순실 같으면 어떻고, 대선에 무속인까지 등장하면 어떤가? 윤석열 후보의 손바닥에 쓰인 임금 왕(王)자 때문에 나라가 IMF위기라도 맞게 될 것이며, 북괴가 개발한 새로운 미사일이 서울 하늘을 향해 날아오기라도 한단 말인가?

이보시오, 유승민과 홍준표 의원이여,
나랏일을 하려거든 거시적인 안목으로 십 년 앞을 내다보는 안목을 갖도록 해야 하지 않겠는가? 그동안 유승민이나 홍준표 의원 입에서 튀어나온 말들을 보라. 나라를 위하는 발언보다는 막말로 공격을 하고 그 공격은 주로 대권주자로 국민들로부터 인기를 끌고 있는 윤 후보를 향하고 있었다.

그동안 윤석열 후보는 유승민이나 홍준표 의원에게 공격성 발언을 하지 않고 방어에만 힘썼던 것으로 안다. 이번 공격에도 그대는 이른바 '방송토론 손바닥 왕(王)자 논란'과 관련해 열성 지지자가 응원의 뜻으로 써준 것일 뿐, 주술적 의미를 담고 있다는 얘기는 억측이라고 밝혔다.

윤 후보에게 훈수 좀 두자.

그렇게 방어만 하다가는 국민들의 기대에 부응하지 못한다. 서양 철학사에 위대한 족적을 남긴 플라톤은 "악당이 되지 않고는 위대한 통치자가 될 수 없다."고 하였다. 통치자는 필요악처럼 살인과 전쟁을 자행해야 함을 역설적으로 표현한 말이기도 하다.

왜 비전을 제시 못 하고 물어뜯기만 하는 유승민이나 홍준표 같은 졸개 의원들에게 당하고만 있는가? 과거 청와대를 압수 수색하던 그 기백은 어디에 있는가?

이를 보다 못한 열렬한 지지자들이 그대를 지키기 위해 카톡을 통해 퍼 나르는, 다음 문자를 보고 힘을 내기 바란다.

윤석열 죽이기 음모를 해부한다.

『윤석열 죽이기 공작의 음모가 조금씩 그 실체를 드러낸다. 이번 청부 고발 공작은 좀 특이한 것 같다. 여권의 공작 전문가들과 타락한 국민의 힘 의원들, 그리고 이해관계가 얽힌 국민의힘 일부 후보들이 올라탔다는 점이다.

목적은 윤석열 죽이기다.

수법은 여권의 공작 전문가들이 자료를 흘리고 야당 의원이 가공해서 뉴스버스라는 듣보잡 인터넷 언론사에 제공하여 특종으로 뿌리면 메이 저 언론들은 이 인터넷 언론 기사를 가져와서 윤석열의 음모라며 무차별 적으로 보도한다.

다음 단계는 친여권 여론조사 기관에서 여론을 조작하여 발표한다. 그 러면 어용방송과 언론들은 여론조사 결과를 인용하여 윤석열 지지율이 폭락했다며 떠들고 대서특필한다. 이렇게 되면 국민들은 방송과 SNS를 통해 자신도 모르게 속아넘어갈 수밖에 없다. 때를 맞춰 홍씨니 유씨니 하는 놈들은 윤석열로는 안 되니 내가 적임자라며 공작의 배에 올라탄 다. 이렇게 해서 경쟁력 없는 후보가 국민의힘 대통령 후보로 선출된다. 드디어 공작은 성공하고 정권교체의 꿈은 허망하게 무너진다.

－중략－

다행스러운 것은 이번 정치공작이 성공하지 못하는 쪽으로 흘러가는 것 같다.

이유는 크게 두 가지다.

윤석열 후보가 꽤 괜찮은 사람이라는 것과 국민들이 상당히 스마트해졌다는 거다. 앞서 몇 개의 윤석열 죽이기 공작도 이래서 실패한 거다. 지금 진행되는 공작도 실패할 것이고 앞으로 올 공작들도 실패할 것이다. 그래서 아직은 대한민국이 희망이 있다는 거다.』

윤석열 대권 후보여!

필자가 그대를 만났더라면 그대의 이마에 '대한민국 대통령, 윤석열'이라고 썼을 것이다.

그러니 졸개들의 헐뜯는 말에 신경 쓰지 말라. 그대의 임무는 좌빨들로부터 정권을 되찾아 나라를 바로 세우는 일이다.

봄이 왔다

이경옥 / 시인

봄이 왔다
드디어

봄이면
설레이는 가슴으로
콩콩 뛴다

따스한 공기
따스한 햇살
모든 게 다 행복이다

앙상한 가지에
빼꼼이
신록으로 얼굴을 내밀며

주변은 앞다퉈
아름답게
뿜어져 나오는 예쁜 꽃

행복하다는
감탄의 소리가
연이어 나온다

봄이 왔다
드디어

행복과 희망을 싣고

26

왜 윤석열이어야만 하는가?

- 2021.10.9일자 투데이플러스 -

2021. 10. 9(토)

카톡 문자가 날아왔다. C대학교 부총장을 역임한 K교수가 보내온 것이다. 윤석열 후보가 2차컷오프 최종합계에서 압승을 했다며 이번 대선에서 왜 윤석열이 이겨야 하는지 그 이유를 다음과 같이 적었다.

"윤석열은 때묻지 않은 순수함이 있지만 불의에 대해서는 단호하게 대처하고, 인내심 또한 대단한 면모를 보이고 있으며, 그간 수십 년간의 공직생활에서, 특히 현 정권하에서 겪을 수 있었던 숱한 부조리를 누구보다도 잘 알고 있기 때문에 이 나라가 안고 있는 각종 부조리를 굽힘없이 파헤칠수 있는 인물로서 잔재주 부리는 데 익숙하다고 할 수 있는 소위 정치꾼들과는 차원이 다른 면모가 돋보이는 듬직한 후보라고 평을 해온 바 있다."

필자도 같은 생각이다.

집사부일체에서 밥 짓고, 반찬 만드는 윤석열의 인간미를 말하려는 게 아니다. 이미 방송을 통해 그의 인간다운 모습은 전국에 전파를 탔기 때문이다. 필자는 그가 검사장과 검찰총장으로 재임하고 있는 동안 제일 미워했던 인물이다. 그가 TV에 모습을 드러내면 채널을 돌릴 정도로 철저히 미워했다. 그동안 그를 향해 공격을 붓을 휘두른 것이 그 증거다.

나는 그가 죄 없는 박근혜 대통령을 구속해 법원에 넘긴 장본인이라 여겨 그러했다. 그런데 생각이 바뀌기 시작했다. 그도 어쩔 수 없었을 것이라는 생각이 들었기 때문이다. 앞에서 밝혔듯이 당시 자유한국당 유승민이나 김무성이 주동이 되어 이러저러한 죄를 뒤집어씌워 검찰에 넘겼고, 그는 그 일이 자신에게 배당됐기에 어쩔 수 없이 그들이 뒤집어 씌워온 죄목대로 법원에 넘겼을 것이다.

그리고 결정적으로 그에게 마음을 돌린 것은 유재수 전 부산시 부시장이 2019년 금융위원회 재직 당시 업체들로부터 뇌물을 받은 혐의 등으로 구속되었을 때였다. 그는 청와대의 감찰 무마 의혹을 수사하기 위해 청와대 압수수색을 진행하였고, 문 대통령의 친구인 송철호 울산시장 사건 기소와 원전수사 등, 현 정부의 실세를 상대로 거침없는 수사를 하였다.

좌로나 우로나 치우침이 없는 칼날을 겨누는 원칙론자임을 증명한 것이다. 보라, 자기를 총장직에 임명한 은인(문재인)을 향해 압수 수색할 자가 어디 있는가를. 더구나 그는 대선 후보로 출마하고 나서도 명재 윤증선생의 후손답게 입을 놀려 남을 헐뜯지 않았으며, 국정이 아닌 잡스러운 문제를 트집 잡아 공격해 올 때도 되받아치지 않고 의연하게 대처했다.

이제 '윤석열' 하면 제일 앞장서 공격하던 필자가 돌아서 그를 옹호하는 이유를 알겠는가?

그러니 윤석열 후보여!

그대는 검찰총장 직에 있으면서도 정치에 뜻이 없었음을 필자는 잘 안다. 기회 있을 때마다 그대를 공격했기 때문이다. 그렇다면 그대를 정치판에 뛰어들게 한 인물들이 누구인가?

윤석열 그대를 정치판에 뛰어들게 하고 대망론까지 오르게 공(?)을 세운 자들이 조국을 비롯해, 추미애, 문재인이라는 여권의 실세들이라는 점에 주목하자. 그래서 '윤석열 대망론'이 떠오르게 된 원인은 문재인 정권이 윤석열 그대와 전쟁을 벌이면서 자초한 일이라는 것을 잊지 말기 바란다.

자신들이 검찰총장에 추천하고 김진태 의원의 날카로운 질문 때문에 청문회도 통과하지 못했는데도 청장에 임명해 놓고, 비리의 칼날을 들이대자 이러다간 정말 죽겠구나 싶어 안절부절못하는 모습이 그대를 대망의 반열에 올려 세우게 된 것이다. 윤석열 그대는 회유와 압박에도 먹히지 않는 인물임을 국민들은 잘 알고 있다. 그래서 믿음이 간다.

　말할 때마다 도리도리 한다고 흠잡는 인간이나, 사실관계가 밝혀지지도 않은 사실을 가지고 공격하는 인간들은 대권 후보로 그릇이 모자라는 사람들이다. 더구나 당에서도 적군과 대치하고 있는데도 아군을 향해 총질을 하고 있는 인간은 인품이 모자라도 한참 모자라는 인간인 것이다.

　그런 자들에 신경 쓰지 말고 오직 국민만 바라보기 바란다.
　오늘 제목은 필자가 정한 것이 아니라 C대학교 부총장을 역임한 필자의 친구가 보내온 제목이다. 왜 그런 제목을 보냈을까?

27

반드시 윤석열이 돼야만 하는 이유

- 2021.10.24일자 미래세종일보 -

반드시 윤석열이 돼야만 하는 이유? 그는 정저지와(井底之蛙)의 인물이 아니기 때문이다.

그동안 민주당이나, 국민의힘 토론회를 보면서 윤석열 그가 변신에 변신을 거듭하고 있음을 알 수 있다.

보라.

지금 국민소득 4만 불 시대를 눈앞에 두고 있는 경제 대국인 우리나라에서 저 잘난 체하는 홍준표 의원이나, 유승민 같은 의원들이 3만 불도 못 되는 나라의 정치인 같은 국지적인(局地的) 질문만 하고 있는 우스꽝스러운 모습들을. 어떻게 저런 자들이 나라를 이끌어 5만 불 시대를 열겠다는 것인가?

며칠 전 국민의힘 대권주자인 윤석열 전 검찰총장은 23

일 더불어민주당 이재명 대선후보를 겨냥해, "대장동 부패, 이번에 완전히 도려내지 못하면 그 부패의 구더기들은 그들의 권력은 물론이고 결국 대한민국을 갉아먹고 말 것"이라고 비판했다.

윤석열 전 검찰총장은 자신이 몸담고 있던 검찰을 향해 "특정 정치인의 사수대로 전락한 지금의 검찰이 정말 안타깝다. 검찰총장으로서 한계가 있을 수밖에 없었던 일, 대통령이 돼 해내겠다."며 페이스북에 글을 올렸다. 그러면서 그는 "명백한 범죄 혐의를 받는 여당 후보가 나서는 대선은 국가적 재난, 국민적 불행"이라며 "하루라도 빨리 '대장동 특검'을 해야 한다."고 강조했다.

지금 국민들은 홍준표 의원의 안목이나 유승민 같은 의원의 국가관보다 훨씬 앞서 있다는 것을 잊어서는 안 된다. 그들은 자신들의 코앞도 내다보지 못하는 근시안적 안목을 가지고 국정을 논하고 있다. 문재인 실정(失政)에 시달려온 국민들이 그런 주장에 귀담아 들을 확률이 얼마나 될까? 게다가 홍준표 의원은 국민의힘을 떠났다가 애걸복걸하여 입당된 인물이다. 당이 어려울 때 당을 버린 그대는 입이 열 개라도 벌리지 못할 것. 그러니 홍 의원은 그 입 다물기 바란다.

되도 않는 주제를 가지고 입놀림을 하는 유승민도 국민의힘 전신을 뭉개버린 장본인임을 국민들은 알고 있다. 유승민도 그 입 다물기 바란다. 국민들은 그대들의 얼굴만 봐도 몸서리쳐질 정도로 진저리를 한다.

지금 이렇게 개판 된 나라를 깨끗하고 자신 있게 청소할 청소부는 오로지 윤석열밖에는 없는 것이다. 윤석열은 청와대를 압수 수색할 정도로 자신 있는 싸움꾼이요, 칼잡이이기 때문이다.

그동안의 좌파 적폐를 찾아내어 보수·우파의 지고한 가치인 법치·공정·질서·안보를 다시 세우는 일을 할 수 있는 인물이 윤석열밖에는 없다.

문재인 정권은 한 번도 경험해 보지 못한 나라를 만들겠다고 하여 그 실천에 죽을힘을 쏟고 있다. 그래서 소득 주도 성장, 탈원전, 주택 정책 등 주요 정책에서부터 각종 불합리한 인사, 권력 남용, 권력 비리 감싸기 등을 지금까지 일삼고 있는 것이다.

윤 전 총장은 우리나라에 깊이 뿌리내리고 있는 이념적 편향까지도 청소할 인물이며, 교도소를 습격하고, 무기고를 습격해서 아군에게 총질한 자들이 어떻게 5.18 유공자가 되었는지도 밝혀낼 인물이다.

보라, 5.18유공자라면 언제, 어디서 어떤 일을 했기에 유공자가 되었는지 떳떳이 밝혀야 하지 않겠는가?

그래야 순수한 유공자가 진정으로 당당한 대우를 받게 될
것이다.

윤 전 총장이여!
퇴임 후 8개월이 가까워지는 지금, 그대는 변신에 변신을
거듭하여 국민들의 기대주로 우뚝 선 인물이다.
국민들의 응어리진 가슴을 속 시원히 풀어주길 바란다.
유승민이나 홍준표 의원처럼 정저지와의 인물이 아니기에
기대가 큰 것이다.

28

자멸(自滅)하는 민주당을 보며

− 2021.10.28일자 투데이플러스 −

자멸하는 민주당을 보며 삼국지연의에 등장하는 공손찬 이야기를 안 할 수 없다. 그러니 문재인 정권과 민주당 의원들이여, 필자의 말을 귀담아듣고 경거망동하지 말기 바란다.

필자는 보수 논객이지만 민주당이 스스로 궤멸하는 것은 반대하는 사람이다. 왜냐구?

민주당이 있어야 국민의힘이 날뛰지 못할 것이기에 그렇다.

헌데 과연 민주당이 누구 때문에 자멸할 것이냐고?

그거야 물어보나마나 이재명 후보 말고는 누가 있겠는가? 그러니 보자. 이재명 지사와 공손찬을.

이재명 후보는 민주당 후보로 추대된 인물이다. 그러나 그는 흠이 많아도 이만저만하게 많은 인물이 아니다.

친형과 형수에게 입에 담지 못할 욕을 한 것이나, 모 여

배우와의 스캔들 문제는 국민들 입에 너무나 회자(膾炙)되고 있어 필자가 거론하지 않겠다. 그러나 한 나라를 이끌어갈 대권후보자로 선택된 인물이라면 자신의 감정쯤은 다스릴 줄 알아야 할 것이다. 그런데 성남시장으로 있을 때나, 대권 후보자로 추대된 후에도 감정을 억제 못 하고 쌍욕을 해대는 보습을 보라. 유튜브에 그가 쌍욕해대는 음성이 얼마든지 떠돈다.

삼국지연의 초반부에 나오는 공손찬 이야기를 들어보자.

공손찬은 삼국지연의 초반부에서 유비의 친구로 등장하여 누구나 호감이 가는 인물로 착각들을 하였다. 그러나 이 공손찬이라는 인물은 알고 보면 사납고 난폭하며 잔인한 개망나니에 입에 담지 못할 욕을 기분 내키는 대로 하는 인물이다. 이재명지사의 욕설을 직접 들어보라. 그러면 공손찬의 욕설이 어떠했나를 알 것이다.

역사 속 공손찬이라는 인물은 연의에서 각색된 것처럼 사람 좋은 호인도 아니었고, 반동탁 연합군에 참전할 만큼 대의(大義)를 추구한 사람도 결코 아니었다.

그는 다만 오환족과 선비족을 섬멸하여 명성을 얻게 된 것뿐이다. 그런 공손찬이 몰락한 결정적인 이유는 백성들뿐만 아니라 야만족들 사이에서도 명망이 높던 유우를 살해하고 감정을 못 이겨 마구 욕설을 해댔기 때문이다. 절대로 죽여서는 안 될 인물 유우. 온후한 성품과 선정(善政)으로 하북일대 백성들과 야만족들 사이에서 존경을 받았던 유우를 죽이자 백성들이 그를 그대로 두지 않았던 것이다.

본론으로 돌아가자.

이미 이재명 지사는 민주당의 대권후보자로 추대되었다. 그런 인격을 가진 인물이 선택됐다고 하여 민주당이 괴멸할 리 없다고 생각하는 사람들이 많을 것이다. 의석수 160여 석이 넘는 거대 여당인 데다가 청와대 주인이 문 대통령이기 때문이다.

그런데 보라. 그런 비도덕적이요 흠이 많은 자를 추대했기에 국민의힘 대선 경선 후보인 원희룡 전 제주지사가 대장동 개발 의혹과 관련해 이재명 지사를 대검찰청에 직접 고발했으며, 국민의힘에서는 청문회 저격수 김진태 전 의원에게 국민검증특위 위원장을 맡겨 이재명 종합비리를 파헤치게 했다.

말이 나온 김에 이판사판(理判事判) 이야기도 하고 넘어가자.

이판사판(理判事判)은 '이판승(理判僧)'과 '사판승(事判僧)'을 지칭(指稱)하는 말이다.

조선조에 스님이 된다는 것은 마지막 신분 계층이 된다는 것을 의미하는 말이기도 했다. 조선시대가 불교를 억압하고 유교를 국교로 세우면서 스님은 성안에 드나드는 것조차 금지됐다. 이 때문에 조선조에서 스님이 된 것은 이판이 되었건 사판이 되었건 그것은 끝장이 난 것이다.

정치인들은 물론이고 마지막 보루인 법관들과 검사들마저 썩어 줄줄이 엮여 들어가고, 대장동 몸통이 누구인지 국민들은 훤히 일고 있는데 이를 눈 가리고 아웅 식으로 덮으려고만 하니 이판승 사판승을 거론하는 것이다. 대법판사들이 돈 먹고 검사들마저 돈 놀음에 취해 나라꼴이 엉망이기 때문이다.

앞서도 말했지만 필자는 민주당이 궤멸하는 것을 원치 않는다. 국민의힘이 방자해질까 두려워서다. 허나 위에 열거한 말들을 반추해 가며 민주당의 자멸을 곰곰이 생각해 보기 바란다.

29

원팀으로 힘껏 싸워달라

－ 2021.11.6일자 투데이플러스 －

"원팀으로 힘껏 싸워달라."

윤석열 후보가 국민의힘 대통령 후보로 확정됨에 따라 양
홍규 국민의힘 대전시당위원장이 네 후보들에게 간곡히 당
부하는 말이다.

그 당부 내용을 들어보자.

"오늘 마침내 국민의힘 대통령 후보가 선출되었습니다.

먼저 국민과 당원 여러분의 열렬한 성원 아래 대통령 후보로 선출된
윤석열 후보께 축하 인사를 올립니다. 그동안 윤 후보와 선의의 경쟁을
하며 정책정당, 수권정당의 모습을 훌륭하게 보여주신 다른 세 분의 경
선 후보들께는 심심한 위로의 말씀을 드립니다. 혹시 경선 과정에서 생
겼을지 모를 섭섭함은 이제 훌훌 털어버리고, 일치단결하여 '원팀'으로
힘껏 싸워주십시오.

무엇보다 우리는 이번 경선을 통하여 부패, 무능, 독선 정권을 심판하

라는 국민의 준엄한 명령을 확인했습니다. 윤석열 후보께 간절히 호소합니다. 윤 후보님은 정권교체라는 국민의 여망을 높이 받들어 선거에서 꼭 승리해 주십시오.

지금 국민의 삶은 진창에 빠져 허우적거리고 있습니다. 우리의 미래는 바람 앞의 촛불처럼 위태롭기만 합니다. 정권을 바꾸는 길만이 자유와 번영의 기치 아래 이 나라 민주주의를 다시 우뚝 세울 수 있습니다. 망가진 경세를 회복시킬 수 있습니다. 양의 탈을 쓴 채 제 잇속만 챙기는 저들을 심판할 수 있습니다. 김정은과 핵무기의 위협으로부터 우리의 소중한 안보와 평화를 굳건하게 지킬 수 있습니다.

국민 여러분, 그리고 대전시민 여러분!

거짓과 위선으로 가득한 민주당 정권이 짓밟아버린 정의와 공정 때문에 얼마나 좌절하고 계십니까? '대장동 몸통' 이재명 후보의 후안무치 때문에 얼마나 분노에 떨고 계십니까?

우리 국민의힘 대전시당은 정권교체가 저희에게 부여된 역사적 책무라는 사실을 무겁고도 겸허하게 받아들입니다. 선거에서 반드시 이겨 국민께 희망과 웃음을 찾아드리겠습니다.

특히 우리는 사상 첫 '충청도 대통령' 탄생이 임박했다는 기대감에 한껏 부풀어 있습니다. 충청도 대통령을 만들어낼 수 있도록 도와주실 것을 간곡하게 부탁드립니다."

2021.11.5.

국민의힘 대전시당위원장 양홍규

같은 날 홍준표 의원의 사모님으로부터도 문자가 날아왔다.

"그동안 무야홍, 무대홍을 외쳐주신 지지자분들께 진심어린 감사를 전합니다. 아쉬운 결과를 수고라는 단어로 위로할 수는 없겠지만 정말 수고하셨습니다. 우리 전부 열심히 했습니다.

이 땅의 청년과 국민 뒤에 항상 있겠습니다. 주신 마음 잊지 않겠습니다. 감사합니다."

– 홍준표 내자 올림

필자도 윤석열을 비롯한 네 후보들, 국민의힘 의원들과 당직자들에게 당부 좀 하자.

이재명을 대통령 후보로 선출한 더불어당 의원들의 행태를 보라. 험악한 언행과, 성추행, 대장동비리에다가 자신의 감정 조절도 못하고 쌍스러운 욕을 마구 해대는 자를 대권 후보자로 뽑아놓고 그를 옹호하며 희희낙락하는 꼴을 보라. 국민들을 뭐로 보고 하는 짓거리들인가?

그들은 도덕이나 양심, 감성적인 모습이 전혀 없는 인간들임을 국민들은 알고 있다. 거기에 박원순 서울시장이 죽게 빌미를 준 안철수 씨도 제2의 이 모 씨가 되어 중간보수층 표를 깎으려고 입을 놀리고 있지 않는가?

이런 자들과 싸워 정권을 빼앗아 오려면 양홍규 대전시 당위원장이 하소연하고 있는 것처럼 '원팀'으로 강하게 뭉쳐야 할 것이다.

이재명 킬러에는 원희룡 후보가 있고, 김진태 전 의원이

'이재명 특위 위원장'으로, 장동혁 국민의힘 전 대전시당위원장이 '이재명 특위위원'으로 활동하고 있으니, 이재명 잡는 일은 이들 '이재명 특위위원'들에게 맡겨도 충분할 터.

그러니 양홍규 위원장이 말한 대로 "선거에서 반드시 이겨 국민께 희망과 웃음을 찾아주길" 간곡히 바란다.

아아!
모처럼 만에 해가 동쪽에서 뜨게 될 것이고 국민들의 입에는 그 밝은 태양이 물리게 될 것이다.

30

국민의힘 지지율을
방해하는 자가 누구인가?

- 2021.11.28일자 투데이플러스 -

국민의힘 국회의원이나 시도의원 및 구군 의원들은 필자의 말을 명심하라.

다음 글은 가독성을 높이기 위해 존칭을 생략할 것이니 양해하기 바란다.

무당파였던 윤석열 전 검찰총장을 대권 주자로 만들어 준 것은 조국이나 추미애, 그리고 박범계 법무장관의 공임은 우리나라 삼척동자도 아는 사실이다. 그 당시 김종인이 비대위원장이고 이준석이 당 대표를 맡고 있는 국민의힘은 지리멸렬한 상태였던 것도 다 아는 사실.

필자가 왜 이런 말을 하는가?

지금 전국적으로 국회나 지방의회가 회기 중에 있는데 중앙의 핵심 간부들이나 지방의회 의원들이라는 인사들이 가슴에 의원 배지를 달고 하는 짓거리 때문이다. 물론 모든 의원이 다 그렇다는 것은 아니다. 국회나 각 시군마다 그런 인사들이 한두 명씩 있어 국민의힘을 욕먹게 하고 있어 하는 말이다.

중앙의 김종인이나 홍준표가 하는 짓거리가 그렇고 필자가 사는 대전에도 그런 인사들이 있어 시민들의 눈살을 찌푸리게 하고 윤석열 대권후보에게 악영향을 끼치고 있다.

참으로 한심한 친구들이다. 지금이 어느 때인데 아직도 구태를 버리지 못하고 있는가? 눈만 뜨면 적폐 청산이라는 명목으로 압수수색이요, 구속 영장 청구라는 말이 귀에 따갑도록 들리는 판인데 아무리 당이 다르다 하더라도 시장이나 구청장 평가는 시민들과 구민들이 하는 것임을 명심하기 바란다. 내년 선거에 시민들이 휘두르는 적폐청산의 칼 맛을 보아야 정신들 차리겠는가?

결론부터 내고 논거를 대겠다. 반대를 위한 반대를 하는 의원들은 우선 의원직을 모두 내놓아야 한다. 반대를 위한 반대는 갑남을녀도 할 수 있는 것. 그러니 그러한 의원들은 이번에 받은 월정 수당과 의정 활동비 3백 5만 원씩을 반납하여 불행한 이웃을 돕도록 해야 할 것이다. 구민들이 낸 혈세기 때문이다.

보라, 전두환 전 대통령의 빈소를 찾아 헌화하는 일에 좌파들이 그렇게 반대를 하고, 일부 언론에서조차 죄악시하는데도 김기현 원내대표와 주호영 전 원내대표, 김진태 전 의원, 반기문 전 유엔 사무총장, 황교안 전 국무총리는 소신껏 빈소를 찾아 조문을 했다.

어디 그뿐인가?

자유민주당 고영주 대표는 언론(조선일보)에 '전두환 전 대통령 별세에 삼가명복을 빕니다'라는 4단 광고를 내어 애도를 표했다.

정치인이라면 이런 분들같이 소신이 있어야 한다. 의회 밖에 있는 시민들에게도 듣는 귀가 있고, 보는 눈이 있다. 책임 당직자들은 내년 공천에서 반대를 위한 반대를 하는 이런 인사들을 공천해서는 안 될 것이다. 시민들을 우습게 보는 행위이기 때문이다.

부끄럽지 않은가? 대전에는 서구를 비롯해 5개 구가 있는데 다른 구에서는 여야를 막론하고 구청장을 중심으로 의회 활동이 협조적인데 왜 몇 곳만 회기 내내 소란만 피우는지 이해가 되지 않는다.

포항 공대 이상준 교수는 말했다.

"우리는 정말로 정말로 밤낮 모르고 일만 하였다.

일본을 따라가기 위해 우리를 침략해 36년간 우리민족에게 무차별 살생을 가한 일본인데도 나라를 부강시키고 국민을 잘살게 하려고 • 일본어 공부를 했고, • 일본 사람과 사귀었으며, • 일본 기술자를 초대했고, • 일본 제품을 베꼈으며, • 일본의 정신을 파악했다.

그리고 일본을 이기기 위해 70년을 '와신상담'했다. 그 결과 피와 땀을 흘려 • 전자산업, • 철강산업, • 조선사업 등, 중화학 분야에서 일본과 어깨를 겨루게 되었다. 이런 일을 스스로 겪어 보지도 않은 '어떤 망나니 같은 놈'이 친일매국(親口賣國)이라고 한다."

그러니 의원 배지를 달고 가볍게 입을 놀려대는 의원들이여!

아무리 상대 당이라 하더라도 과감하게 협력할 것은 협력하기 바란다.

필자의 다음 글에는 이런 의원 명단까지 공개할 것이다. 무고죄로 고발해도 좋다. 이 모두가 나라를 위한 일이고 시군구를 위하는 일이기 때문이다.

윤석열 대통령 삼행시

박현정 / 주부

윤: 윤택한 환경에서 청소년기를 보내고
석: 석패를 거듭한 사법시험에도 굴하지 않고
열: 열정과 초집중으로 9수 끝에 성취를 이룬 인간 승리

불의와 타협하지 않고 오직 올곧은 길을 고집한 윤석열
대통령 당선인
올곧은 국가관과 강직한 줏대를 높이 삽니다.

든든합니다.
그런 집념과 끈기라면 내 조국 대한민국을 능히 바로잡을
분이라고 믿기 때문입니다.

31

도광양회(韜光養晦)와 목계지덕(木鷄之德)의 교훈

- 2021.12.2일자 중도일보 -

목계지덕

〈의 자〉

선거철이다. / 웃어준다고 내 편일까?

손잡아 흔들었다고 마음 열까?

의자는 비어 있고 / 앉고 싶은 사람은 많다.

도광양회(韜光養晦) / 목계지덕(木鷄之德)

누굴 향해 하는 말인가.

어디 이런 사람 없는가?

내 아는 지인께서 익명으로 보내준 시(詩)다. '도광양회(韜光養晦)'와 '목계지덕(木鷄之德)'이라는 의미를 알고 실천하는 사람이 의석에 앉아야 한다는 내용이다.

1. 그럼 보자 도광양회.

'자신의 재능을 숨기고 인내하며 때를 기다린다.'는 의미를 가지고 있다. 14세기 중엽 명나라의 나관중(羅貫中)이 쓴 〈삼국지연의(三國志演義)〉에 나온다. 현재의 상황이 불리하면 스스로 자신을 낮추고 드러나지 않게 하며 자신이 모든 조건을 갖춘 다음에 나서야 된다는 것을 가르치고 있는 말이다. 유비가 조조와 실력으로 되지 않으니 이렇게 때를 기다렸다는 게 아닌가?

도광양회는 천하를 통일할 꿈을 품고 있는 유비가 여포(呂布)에게 쫓겨 조조(曹操)의 식객으로 머물던 무렵을 배경으로 하고 있다. 유비는 조조의 경계심을 풀기 위해 후원에서 채소를 가꾸고 물을 주며 소일하고 있었다. 그런데 조조는 유비를 경계하라는 부하의 계속되는 진언에, 유비를 식사에 초대하여 "천하에 영웅이 있다면 그대와 나뿐이다."라고 유비의 진심을 떠 보았다. 유비는 짐짓 천둥소리에 놀란 듯 젓가락을 떨어뜨렸다.

이것을 본 조조는 유비가 생각보다 그릇이 작은 인물이라고 생각하고, 뒤에 유비가 떠나는 것을 허락했다. 훗날 유비는 제갈량(諸葛亮)이라는 인재를 얻고, 민심을 바탕으로 군사를 일으켜 조조에 대적할 만한 큰 인물이 되었다.

상대의 힘이 자신보다 우월하다는 것을 알았을 땐 상대와 싸우려 들기보다는 비켜감으로써 화를 면할 방법을 궁리해야 한다. 이 고사 성어는 과거 덩샤오핑 시절 중국의 대외

정책을 가리키는 표현으로 자주 인용되기도 하였다. 중국이 미국과 상대로 싸우는 것을 보았는가?

2. 두 번째 교훈 목계지덕(木鷄之德).

이 고사는 삼성을 창업한 고(故) 이병철 회장께서 이건희 아드님에게 가르친 것으로도 유명하다. 이병철 회장은 이건희 아들이 삼성에 입사한 첫날 '목계지덕'이라는 휘호를 적어주고 벽에 걸어두고 매일 묵상하며 마음에 새기게 했다 한다.

나무로 만든 닭 목계(木鷄)!
자신의 감정을 완전히 통제할 줄 알고, 상대방에게 자신의 매서운 눈초리를 보여주지 않으면서도 상대방으로 하여금 근접할 수 없게 하는 매서움을 지닌 사람.
"望之似 木鷄, 其德全 (망지사 목계, 기덕전)""보기에 흡사 나무로 만든 닭과 같으니, 그 덕이 완전하다." 장자(壯者) 〈달생(達生)〉편에 나오는 내용이다.

투계(닭싸움)를 좋아하던 왕이 '기성아'라는 사람에게 용맹한 싸움닭을 구해서 최고의 투계로 조련하도록 명했다. 그런 후 열흘이 지나 왕이 물었다.
"닭이 싸우기에 충분한가?"
"아닙니다. 아직 멀었습니다. 닭이 강하긴 하나 교만하여 아직 자신이 최고인 줄 알고 있습니다. 그 교만을 떨치지 않는 한 최고가 될 수 없습니다."

열흘이 다시 지나서 왕이 묻자,

"아직 멀었습니다. 이제 교만함은 버렸으나 상대방의 소리와 그림자에 너무 쉽게 반응합니다."

다시 열흘이 지나서 왕이 묻자,

"아직 멀었습니다. 조급함은 버렸으나 상대방을 노려보는 눈초리가 너무 공격적입니다."

왕은 또 열흘을 기다렸다가 물었다. 그제야 조련사는 만족한 표정으로 말했다.

"이제 된 것 같습니다. 이제 상대방이 아무리 위협하는 행동을 하면서 소리를 질러도 아무 반응을 하지 않습니다. 완전히 마음의 평정을 찾아 드디어 나무와 같은 목계(木鷄)가 됐습니다. 이제 어느 닭이라도 이 닭의 모습만 보아도 고개를 숙이고 부리를 감출 것입니다."

장자가 이 고사에서 말하고자 하는 최고의 투계가 무엇인가?

첫째, 자신이 제일이라는 교만함을 버린 자.

둘째, 귀는 열어 놓되 입은 굳게 닫혀있는 자.(상대의 언행에 민감하게 반응하지 않는 자)

셋째, 상대방에 대한 공격적인 언행은 삼가는 자.

중국에서 등소평 이후 시진핑이 미국이나 러시아, 일본에 대하는 태도를 보라.

서방에 문호를 열고 사유경제를 채택하면서 세계 최고의 인구를 바탕으로 한 내수 시장, 저렴한 인건비를 바탕으로 경제 성장을 유도하여 2000년대 후반 이후 세계 2위의 경제대국으로 성장한 것을.

이런 정책은 당시 서구 열강들에 대항할 만한 국제적 힘을 갖추지 못한 중국의 처지에서 매우 현실적인 선택이었으며, 이후 고도 경제 성장을 통해 중국이 시진핑 시대와 같은 위상에 오르는 데 중요한 구실을 했던 것이다.

자 보자. 후보들이여!

의자는 한 개뿐이다. 누가 차지할 것인가?

자존심으로 꽉 차 있는 자? 아니면 오만함과 교만함으로 공격적인 어투를 내 뱉는 자? 높은 사람과 사진 한 번 찍은 것을 자랑으로 내세우는 자? 모두 아닌 것이다.

머릿속은 꽉 차 있으되 교만하지 않고, 귀는 열렸으되 입은 닫혀 있는 자(남 험담을 하지 않는 자). 공장 폐수까지도 받아들이는 바다처럼 마음이 넉넉한 자. 선거 사무실에 태극기를 펄럭이게 게양한 국가관이 확실한 자. 이런 사람이라야 그 한 개뿐인 의자를 차지할 수 있는 것이다.

기대 된다. 3개월 후.

32

윤석열 후보의 리더십

− 2021.12.4일자 미래세종일보 −

필자는 '김종인과 하이에나'라는 제하의 칼럼을 'CTN'(11. 24)에, '이준석의 싸가지'라는 제하의 칼럼은 '투데이플러스'(6. 11)에 게재한 바 있다. 그동안 필자가 보아온 그들의 짓거리가 그렇게 보였기 때문이다.

이번에 보인 김종인의 추태 역시 눈살을 찌푸리게 하고 있으며, 이준석 역시 그러했다. 유승민에게 배웠으니 나르샤(飛) 말고는 무엇을 배웠겠는가?

이준석 대표는 자기 맘에 안 드는 이수정 경기대 범죄심리학과 교수를 공동선대위원장으로 영입하였다 해서 당 대표를 무시한다고 3일 동안이나 잠적을 했고, 김종인이라는 영감은 '감 놔라 배 놔라' 내 맘대로 하게 해 달라고 몽니를 부렸다.

당 대표를 두 차례나 하고 대권 도전에 실패를 거듭했던 홍준표 의원도 이준석의 손을 들어주며 합세를 하였다. 그에 힘을 얻은 이준석은 자신의 페이스북에 '그렇다면 여기까지'라는 의미심장한 메시지를 남겼고, 이어 엄지를 거꾸로 내린 모양의 이모티콘도 올렸다.

원래 정치는 써먹고 버리는 것이라는 걸 모르는 이가 없다. 당 밖에 있는 김종인도 문재인 캠프에서 문재인 대통령 만들기에 온 힘을 쏟아부었고, 팽 당하자 국민의힘에 달라붙어 비상대책 위원장 자리에 앉아 이래라 저래라 하다가 이번엔 윤석열 캠프에 슬그머니 다가와 지휘권을 잡으려는 야망으로 몽니를 부렸다.

이준석은 착각하지 말기 바란다. 그대가 유승민 밑에서 나르샤를 배운 제1의 인물임을 대한민국 국민들은 알고 있으며, 그래서 모든 2030들이 그대를 좋아하는 거 아니고, 더구나 20대 여성들 중에는 이준석 싫어하는 사람이 더 많다는 사실도 알고 날뛰지 말기 바란다.

이번에 이준석의 3일 동안의 나르샤를 행한 속셈은 대선 이후의 지방선거 공천권 원인이 컸으리라. 결국 내 사람을 더 많이 박기 위한 나르샤를 했던 것이다. 전에도 유승민이 김무성과 짜고 박근혜 대통령과 맞대결 하면서 당의 옥새를 들고 나르샤를 하지 않았던가? 그러니 유승민에게 배운 걸 가지고 정치에 활용하거나, 페이스북에 ^_^P 이런 거나 올려 윤석열 후보 캠프에서 일하는 사람들을 조롱하지 말기 바란다. '^_^P' 이게 무슨 의미인가? '웃기네 파리 떼'라는 의미 아니던가? 당 대표라는 자가 그런 짓이나 하고 있으면 정치를 배워도 한참 잘못 배운 것이다.

그러나 보라. 윤석열 대권주자의 리더십을.

3일 동안이나 잠적하면서 여기저기 나타나 모습을 보이고 있는 이준석을 윤 후보가 직접 찾아가 손을 내밀어 포옹을 하는 모습을 보였다. 언론 보도에 의하면 다음과 같다.

국민의힘 윤석열 대선후보와 이준석 대표가 3일 울산에서 만나 2시간 반주를 곁들인 식사 자리 끝에 극적으로 갈등을 봉합했다. 이 대표가 자신의 패싱설, 당 선거대책위원회 인선·구성 문제 등으로 윤 후보 측과 마찰을 빚다 "그렇다면 여기까지입니다", "^^p" 등의 의미심장한 코멘트를 남기고 잠행에 들어간 지 나흘 만이었다. 윤 후보는 이 자리에서 김종인 전 비상대책위원장이 선대위 총괄선대위원장직을 수락했다는 '기쁜 소식'도 알렸다. 국민의힘 대선 시계가 다시 돌게 됐다.

윤 후보와 이 대표는 이날 오후 7시 26분쯤부터 약 2시간 10분간 울산 울주군의 한 식당에서 회동 후 그동안 쌓였던 마음의 앙금을 다 떨어냈음을 시사하며 진하게 포옹했다.

둘이 포옹하는 모습을 보인 뒤 윤 후보는 "김종인 박사님께서 총괄선대위원장직을 수락하셨다"고 알렸다.

고집쟁이 영감 김종인까지도 끌어안는 포용심, 그게 바로 윤 후보의 리더십인 것이다.

윤 후보는 "이 대표를 비판하는 분들한테도 '나는 이준석 대표를 만날 때마다 참 새로운 걸 배운다.', '나이는 젊어도 당 대표 맡을 자격이 있다.'고 얘기를 해왔다."면서, "우리 정당사에 정말 가장 최연소, 100년에 한 번 나올까 말까 하는 젊은 당 대표를, 제가 대선 후보로서 함께 대장정을 간다는 것 자체가 굉장히 운 좋은 사람이라고 생각한다."고 했다. 그러면서 "그렇기 때문에 저는 이 대표에 대해 오해한 사실이 없다. 늘 대단한 인물이라고 생각했다."고 강조했다.

기대가 크다. 좌파들이 좌충우돌 날뛰는 대한민국에 새로운 희망이 솟아오르고 있기 때문이다.

33

귀한 목숨 얼마나 더 죽어야

- 2022.01.18일자 투데이플러스 -

이재명과 관련된 인물 이 모 씨가 이번에 또 사망하여 이로써 고귀한 생명이 세 명이나 목숨을 끊었다. 앞으로 얼마나 이런 죽음이 발생해야 대장동 실체가 밝혀지게 될까?

이 모 씨는 지난 8일 이후 연락이 두절돼 이 씨의 가족들이 경찰에 실종신고를 했는데, 11일 밤 서울 양천구의 한 모텔에서 숨진 채 발견됐다고 한다. 유서는 발견되지 않았고, 사인은 아직 알 수 없는 것으로 전해졌다.

『이 씨는 이재명 민주당 후보의 변호사비 대납 의혹을 처음으로 제기한 인물이다. 이 후보가 경기도지사 시절 공직선거법 위반 혐의 등으로 재판을 받을 당시 변론을 맡았던 이태형 변호사가 수임료로 현금 3억 원과 S사 주식 20여억 원을 받았다는 것이다.

20년 가까이 민주당 당원으로 활동한 것으로 알려진 이 씨는 친문(親

文) 단체인 깨어있는시민연대당(깨시연)에 이러한 의혹과 함께 증거 녹취록을 제보했다. 이에 깨시연은 작년 10월 7일 이 후보가 변호사 선임료 지급 내역을 허위 공표했다며 검찰에 고발했다.

이 후보 측은 작년 10월 8일 이 씨와 깨시연이 허위사실을 유포했다며 맞고발로 대응했다. 지난 11월 민주당은 이 사건을 수사하는 수원지검에 이 씨를 구속 수사해야 한다는 탄원서를 제출하기도 했다.』 -조선일보-

이번에 숨진 이 모 씨는 변호사 비용 대납과 관련된 녹취록 3개에 모두 등장하는 유일한 인물이다. 그는 2021년 12월 10일 자신의 페이스북에 이런 글을 올렸다.

'이 생은 비록 망했지만 전 딸, 아들 결혼하는 거 볼 때까지는 절대로 자살할 생각이 없습니다.'라고.

모든 선거에는 돈이 필요하다.

성남시장 재직 시 이재명은 법이 허용하는 테두리 내에서 성남시에서 시행되는 모든 공사나 일거리를 OO당 산하 업체들에게 전부 맡겨 사업을 진행토록 했고 선거자금을 확보했다. 화천대유 대장동 사건도 동일 선상에 있다. 이익금을 특정인에게 몰아주고 뒷거래로 선거 자금에 활용코자 했을 것이고, 실무자가 2명씩이나 죽었을 때도 '모르는 사람'이라는 등 모르쇠로 일관하고 있다.

성군(聖君)은 그렇게 해서 되는 게 아니다. 보자, 성군은
어떻게 해서 되는지를.

蟠木根柢 (반목근저) 輪囷離奇 (윤균리기)
而爲萬乘器者 (이위만승기자) 何則 (하즉) 以左右先爲之容也
(이좌우선위지용야)

전한(前漢) 추양(鄒陽)의 옥중 상서(獄中上書)에 나오는 말로,
그릇으로 사용할 수 없는 재목(材木)일지라도 잘 다듬으면
천자의 밥상에 매일 올라가는 귀한 재목으로 거듭난다는
뜻이다. 반목의 뿌리는 기괴하기 이를 데 없는데 만승천자
가 사용하는 그릇이 되는 것은 어째서인가? 좌우 근신(近臣)
이 먼저 수식(容: 새기고 꾸민다는 뜻)을 하기 때문이다.

그런데 보자,
이번에 주검으로 변한 세 명은 이재명의 근신(近臣)들로 알
려진 인물들이다. 이들은 이재명 곁에서 수식(容)을 했어야
했는데 제 역할을 못하여 이재명의 이러저러한 비리가 공
개되었기에 이러한 불상사가 일어나고 말았던 것이다.

국민의힘 대권후보인 윤석열만 보더라도 검찰 경력 말고
는 정치 경험이 전무한 사람이다. 그런데도 그 자신은 공정
과 정의, 그리고 공장폐수까지도 포용하는 넉넉한 마음을

가졌고, 그의 근신(近臣)들은 각 분야의 전문인들로 구성되어 그를 잘 보필하고 있다. 윤 후보 측근 가운데 자살하는 사람이 어디 있나 생각해 보기 바란다.

귀한 생명 얼마나 더 목숨을 끊어야 대장동 비리의 실체가 드러나겠는가?

34

한국정치 대세의 흐름은 윤석열, 그만이 답이다

− 2022.01.17일자 미래세종일보 −

대한민국의 선택은 이미 결정되어 있다. 윤석열만이 그 답이다. '반중친미(反中親美)' 정책을 지향하는 그의 소신이 이를 뒷받침해 준다. 현재 동북아를 둘러싸고 벌어지는 자연의 섭리와도 같은 큰 물결을 거스르는 자는 나라를 지탱하기 어렵고 대권을 거머쥘 수도 없다. 국민들도 나라가 사회주의화되는 것을 원치 않는다.

그리고 아직은 침묵을 지키고 있는 박근혜 대통령이 이재명 손을 들어줄 리 천부당만부당할뿐더러, 국민의당 안철수 후보가 끝까지 간다고 큰소리를 치고 있으나 그 역시 대권을 거머쥐려면 엄청난 조직과 정치 자금이 필요하다는 것을 알고 있을 것이다. 어느 정도 버티기 하다가 여론에서 밀리거나, 3위 자리를 겨우 유지하게 되면 이해타산을 따져 합당할 것이 뻔하다.

홍준표 의원이 곁에서 깐족거리며 윤 후보의 지지율이 떨어지기를 계속 바라고 있으나, 그와 정치적 원수인 김종인을 쳐낸 상태인 데다가 자신이 정치생명 끝난 줄 감지하고 있을 테니 더는 표 깎아내리는 일은 못할 것.

거기다 53%가 넘는 대다수 국민들이 정권교체만은 꼭 이루어야 한다는 열망을 가지고 있으니 그것도 한국정치 대세의 흐름이다.

이와 같은 국내외적 상황 속에서, 만에 하나 반미를 외치는 시민단체나 중공과 내통하여 한국의 국익을 저해하는 기업가, 중공과의 이권을 위해 미국과의 동맹관계에 선을 그으려는 정치 지도자가 있다면 자유 대한민국에 대재앙을 가져다줄 뿐이다. 따라서 국민들은 그런 자를 원치 않는다.

이번 대선은 향후 동북아 정세와 맞물려 대한민국의 생존을 위한 중요한 선거다.

앞으로 몇 달 후면 문재인은 다음 대통령 당선자에게 자리를 내주어야 한다.

셋방을 살던 사람들도 집을 주인에게 돌려줄 때에는 원상복구를 시킨 다음 물려줘야 되는 것을 모르지는 않을 터. 1000조가 넘는 빚은 어떻게 처리해 물려줄 것이고, 마구 파헤친 휴전선의 지뢰밭은 어떻게 원상복구할 것이며, 장병들의 해이해진 마음은 어떻게 강화시켜줄 것인가? 지금 전 세계가 미국을 중심으로 연합하여 중국을 포위하고 있으며, 그 포위망 중심에 한반도가 있는데 미국과 소원해진 관계는 어찌 복구하여 다음 대권자에게 물려줄 것인가?

'종전 선언'하라고?

웃기지 말라. 문재인 말대로 종전 선언을 하게 되면 미국 보고 물러나라고 할 것이고, 미국이 물러가게 되면 결과가 어찌 될 것인가? 우리는 과거 1948년 8월 15일 광복이 된 다음 김일성을 추종하는 좌파들이 신탁통치를 결사반대해 미국을 내쫓고 1년 10개월 뒤인 1950년 6월 25일 소련제 탱크를 몰고 쳐내려온 것을 잘 알고 있다.

그래서 문재인에게 묻자. 종전 선언은 누구 좋으라고 하는 짓이냐?

지금 국민의힘 대권 주자인 윤석열은 국내 정세는 물론 세계정세의 흐름을 정확히 파악하고 있는 후보다. 요즘 그가 목소리 높이는 톤의 강도를 보라. 지금 민주당에선 그에게 흠을 잡을 수 없으니까 그 부인의 흠을 잡으려 별짓을 다 하고 있다. 그 얄팍한 잔꾀도 집어치우기 바란다. 과거 미국산 소고기 먹으면 뼈에 구멍 송송 나서 광우병 걸려 죽는다고 떠들던 그대들이 아니던가?

대세는 이미 기울었다.
이제 전자개표기 조작해서 이길 생각도 말기 바란다.

국민의힘에 당부 좀 하자. 대선 급료를 주더라도 부정선거 방지 대응팀을 구성해서 컴퓨터 교육을 철저히 시켜 개표장에 투입시키기 바란다.

중국을 견제하기 위해 한국에서 항공모함을 건조하고, 일본과 대만의 반도체 성장을 늦추기 위해 한국의 반도체 기업들을 성장시키려는 움직임을 모르는가? 세계의 정세 흐름은 이와 같은데 아직도 온갖 범죄와 비리의 잡범을 내세워 대권 주자로 만들려 하는가? 그래서 '한국 정치의 대세의 흐름은 윤석열만이 그 답이다.'라고 하는 것이다.

35

안철수 대표여,
이번에도 그대를 믿는다

— 2022.01.20일자 투데이플러스 —

깐족거리는 안철수 사진

국민의 염원은 정권교체다. 그것을 고급두뇌 안철수 대표가 모를 리 없다. 수단과 방법을 가리지 않고서라도 정권교체만은 꼭 이루어야 할 것이다. 도덕성이 全無한 이재명에게 나라를 맡길 수 없다. 이재명의 범법행위와 비리에 대해선 너무나 잘 알려졌기에 구태여 밝히지 않겠다.

다만 과거 그대와 정치적 동지였던 것을 후회하며 자신의 페북에 글을 올린 김영환 전 과기부 장관의 글을 여기에 옮겨 보련다.

『안철수 후보님께 드리는 글

저와 안철수 후보가 제3의 길을 주장하면서 문재인을 반대하고 국민의 당을 창당한 지 10년 가까운 세월이 흘렀습니다. 저는 수도권 5선의 길을 버리고 안철수를 따라나서 2016년 총선에서 399표 차로 경기도 안산에서 낙선하였습니다.

그때 우리는 호남을 석권하고 정당투표에서 민주당을 이기는 정치혁명을 이뤄냈습니다.

그날로 안철수 대표께서는 선거승리를 자축하기보다는 살아 돌아오지 못한 저와 인천의 문병호 동지를 안타까워했습니다.

그런 우리가 왜 이리 되었을까요?

저는 탈당과 입당을 거듭하고 국민의힘에서 겨우 연명을 하고 있고, 안철수의 39석짜리 정당은 3석짜리 정당으로 전락해 버렸습니다.

어제 심상정 후보가 칩거를 끝내고 오늘의 정의당에 대한 냉정한 심판이 "조국에 대해 심판을 제대로 하지 않은 것" 때문이고 "그것이 20년 정치의 최대의 실책이다."라고 말하는 것을 들었습니다. 참 이런 착각이 이 나라 진보정치의 몰락을 가져왔습니다.

오늘의 괴물 민주당 문재인 정권의 폭주의 주연이 된 정의당의 헛다리 후회를 지켜보면서 나는 "연민이 아니라 분노"가 치솟아 올랐습니다.

조국 사태 때 심상정 의원은 "조국은 20, 30대에게는 상실감과 분노를, 40, 50대에게는 상대적 박탈감을, 60, 70대에게는 진보진영의 혐오를 가져다주었다."라고 말했지요? 그때는 비교적 올바른 판단을 내리고 있었습니다. 그런데 오늘의 진보의 혐오가 조국 사태에 대한 대처의 미흡에 있었다고요?

심정지로 숨을 헐떡이는 환자에게 피부병 치료를 권하고 있는 의사의 진단입니다. 오늘의 이 민주주의의 후퇴와 국가 존망사태의 주연배우는 '말리는 시누이'역을 수십 년에 걸쳐 해온 '진보정치의 민주당 기생정치'에 원인이 있습니다.

그대들은 진보를 팔아 대한민국정치의 '민주당 2중대 내로남불의 대명사'가 되었습니다.

지금 보니 지난 총선에서 운동권 출신의 나를 고양정으로 보내 심상정과 싸우라는 김형오 공심위원장의 수십 차례의 권고를 받아들일 것을. 부부싸움을 하면서까지 "내가 진보정치를 죽이는 일에 앞장설 수 없다."고 생각한 것이 후회가 됩니다.

안철수와 심상정, 그리고 김영환은 무릎을 꿇고 국민 앞에 오늘의 정치에 대해 석고대죄 해야 합니다. 우리는 2016년 총선에서 문재인 정권의 독선을 막고 야당으로 정치개혁을 하겠다고 국민의당을 창당하고 기득권 패권정치를 혁파하겠다고 다짐하고 공약했었습니다.

그러나 승리하고 나서는 잉크도 마르기 전에 비례연동제라는 선거법 떡고물을 챙기느라 민주당에 빌붙어 4+1이라는 기괴한 정치구도를 만들어 괴물 공수처를 만들고 민주당의 악법을 무더기로 통과시켰던 겁니다.

민주당과 정의당 사이에 손학규, 정동영, 박지원은 모두 안철수와 김영환이 불러들인 국민의 당 출신들이었습니다. 아뿔싸 우리가 낙선을 감수하면서 한 새 정치가 겨우 민주당 2중대가 되어 나타났던 것입니다.

우리는 그날의 우리의 '위대한 국민에 대한 배신'에 대해 용서를 구하고 고해성사를 해야 합니다. 그래야 이 나라 진보정치가 또한 제3의 길 새로운 정치가 살아날 수가 있습니다. 또 민주당 2중대로 꼴랑 이재명의 손을 잡는 순간 정의당도 심상정도 흩날리는 눈발이 될 겁니다.

안철수 후보님!

안철수 정치 생애에서 가장 크고 빛나는 순간을 맞고 있습니다. 지금이 그 순간입니다.

지난 오세훈 단일화를 해낸 그때로 돌아와 "누가 되는가보다 정권교체가 중요하다."는 그 말씀을 지키시기 바랍니다.

윤서열, 안철수가 손잡고 열어가는 시대가 고대가 됩니다.

공동정부가 되면 문과와 이과가 연합하는 정부, 공정과 상식에 부합하고 4차혁명시대, 과학기술의 시대가 함께 열릴 것입니다. 한 분은 대통령 후보로, 한 분은 종로구 국회의원 후보로 상징적으로 동시에 출격하고 함께 다음 정부를 만들고 책임지고 이끌어 가시면 안 되겠습니까?

설 명절에 국민들께 이보다 더 큰 희망의 선물이 어디 있겠습니까? 곧 뵙겠습니다.』

김영환 과기부 전 장관, 안철수 대표와 손잡고 국민의당을 창당한 것에 뒤늦게 잘못을 깨닫고 있다. 그래서 동지였던 안철수 후보에게 정권교체를 위해 국민의힘에 합류하여 정치 생애에서 가장 크고 빛나는 순간을 저버리지 말라고 권면하는 글을 올렸다. 이런 글을 읽는 국민들은 큰 감동을 받을 것이다. 그래서 필자는 그를 가리켜 정치적 대들보라 칭하고 싶다.

안철수 후보의 선택만이 남아있는 것이다.

샛별

김선자 / 시인

가시밭길 먹장구름 밀려와
어깨를 누를 때마다
숨어버린 태양을 갈망했습니다

폭풍우 몰아치던 밤바다
항해를 하던 배 한 척
길을 잃고 헤매일 때
멀리서 반짝이는 샛별 하나를 보았습니다

운명 앞에 나타난 그 빛을 따라
정박한 항구
험난한 길
지친 영혼이었지만
이제야 알았습니다
어둠이 깊을수록 빛이 강하다는 걸,

지나온 여정의 깊이 만큼
망망대해를 안고

다시 하얀 돛을 올립니다

이제 가슴의 주름을 펴고
마음껏 웃어야 할
자명한 이유는

뒷밭에 사란 푸성귀 같고
무심코 밟고 지나온
잡초 한 포기도
뒤돌아서 일으켜 세울 줄 아는
그런 사람

우리들의 해답인
당신이 있기에 가능한 일입니다.

– 윤석열 대통령 당선자가 계시기에 –

36

정권교체는 대전에서 시작합시다

– 2022.01.23일자 투데이플러스 –

정권교체는 대전에서

"정권교체는 대전에서 시작합시다."

2022년 1월 21일. 국민의힘 윤석열 후보가 대전을 방문한 오페라 웨딩홀 대강당에서 이은권 대전총괄선대위원장이 외친 말이다.

시간이 지날수록 이재명 더불어민주당 대선후보에 앞서기 시작한 윤석열 후보는 대선이 40여 일 앞으로 다가온 시점에서 자신의 고향인 충청도를 방문해 표 다지기에 전력을 투구하고 있다.

대전을 찾은 윤 후보는 다음 주에 이루어질 경제 전반, 외교·안보 등과 관련한 공약 발표를 준비하고 있다. 지금까지 그는 '석열씨의 심쿵공약'이나 '유튜브 59초 쇼츠', '페이스북 7자 메시지' 등 짧은 공약을 주로 발표해 왔다. 이 과정에서 등장한 ▲여성가족부 폐지 ▲병사월급 200만 원 ▲법인 차량 번호판 차별화 ▲연말정산 소득공제 확대 등은 캐스팅보트를 쥐고 있다는 2030세대를 중심으로 빠르게 이슈화되기도 했다.

이날 중앙시장을 방문한 자리에서도 상인들은 물론 2030세대들까지 몰려들어 환영의 인파로 시장을 메웠다.

이은권 대전 총괄선대위원장의 환영사를 들어 보자.

『윤석열 후보와 함께하는 대전 당원동지여러분, 대단히 반갑고 고맙습니다.

윤석열 후보가 대전을 찾아주셨습니다. 뜨겁게 박수로 환영합시다.

사랑하는 당원동지 여러분, 대한민국 70여 년의 역사는 산업화와 민주화를 동시에 이룬 세계에서 유일한 국가입니다. 이 자랑스러운 자유민주의 대한민국이 문재인 정권 채 5년도 되지 않아 70여 년의 자랑스러운 역사가 무너져 내리고 있습니다.

많은 국민들은 민주당 정권을 연장해 준다면 자유민주주의가 사회주의로, 공산주의로 바뀌는 것은 아닌지 불안에 떨고 있습니다. 이승복 군이 말했듯이 "공산당은 싫어요"라고 외치고 있습니다.

우리 국민의힘 윤석열 후보가 정권교체를 이루어 자유민주주의를 지켜내고, 비정상의 대한민국을 정상으로 되돌려 놓을 수 있는 유일한 후보입니다.

우리 모두가 하나 되어 공정과 상식으로 정의를 바로 세울 윤석열 후보를 대통령으로 만들어 나라를 바로 세우고, 나라를 구해내야 합니다.

우리 대전만 놓고 봐도 이 무능한 문재인 정권은 내세웠던 공약들을 단 한 가지도 제대로 이행하지 않았습니다. 이것이 충청홀대이고, 패싱입니다.

그러면서 이재명 후보는 뻔뻔하게 또 같은 공약을 들고 나와서 지지를 호소하고 있습니다.

우리 대전이 그동안 수많은 선거에서 캐스팅보트라는 중요한 역할을 했음에도, 이렇게 국가 정책과 지역사업, 지역인재 등용 등 모든 부분에서 홀대를 받아왔습니다.

충청의 아들, 우리 윤석열 후보가 대통령이 되면 충청 홀대라는 단어조차 사라질 것입니다. 6월 치러질 지방선거에서도 많은 국민의힘 후보들을 당선시킬 수 있을 것입니다.

이제 선거가 47일 앞으로 다가왔습니다.

여러분께 간곡히 부탁드립니다.

여러분 한 분 한 분 스스로가 후보라는 생각으로 당당하고 적극적으로 선거운동에 임해주시기 바랍니다.

3월 9일은 무능 좌파를 심판하는 날입니다!

3월 9일은 충청대통령이 탄생하는 날입니다!

정권교체는 대전에서부터 시작될 것입니다.

이제 과거를 넘어 새로운 미래를 만들어 갑시다. 감사합니다.』

이은권 대전 총괄선대위원장.

그는 아직 자신의 진로에 대해선 입 밖에 내지도 않고 오직 정권교체를 위해서 전력을 다하고 있다. 그래서 더 믿음이 간다.

"정권교체의 바람은 우리 대전에서부터!"

37

참으로 고마운 사람들,
문재인과 이재명 그리고 민주당

- 2022.01.29일자 투데이플러스 -

오늘은 구정 이틀 전, 이제 내일이면 여기저기 흩어졌던 가족들이 모여 이런저런 얘기와 덕담들을 나눌 것이다. 그 덕담 가운데 정치에 관한 이야기도 나올 것이고, 정치 얘기하면 문재인과 이재명에 대한 이야기도 나올 것이다.

그래서 필자는 오늘 반어법(反語法)을 인용한 덕담을 해 보려 한다.

반어법은 어떤 때 쓰는 용어인가? 상대를 조롱할 때 쓰는 말이다. 좌파 아닌 국민들이 지난 5년간 밤잠 못 이루며 울화통 터지게 나라 걱정했던 마음을 조금이나마 위로하기 위해 써 본다. 가독성(可讀性)을 높이기 위해 대통령이라든지, 더불어민주당 대권후보라는 직함도 사용하지 않을 것임을 밝혀 둔다.

첫째, 문재인이 잘한 짓.

국회 동의도 얻지 못한 윤석열을 검찰총장직에 앉히며 "국민의 뜻을 잘 살피고 권력 눈치 보지 말라"고 한 일은 반어법이 아닌 정말로 잘한 일이다. 윤석열은 검찰총장에 임명된 뒤 문재인의 지시에 따라 권력의 눈치 안 보며 그의 상관이던 조국과 추미애와 맞싸웠고, 심지어는 청와대까지 압수수색했다.

그러니 다음 사항은 '자알~한' 짓이다. 종전선언을 끈질기게 주장하고 있는 것을 뜻한다. 종전선언을 하게 되면 우리나라에 주둔하고 있는 미군은 철수할 것이고 미군이 철수하게 되면 핵미사일을 연신 쏘아 올리는 북한이 어떤 태도를 취할까? 그 대답은 과거 1945년에서 찾을 수 있다. 해방 후 신탁통치를 결사반대하며 머리띠 두르고 쇠몽둥이 휘둘러 남한에 주둔해 있던 미군을 철수시킨 이후를 보라. 1년 10개월 후인 6월 25일 북괴 김일성이가 소련의 도움을 받아 남침했던 게 아니던가?

문재인이 잘한 짓은 얼마든지 많다.

그가 집권한 뒤로 좌파의 무리가 누구누구라는 것이 속속 밝혀졌으며, 좌파 무리가 정권을 잡으면 우리나라가 어찌 된다는 것을 확실히 깨우치게 되었다. 그래서 고마운 것이다.

둘째, 이재명이 잘한 짓.

이재명은 '공과 사도 구분 못하는 놈'이다.

이 말은 필자의 말이 아니라 이재명의 형 이재선 씨가 쌍욕하며 달려드는 그에게 한 말이다. 이뿐만이 아니다. 이재명은 형수에게 아무리 패륜아라도 입에 담지 못할 쌍욕을 해댄 자이고, 자신이 검사라고 사칭까지 하고 돌아다닌 자이다. 여성 성추행이나 음주운전 등의 잘못은 이미 언론에 보도되어 필자가 거론하지 않겠다.

또한 대장동 비리의 몸통임에도 불구하고 연관된 네 명의 목숨이 자살이란 명분으로 죽어갔지만 내로남불 하는 자이며, 전라도 광주에 가서는 "지역감정을 부추긴 사람이 박정희 대통령"이라고 마이크 잡고 톤을 높이고 있는 자이다. 광주 시민들이여 속지 말라. 지금처럼 자가용 굴리며 잘살게 된 것이 누구 때문인가 생각해 보라.

아이러니하게도 이재명이 그런 짓을 하고 다니니까 강직하기만 하고 정치 경험이라고는 전무한 윤석열의 지지도가 날만 새면 오르고 있는 게 아니겠는가? 윤석열 그는 대권주자로 나올 생각이 전혀 없었던 인물이다. 그런 인물을 추미애나 조국이 자격을 부여했고, 전국 수백만 국민들이 자기 돈 써가며 점조직을 만들어 대권주자로 내세웠다. 그들은 과거 돈을 받아들고 유모차를 동원했던 사람들, 받은 돈 세어가며 촛불에 동원된 인사들이 아니다. 자유민주당 고영주 대표처럼 자신의 돈 써가며 자유민주주의를 지키려 중앙 일간지에 '녹명(鹿鳴)'의 울음소리를 내고 있는 이들이다.

'녹명(鹿鳴)'! 먹이를 발견한 사슴이 다른 배고픈 사슴들을 부르기 위해 내는 울음소리. 그래서 세상에서 가장 아름다운 소리. 그 울음소리를 공안검사까지 역임한 고영주 대표가 내고 있다. 함께 살자고.

하는 김에 더불어민주당 칭찬 좀 하자.

오죽 인물이 없으면 음주운전과 검사 사칭까지 하고 돌아다닌 집빔에나, 노녁성이란 전혀 없는 인간을 내세워 우리나라 대권 주자로 내보냈단 말인가? 국민들을 우습게 보고 그런 짓거리들을 하고 있으니 고마운 것이다. 민주당이 그렇게 했기에 국민의 염원인 정권교체가 확실히 이루어질 것이고 좌파의 몰락이 가시화 되고 있다.

문재인과 이재명, 그리고 더불어민주당.

국민의 실질적 수긍과 동의를 받지 못하고 제멋대로 국정운영을 한 문재인 정권이라는 권력체는 운명이 얼마 남지 않았다. 국민에게 동의를 얻지 못한 권력은 병에 걸리게 되고, 그 병은 잡병이기에 진단하기도 어렵고 처방도 할 수 없다. 그래서 오는 3월 9일, 선관위에서 부정 개표만 하지 못하게 막는다면 좌파의 몰락은 머지않아 현실이 될 것이다.

38

돈키호테와 오유선생(烏有先生),
그리고 김삿갓

돈키호테는 1605년에 간행된 세르반테스의 장편소설에 등장하는 주인공이다.

에스파냐의 시골 향사 '아론소 기하노'는 중세기의 편력(遍歷) 기사가 되어 세상의 부정과 비리를 도려내고 학대당하는 사람들을 돕고자 '돈키호테 데라만차'라고 자칭하고, 갑옷을 입고 로시난테라는 말라빠진 앙상한 말을 탄 뒤 편력의 길에 오른다. 그는 근처에 사는 농부 산초 판자를 종으로 거느린다. 현실과 동떨어진 고매한 이상주의자인 돈키호테는 충실한 종자 산초 판자와는 지극히 대조적인 인물이다. 그의 기사도 정신에 기반한 광기와 몽상은 두 사람이 가는 곳마다 현실세계와 충돌을 일으키고, 이는 우스꽝스러우나 주인공들에게는 비통한 실패와 패배를 맛보게 한다. 오늘날 '돈키호테'라는 말은 소설의 주인공 돈키호테에 빗대어 현실을 무시한 공상적 이상가를 가리키는 말로 쓰인다. 또한 그런 인물의 유형을 돈키호테형이라고 부르며, 반대되는 유형을 햄릿형이라고 부른다.

오유선생(烏有先生)은 사마상여(司馬相如)가 지은 〈한서(漢書) 사마상여전(司馬相如傳)〉에 나오는 인물이다. 그도 돈키호테처럼 가상 인물이다. '오유선생'이라는 명칭은 '어찌 이런 일이 있으리오'라는 뜻에서 유래하였다. 쉽게 말하면 '선생 나으리, 어찌 이런 일을 하고 계십니까?'로 풀이할 수 있다.

얽힌 유래를 보자.

까마귀는 온통 검어서 눈이 보이지 않는다. 그래서 옛 사람들은 다들 '왜 그럴까'를 연발했다. 결국 글자도 鳥(새 조)에서 점(丶·눈을 뜻함)이 하나 빠진 '오(烏)'자로 만들었다. 곧 오(烏)의 본디 뜻은 '까마귀'지만 '검다'는 뜻도 있으며, '왜' '어찌'라는 강(强)한 의문(疑問)의 뜻도 가지고 있다. 따라서 '오유(烏有)'는 '어찌 있을 수 있으랴'가 되며, 오유선생(烏有先生)은 '상식적(常識的)으로는 도저히 있을 수 없는 사람'이라는 뜻이 된다.

오유(烏有)! 어찌 이런 일이 있을 수 있는가? 지금 나라 돌아가는 꼴을 보라. 오유(烏有)인 것이다.

김삿갓은 그의 할아버지를 조롱하는 시를 써서 장원급제한 실존인물이다. 생각해 보자. 그가 왜 방랑시인이며, 풍자와 해학이 넘치는 시를 남긴 인물인가?

김삿갓(1807~1863)의 본명은 병연(炳淵)이요, 삿갓을 쓰고 다녔다 해서 흔히 김삿갓 또는 김립(金笠)이라고 부른다. 그의 할아버지는 익순(益淳)이요, 그의 아버지는 안근(安根)이다. 그는 세 아들 중 둘째로 태어났다. 그런데 할아버지가 문제였다.

그의 할아버지 김익순은 그가 다섯 살 때 평안도 선천부사로 나가 있었다. 그런데 1811년 평안도 일대에서 홍경래가 주도한 농민전쟁이 일어났다. 이때 농민군들은 가산·박천·선천을 차례로 함락시켰는데, 가산군수 정시는 항복하지 않고 거역하다가 칼을 맞아 죽었고, 선천부사 김익순은 재빨리 몸을 피했다. 그리고 농민군에게 항복해 직함을 받기도 하고, 또 농민군의 참모 김창시를 잡았을 때 그 목을 1천 냥에 사서 조정에 바쳐 공을 위장하려는 짓거리를 하기도 했다. 이로 인해 김익순은 모반대역죄로 참형을 당했다. 정시는 만고의 충신이 되었고, 반대로 김익순은 비열한 인물로 사람들 입에 오르내렸다.

김삿갓이 스무 살이 되었을 때 그는 고을에서 보는 향시에 나갔다. 그런데 이게 웬일인가? 시제로 그 할아버지에 대한 내용이 나올 줄이야.

"論鄭嘉山忠節死, 嘆金益淳罪通于天(가산군수 정시의 충절을 논하고 선천부사 김익순의 죄가 하늘에 닿는 것을 탄식한다)."

어렸을 때 일이라 할아버지의 잘못을 몰랐던 그는 답을 신나게 써 내려갔다. 그중 마지막 몇 구절만 보면 이렇다.

"임금을 잃은 이날 또 어버이를 잃었으니 / 한 번만의 죽음은 가볍고 만 번 죽어 마땅하리.

춘추필법을 네 아느냐 모르느냐 / 이 일을 우리 역사에 길이 전하리."

할아버지의 모반죄를 우리 역사에 길이 남긴다고 썼다. 그래서 그는 장원급제를 했고 이 사실을 어머니에게 자랑했다. 그러나 어머니는 김삿갓이 어렸을 때 할아버지가 한 일을 더 감출 수가 없었다. 어머니 말을 들은 김삿갓의 심정은 필자가 논하지 않겠다. 필자도 괴롭기 때문이다. 그는 스물두 살 때 장가를 들고 아들까지도 낳았는데 마음을 잡지 못해 방랑의 길로 떠나게 됐던 것이다.

지금 우리나라는 이런 세 부류의 사람들로 가득하다. 천방지축 오유선생 노릇하는 자가 있는가하면, 이를 바로잡고자 돈키호테처럼 나서는 사람들도 있고, 아니면 김삿갓처럼 풍류나 읊으며 산 찾아 물 찾아 떠도는 풍류객들도 많다. 누구 때문인가? 오유선생 때문이다.

39

일명경인(一鳴驚人)에서 얻는 교훈

- 2022.04.14일자 중도일보 -

한번 울면 사람을 놀라게 한다는 이 말, 일명경인!

사기, 골계열전(史記, 滑稽列傳)에 나오는 말이다.

웅지(雄志)를 품은 자가 가만히 있다가 시대가 오면 행동을 취하여 사람을 놀라게 하는 경우나, 평상시에는 아무런 내색도 하지 않다가 갑자기 사람을 놀라게 할 만한 업적을 내는 것을 비유하는 의미도 가지고 있다.

전국 시대 제(齊)나라의 위왕(威王)은 30살이 채 못 되는 젊은 나이에 즉위하여 득의만면(得意滿面)했다. 국사를 내팽개치고 매일매일 주연을 벌여 밤을 지새우는 일이 허다했다. 조정에 나갈 시각이 되어서야 겨우 잠자리에 들어 신하도 깨우는 것을 삼갔다. 이렇게 3년이 지났다.

왕이 이 지경이니 정치는 혼란한 데다 국경은 자주 침범당해 나라꼴이 엉망이었다. 신하들은 이대로 가면 나라가 망한다며 걱정했지만 아무도 감히 왕에게 간하려고 하지는 않았다. 보다 못한 대부 순우곤(淳于곤)이 어느 날 왕을 배알했다. 순우곤은 몸집은 작지만 재치 있는 언변에 능한 사람이었다.

"이 나라에 큰 새가 한 마리 있습니다. 3년간 날지도 않고 울지도 않습니다. 무슨 새인지 아십니까?" 왕은 그의 말을 이해했다. 그리고 답했다.

이 새는 날지 않으면 그뿐이지만 (此鳥不飛則已, 차조불비즉이)

한번 날면 하늘에 오르며 (一飛沖天, 일비충천)

울지 않으면 그뿐이지만 (不鳴則已, 불명즉이)

한번 울면 사람을 놀라게 한다 (一鳴놌人, 일명경인)

왕은 말을 마치자마자 술잔을 내던졌다. 그리고 많은 신하를 이끌고 국내 순시에 나섰다. 한번 울기 위해서다. 먼저 '즉묵(卽墨:산동성)'에 갔더니 논밭은 잘 경작되어 작황도 순조로우며, 백성의 생활도 풍요로운 데에 만족했다. 왕은 즉

묵의 대부를 불러, "이만큼 잘 다스려지고 있는데, 그대를 비난하는 소리가 높은 것은 내 측근에게 뇌물을 보내지 않았기 때문일 것이다." 하고 칭찬하며, 즉시 1만 호의 봉토(封土)를 주었다.

다음에는 '아(阿)'지방으로 갔다. '아(阿)'지방은 논밭이 황폐해져 있었고 백성들의 얼굴도 어두웠다. 왕이 대부를 불러내어 꾸짖었다. "이런 모양인데도 그대를 칭찬하는 소리가 내 귀에 따갑게 들린 것은 측근에게 뇌물을 보내고 있기 때문이 분명하다."

대궐로 돌아온 위왕은 전국 72현의 현령을 소집하고 신상필벌의 평정을 내렸다. 마지막으로 '아(阿)'의 대부는 특히 악질이라 하여 솥에 삶아 죽이는 팽형(烹刑)에 처하고 그를 칭찬한 자도 같은 죄라 하여 처단했다. 그 후로 제나라는 잘 다스려지고 백성의 생활도 안정되었다. 또 위(魏)나라를 공격해 토지를 할양받은 이후에는 나라가 몰라볼 정도로 변화되었다.

사기(史記)는 순우곤을 이렇게 소개하고 있다.

"순우곤은 제나라 사람의 데릴사위였다. 키는 7척도 못됐지만 익살스럽고 언변에 능해 여러 번 제후에게 사신으로 갔는데, 굽히거나 굴욕당한 적이 없었다."

제1부 윤석열은 신이 내린 선물

3년 동안 날지도 않고 울지도 않는다는 말은 자복이나 퇴장과 같은 의미이다.

20대 대통령 선거로 정권이 바뀌었다. 온갖 비리와 욕설로 말이 많았던 선거였다.

오는 6월 1일은 지방 목민관이나 지방의회 의원들을 뽑는 선거 날이다.

그래서 지방선거에 출마하려는 이들에게 한마디 하자.

오로지 국민들의 마음만을 살펴달라고.

40

변신(變身)과 변심(變心)

대선이 국민의힘 윤석열의 승리로 끝나고, 지방선거가 코앞으로 다가왔다. 이번 지방선거에 출마하려는 자들에게 교훈을 삼으라는 의미로 필자가 한마디 거들겠다.

카프카는 '그레고르 잠자'를 벌레로 변신시켜 현실에서의 고통스런 삶을 벗어나는 해결 방법을 제시했고, 우장춘은 죽기 직전 내 조국 품에 안기는 변심(變心)을 통해 친일파의 아들이라는 오욕(汚辱)된 삶에서 벗어날 수 있었다.

『변신』은 실존주의 소설이고 우장춘 이야기는 우리의 역사다. 그러나 역사든 소설이든 우리에게 시사(示唆)하는 바가 너무 크다. 프란츠 카프카의 중편소설 『변신』에서 주인공인 그레고르 잠자(Gregor Samsa)는 벌레로 변신한 자신을 발견한다. 그는 자신이 벌레로 변해버린 상황을 죽기직전까지 받아들이지 못하고 가족들의 멸시와 따돌림, 아버지가 집어던진 사과에 맞아 상처를 입고 살아가는 고통, 그리고 사랑의 굶주림 속에 가슴 깊이 밀려드는 외로움과 절망의 늪을 헤매다가 서서히 죽어간다.

우범선(禹範善)은 경복궁에 잠입해서 명성황후를 시해한 일본 살인기들에게 도망갈 길을 열어준 조선군 훈련대 제2대 대장이라는 직함을 가지고 있던 자다. 을미사변 직후 일본으로 망명해 일본인 여자와 결혼한 후 우장춘(禹長春)을 낳고 1903년 애국열사 고영근에게 암살당했다. 당시 우장춘은 여섯 살. 일본에서 태어나고 일본에서 성장했지만 조선의 혈통을 가진 그가 일본의 종묘학자가 됐다는 건 운명의 장난. 우장춘은 우리 정부의 간곡한 권유로 1950년 어머니와 처자식을 모두 일본에 남겨둔 채 조국으로의 변심(變心)을 결심한다. 그의 한국에서의 삶은 국민들의 지지와 반목으로 이루어졌다. 대다수의 국민들에게 그는 자랑스러운 우리민족의 농학자였고, 발목만 잡는 소수의 무리들에겐 역적의 아들이었다. 그래서 그는 귀국해서도 일본말을 사용하며 농림부 장관직 제의도 거절하고, 이데올로기와 무관하게 묵묵히 자기 일에만 최선을 다하는 삶을 살았다. 그러다가 죽기 직전 대한민국 문화포장을 받은 후에야 "조국이 나를 인정했다"며 처음으로 대한민국이 자신의 조국임을 인정했다.

6·4지방 선거를 치르면서, 중앙 집행부의 코드에 맞는 공천으로 인해 유능한 후보들이 색깔이 다른 옷에 번호판을 바꿔달고 변신(變身)한 모습을 볼 수 있었다. 한 쪽에선 옷을 벗기고, 다른 한 쪽에선 옷을 입혀 출발선에 세웠던 것이다. 우리는 운동선수들이 연봉에 의해 옷을 바꿔 입는 것을 종종 보아왔다. 그러나 그것은 자의에 의해 그랬던 것이고, 운동선수이기에 관용의 눈으로 볼 수 있었던 것이다. 정치판은 다르다. 옷을 갈아입히고 번호판을 바꾸어서 출발선에 세우려면 그 선수의 능력을 보아야 하고 국민들의 지지도를 보아야 한다. 그런데 국민의 마음이야 어디에 있든 칼자루를 쥔 중앙집행부는 그들만의 잣대를 가지고 자신들의 측근들이나 또는 신세진 인물에게 공천을 해주었던 것이다.

타고 온 뗏목을 버릴 줄 아는 정치가가 진정한 정치가이다. 그동안 신세 좀 졌다고 해서 대다수의 국민이 원하지 않는 인물을 출발선에 세워서는 안 되는 것이다. 공천의 잣대는 그 지방 사람들의 눈높이에 맞춰져야 함을 그들은 잘 알고 있을 것이다. 더구나 이번 지방선거는 일곱 명을 동시에 뽑는 복잡한 선거였다. 아무리 지혜가 많은 제갈공명도 누구를 뽑아야 할지 헷갈렸을 것이다. 그런데도 지명도가 높은 후보들의 옷을 벗겼으니 국민들은 더욱 헷갈릴 수밖에 없었다.

능력보다는 자기들의 입맛에 맞는 사람을 공천해야 한다는 관행을 깨야 한다. 콜럼버스가 수많은 고난을 이겨내며 신대륙을 발견하고 돌아왔을 때 그를 시기하는 어느 귀족에게 달걀 한쪽을 깨서 자신의 업적을 드러낸 것을 보라. 그것은 그동안의 관행을 깨 버렸기에 가능했던 것이다. 관행을 깨지 못하면 새로운 발전이 없고 선거에서도 백전백패할 수밖에 없다.

또한, 출발선에 섰던 후보들도 옷을 바꿔 입고 번호판을 바꿔 달았다고 해서 변신했다고 착각해서는 안 된다. 그레고르는 변신한 후 가족들에게 버림받았고, 두 개의 조국에서 갈등하던 우장춘은 혈통적 조국을 위해 애국으로의 변심(變心)을 했기에 영원히 행복하고 편안하게 잠들 수 있었다. 애국으로의 변심! 이는 우리 5천만 민족의 가장 확실한 지향점이다.

본받기 바란다.
윤석열 대통령 당선인처럼 애국으로의 변심(變心)을.

아버지, 아버지

연두흠 / 칼럼니스트

마음 답답해져 아버지 찾아뵙고
17년산 발렌타인 양주 한 병 들고 가
큰절 두 번하고 술 한 잔 올리며

아버지께 생색을 내는 인색해하기 짝이없는 나는 찌질이다
담배에 불을 댕겨 폐속 끝까지 빨아 아버지께 드리고
나도 담배 한가치 입에 물고 불을 당긴다
아버지 앞에서 맞담배하는 나는 싸가지 없는 놈이다

한참이 지나도록
말없이 아들의 말 다 들어주신다

등을 지고 한참을 울어도
말없이 바라만 보시다가
아들 뺨 닦아 주시려는지
아들 쪽팔리지 말라고 맘껏 울고 가라며
하늘 비 내려주신다

아버지 감사합니다, 그리고 죄송합니다
살아생전 어색해서 하지 못한 말
아버지… 아버지 사랑합니다

큰절 두 번 드리고 뒤돌아서 가려하니
아들 불러, 말 한마디…
며느리도 손주들도 보고싶다 말한다

네 아버지 다음에는 다 같이 올께요

자유민주당 고영주 대표께서도
힘을 보태고

자유민주당 대표, 고영주 변호사. 그가 피눈물을 닦는 이유

– 2021.12.6일자 투데이플러스 –

조선, 동아, 문화일보의 12월 6일자 사설 면을 보라.

"피눈물을 닦으면서 이준석 대표를 용서합니다. 포용의 큰 정치를 보세요!"라는 4단짜리 광고를 내어 전 국민에게 호소하고 있다. 광고료가 얼마나 비싼지 필자는 알지 못한다. 그것도 이름 있는 중앙지에 한두 번이 아닌 여러 차례 국민에게 호소하는 광고를 내고 있는 것이다.

고영주 대표가 "피눈물을 닦으면서 이준석 대표를 용서한다."고 하면서 호소하는 내용을 보자.

1. 이준석 대표는 '나르샤' 흉내 등 '개인 욕망만 가득한 경거망동'을 하였습니다.

   정당의 대표가 새 정권 창출의 대장정 출발을 팽개치고 과거 총선 파탄의 치명적 사례였던 '나르샤' 흉내를 내다니요? 대표는 대선후보의 부하가 아니라니요? 정당의 대표는 정권창출이 가장 큰 책무입니다. 부하가 아니라 설사 시종이 되어서라도 정권을 창출해 낸다면 그게 최고로 찬사받을 최고의 정치인입니다. 이준석 대표와 통화했던 유력 정치인이 '이준석은 충격'이라고 했던 증언을 다시 상기하지 않을 수 없습니다. '본인이 주인공이 되어야 한다는 주인공 컴플렉스'와 '대여 투쟁을 할 생각이 없다' 두 가지입니다. 이건 정치인도 아니고 내뵤는 더더욱 아닙니다.

2. 이준석 대표는 세 번 연속 총선에서 낙선했습니다. 왜일까요? 포용과 양보, 단합의 큰 정치를 보고 계십니까?

서울 노원병 선거구 유권자들이 2016년, 2018년에 이어 2020년의 최근 마지막 총선에서까지 세 차례에 걸쳐 거듭 이준석 후보를 선택하지 않은 것은, 그에게서 아직 성숙되고 진정한 정치인의 자질을 보지 못했기 때문은 아닐까요? 이준석 후보가 최근 정당 대표가 되어 하는 재승박덕을 넘은 '경거망동'의 행태에서 이는 결국 입증된 것 아닐까요? 눈앞에 국가는 없고 자아도취와 사리사욕, 독단에 빠져 있는 인물의 모습이었습니다. 그건 도태되어야 할 정치인의 행태입니다. 수모에도 불구하고 큰 포용을 하는, 그야말로 큰 정치인이 보이지 않습니까? 느껴지지 않습니까?

3. 이준석 대표가 당선을 이뤄 본 적이 없듯이 당신이 추종하는 김종인 위원장 역시 킹메이커였던 적이 없음은 알고 계십니까?

김종인 위원장은 2012년 대선 때 대통령 당선 전에 사실상 결별했고, 2017년 대선 때도 이미 탈당을 해 다른 당 후보를 지지했습니다. 2016년 총선은 상대당의 자멸(나르샤 파동 등)로 승리한 것이고, 2020년 총선은 자신이 그르친 장본인이었으며, 2021년 서울시장 보선에선 안철수 후보의 단일화 결단이 실질적 승리의 요인이었습니다. 이미 기울고 있는 진영에 대해 승리적 해석을 내려 '왕숟가락'을 얹는 행위의 연속 아니었을까요? 그리곤 갈등과 분열로 뉴스메이커가 된 건 아닐까요? 이준석 대표도 대안의 부재 속에 젊음이란 외양을 보고 혁신의 기대로 선택된 것이지 실현한 것이 있어서가 아닙니다. 실은 나라를 망치는 좌파운동권들과 장단 맞추는 모습이 있지 않았습니까? 세 치 혀끝의 기술 연마가 아니라 자중자애로써 바른 국가가 무엇인지부터 이해할 수 있어야 합니다.

4. "대여 투쟁을 않겠다."는 이준석 대표, 대의(大義)와 소의(小義)를 모르는 것 같아 설명합니다.

이준석 대표에게 기대와 희망, 그리고 격려도 많이 보냈습니다. 정치인의 대의는 나라를 살리는 일입니다. 소의는 사리사욕에 의한 자리 차지와 유지입니다. 문재인 정권 들어 나라 곳곳이 무너져 내리고 서민과 청년들은 도탄 지경입니다. 제1야당과 대표의 모든 책무는 이를 바로잡는 것입니다. 그런데 대여투쟁을 않겠다고요? 나를 공격하지 않으면 반격하지 않고 나를 공격하면 두 배로 갚는다고요? 이 무슨 말씀입니까? 국가와 정당은 당신 개인욕망을 실현하는 곳이 아님을 엄중히 밝힙니다.

5. 자유민주당은 나라와 국민을 구할 수 있는 지도자라면 정당을 떠나 지지하며, 반대의 경우는 퇴출에 나설 것입니다!

[동아일보 12월 6일 30면]

　고영주 대표가 논거를 대며 호소하는 내용 구구절절이 정권교체를 위한 하소연인 것이다. 필자를 비롯하여 대다수의 국민들도 고영주 대표의 하소연에 공감할 것이다. 또한 이준석이 왜 3일 동안이나 나르샤(飛)를 했고, 김종인이라는 영감이 왜 몽니를 부렸는지도 알고 있는 것이다.

　내년 6월에 있을 지방선거에 어떤 꿍꿍이 속셈이 있을 것이다. 국민들은 오로지 좌파로부터 정권을 되찾아 나라를 바로 세우려 하는데 나르샤를 하고 몽니를 부렸던 이들의 속셈이 무엇일까 생각해 보라. 유승민 밑에서 배운 게 무엇이여, 이 당 저 당 옮겨 다니며 단물 빨아먹은 결과가 무엇인가? 결국 나라가 이 꼴이 되지 않았던가?

　그런 정치인들을 국민들은 싫어하고 있다. 고영주 대표도 같은 심정이었을 것이다. 그래서 "피눈물을 닦으면서 이준석 대표를 용서합니다."라고 했던 것이다.

　피눈물을 닦으면서 용서하는 심정, 김종인과 이준석은 뼈아프게 받아들여야 할 것이다.

　대선이 끝나고 두고 볼 것이다. 이들이 어떤 짓거리들을 하며 자기 주머니 속을 챙길지.

고영주 자유민주당 대표여, 맞는 말이다

— 2021.12.21일자 투데이플러스 —

"박근혜 전 대통령보다 억울한 분 있습니까?"

필자의 말이 아니라, 자유민주당 고영주 대표의 절규인 것이다. 맞는 말이다. 박근혜 전 대통령보다 억울한 분은 우리나라 어디에도 없다.

"정권교체 방해 말고 단결합시다!"

이 말도 고영주 대표의 호소다. 좌파들의 횡포로부터 나라를 되찾아 바로 세우기 위해선 정권교체 방해 말고 단결해야 한다. 국민의힘 이준석 대표와 홍준표 의원은 가슴 깊이 새겨들어야 할 말이다. 이준석은 리더십이 부족하고, 홍준표는 너무 깐족거리기 때문에 국민들이 식상해하는 것이다.

"이명박 전 대통령 등 전 정권 적폐낙인 투옥자들보다 분노가 더 큰 사람 있습니까? 자유진영의 내부공격·분열은 모두의 공멸입니다!" 이 말도 고영주 대표의 절규다.

왜 그처럼 과묵하고 대쪽 같은 고영주 대표의 입에서 이런 절규가 날마다 중앙일간지에 쏟아져 나오는지 양심 있는 정치인들은 새겨들어야 할 것이다.

언론에 발표되고 있는 고영주 대표의 절규를 정리해 보자.

1. 상주(喪主)보나 곡(哭)쟁이가 더 서러울 수 있습니까?

정권 도둑맞았다며, 또 자유진영 내부 누가 문제라며 분노를 돋우고 시위 등으로 분열을 주도하는 분들, 박근혜·이명박 대통령보다 더 서러우십니까? 더 억울하십니까? 박 전 대통령은 17일 공개된 옥중서신에서 "누구를 비난하고 원망하는 마음을 버렸다." "모든 멍에는 제가 짊어져야 한다고 생각한다."고 했습니다. 지난해 총선에서는 "야당을 중심으로 힘을 합쳐 달라."고 했습니다. 절체절명의 대선이 두 달여 밖에 남지 않았습니다. 위선·무능정권 대 자유진영 후보의 판은 짜여졌고 변할 수 없는 현실입니다. 오직 대동단결뿐입니다! 정권교체 실패는 모두의 공멸이고 나라의 추락입니다.

2. 홧김에 내 집을 불사르려 하십니까?

선동으로 무너진 자유진영이 이번에는 내부의 분열 선동으로 무너지는 천추의 한을 되풀이하시렵니까? 분노를 사리사욕에 이용하는 행태들도 구분합시다. 내부의 이견은 대승적으로 안아 들이고 문재인 정권과 계승자들을 최우선 심판합시다! 그들의 공작과 선동을 막읍시다. 압도적인 정권교체만이 전직 대통령 등을 살리는 길이고 바로고 새로운 출발점입니다. 이제 그만 화를 가라앉히고 정권교체에 모두 힘을 합칩시다!

3. 잔인한 문재인 대통령! 박근혜 전 대통령은 4년 8개월째 투옥 중입니다.

2017년 3월 31일 구속된 박 전 대통령은 오늘로써 4년 8개월 19일째 감옥에 있습니다. 그에 대한 탄핵은 합법이란 외투를 썼지만 실체는 여론선동에 의한 정적 제거입니다. 그 어느 대통령도 이렇게 오래 투옥된 사례가 없습니다. 문재인 대통령은 '국민통합 운운한 취임사' 등의 위선과 잔인성만으로도 국민에게 잊혀지지 않을 것입니다!

4. 야권 정치인들은 자기 정치하지 마시고, 후보를 중심으로 뭉쳐 순수하게 정권교체에만 집중하세요! 온 국민이 보고 있습니다.

5. 자유민주당은 무능하고 잔인한 문재인 정권을 교체하고 나라를 정상화시킬 대선후보자라면 정당을 떠나 지지와 대동단결에 앞장서고, 훼방자는 심판·척결할 것입니다!

보라, 나라를 위한 이 절규와 간곡한 호소를.

고영주 대표의 이 절규와 호소를 듣고서도 내부분열을 일삼을 것인가?

4년 전 문재인은 "결과는 정의롭고 과정은 공정한" "이제까지 가보지 못한 길"을 열겠다고 입을 놀려 국민을 현혹시켰다.

마치 김대중이 김정일에게 돈 보따리 싸다주고 와서 "북한은 절대 핵을 안 만들 것"이라고 입을 놀려댄 것처럼 말이다. 그러나 문재인이나 김대중이 입을 놀려 한 말이 지금 어떻게 되있나 알고늘 있을 것이다. 그래서 정권교체를 하려고 온 국민들이 들고 일어서는데 정치를 한다는 몇 인간들이 사리사욕에 눈멀어 엉뚱한 짓거리들을 하고 있는 것이다.

지금 좌파에서 이재명을 대권주자로 보낸 것은 하늘이 우리나라에 주신 행운이다. 이재명처럼 비리와 문제 덩어리를 안고 있는 자가 없기 때문이다. 좌파들이 이재명을 내세웠기에 몰락의 길로 접어든 것을 스스로 자인하고 있지 않은가?

그러니 정치인들이여, 죽기 싫거든 고영주 대표의 말을 귀담아듣고 실천에 옮기기 바란다.

3.

자유민주당 고영주 대표의
피 끓는 애국심

― 2021.12.27일자 뉴스티앤티 ―

대한민국의 젊은이들과 국민의힘 의원들이여!

김일성 괴뢰 도당에 의해 동족상잔의 피비린내를 겪고, 그 이후로도 좌파정권의 대북 퍼주기 정책으로 인해 나라가 침몰 직전에 있을 때 우리 조국 대한민국을 지켜낸 이들에게 빚지고 있음을 항상 기억하길 바라며, 자유민주당 고영주 대표의 나라사랑을 위한 절규를 다시 보내드린다.

고영주 대표는 중앙 일간지에 자주 그의 애타는 마음을 담아 호소하고 있다. 이번에도 조선일보와 문화일보에 그의 부르짖음이 게재되어 나왔다. 보자, 그의 절규를.

그는 첫머리에 "이준석 대표를 '정권교체의 반역 제1적'으로 지목한다."에 이어, "이준석의 말과 행태는 애국심입니까, 이기심입니까?"라고 하면서 "얕은꾀와 경거망동으로 나라를 더욱 추락시키겠다는 겁니까?"라며 그의 경거망동에 대해 따져 물었다.

맞는 말이다. 필자의 생각도 같다. 이준석 대표와 김종인 위원장은 정권교체는 알 바 없고 '당권 장악'과 '자기 정치' 만을 목표를 두고 있는 인간들인 것이다.

더 보자. 고영주 대표의 절규를.

1. 이준석 대표는 여권의 선대위원장입니까? 다 된 밥이라도 내가 주인공이 아니면 재 뿌리겠다는 겁니까?
   자유민주당은 젊은 이 대표에게서 미래와 보수혁신을 기대하며 격려와 애정을 보냈습니다. 그러나 자중(自重)은커녕 지난 5년간의 기회주의 좌파적 행태 그대로였습니다. 좌파·여권의 프레임과 공작·선동전에 함께 춤추며 자유진영 내부총질에 앞장섭니까? '좌파·여권의 패륜적 악행' 보다 '자유 진영의 이력서 과장논란'이 심대합니까? 내부 구성원과 권한 다툼하다 직을 던지는 게 책임 있는 대표의 자세입니까? 대표직은 왜 안 던집니까? 김종인 위원장과 '지방선거 말아먹을 속셈'인가요?

2. 제갈공명의 비단주머니요? 이 대표는 자신이 과대망상·피해망상이 아닌지 돌아보세요.
   조작 댓글 방지방안이니 AI 홍보니 하는 건 여러 기술 중 하나일 뿐입니다. 세대결합론요? 이 대표가 자중자애하면 저절로 됩니다. 그간의 지지율 추세를 보세요. 이 대표의 행태가 바로 도태되어야 할 과대망상·이기주의 정치인의 전형입니다. 오죽하면 여권 일각에서마저 '당 대표란 자가 방송에 나가 폭로·자해하는 행태는 부적절하다'고 했을까요? 결국 선거는 '후보' 중심으로 하는 것입니다. 이 대표의 행태는 개구리가 어디로 튈지 모르는 불안정성의 연속입니다. 국민이 용서 못 할 단계에 들어섰습니다.

3. 박근혜 전 대통령이 사과나 유감 표명해야 한다구요? 문재인 정권이 옳았나요? 그 실체적 악행은 왜 말하지 않나요?

이 대표는 여권 대변인인가요? 청와대 소통 수석 등이 박 대통령 사과를 주장했습니다. 박 대통령이 사과 안 했는데 사면을 왜 했습니까? 문 대통령의 백기 투항 아닙니까? 박 대통령에 대한 탄핵은 정치공작과 가짜뉴스 선동에 의한 것이나 문재인 정권 5년은 범죄 실체가 드러난 공작·부패·악행의 연속입니다. 이 대표의 정체성은 무엇입니까?

4. 좌파의 궤변에 함께 춤추는 이 대표는 이제 존경한다는 이정희 전 통진당 대표나 문 대통령과 함께하세요. 흔쾌히 보냅니다!

5. "뭉치면 살고 흩어지면 죽습니다!" 자유민주당은 '무능·악행 정권의 교체를 훼방하는 반역 5적'을 축출하는 데 혼신을 다 하겠습니다!

제2부 자유민주당 고영주 대표께서도 힘을 보태고

그러나 이준석이나 김종인에게는 쇠귀에 경 읽기일 뿐일 것이다. 지긋지긋했던 좌파로부터의 정권교체는 아랑곳하지 않고 '당권 장악'과 '자기 정치'만이 목표를 두고 있는 인간들이기 때문이다.

필자는 오로지 자유민주당 고영주 대표의 피 끓는 애국심이 진국 방방곡곡에 울려 퍼져 아직도 정신 못 차린 우리 국민들의 마음에 경종이 울리기를 바랄 뿐이다.

북의 뚱땡이보다 국민을 더 생각하는
대통령을 가지고 싶습니다!

– 2022.1.14일자 뉴스티앤티 –

"북(北)의 뚱땡이보다 국민을 더 생각하는 대통령을 가지고 싶습니다!"

필자의 말이 아니라 이 지경이 된 나라를 걱정하는 자유민주당 고영주 대표의 하소연이다.

"'멸공'도 집권당 눈치보며 외치는 세상이 계속되게 할 겁니까?"

정용진 신세계그룹 부회장의 '멸공' 발언 이후 신세계 보이콧(특정 기업과 거래를 중단하는 자발적인 행동)이 확산되자 이에 맞선 '바이콧' 움직임이 등장하며 여론이 나뉘고 있는 우리나라 현실을 보고 고영주 대표가 한탄하는 말이다.

정말 이럴 수는 없는 일이다.

우리나라가 멸공 없이는 존재할 수 없는 나라라는 것은 6.25를 겪지 않은 삼척동자도 다 아는 사실. 미국산 소고기 먹으면 뼈에 구멍 송송 뚫려 죽는다고 외치던 손석희 아나운서와 합심하며 유모차에 실려 나왔던 어린이들도 이제는 좌빨들이 하는 말을 믿지 않을 정도로 자랐을 것이다.

일부 좌빨들의 세계에서는 'NO, 보이콧 정용진, 가지 않습니다. 사지 않습니다.'라는 문구의 포스터를 공유하면서 신세계그룹 불매운동을 하는 촌극이 벌어지고 있다. 거기에 지난 7일 소국 선 법무부 장관이 트위터에 정 부회장의 발언을 비판하는 게시글을 올리자 8일 윤석열 국민의힘 대선 후보가 '문파'와 '멸공'을 각각 연상시키는 글을 자신의 인스타그램에 게재하며 '바이콧' 움직임이 정치권 논란으로 번지고 있다.

다시 말해 좌빨 측에선 신세계 산하 물건의 '보이콧'운동이, 보수나 우파진영에서는 '바이콧' 운동이 일고 있는 것이다. 한심한 노릇이다. 우리는 과거 일본이 쳐들어왔을 때도 북쪽으로 도망가면서도 네 편 내 편 갈라 당파싸움을 했던 민족이다. 상상해 보라. 도망질하면서도 싸움질하던 그때 그 인간들의 모습과, 기름도 나오지 않는 나라에서 무슨 고속도로냐고 건설 현장에 달려가 벌떡 드러누웠던 그때 그 인간들의 모습들을.

언론에 많은 돈을 들여 국민들에게 각성을 촉구하는 글을 자주 올리는 자유민주당 대표 고영주 변호사는 누구인가?

그는 문재인(63) 전 더불어민주당 대표를 "공산주의자"라고 말했다가 문재인에게 고소를 당한 일이 있었다. 방송문화진흥회 감사로 있던 지난 2013년 1월 '애국시민사회진영 신년하례회'에 참석해 "문재인 전 대표는 공산주의자로 대통령이 되면 우리나라가 적화되는 것은 시간문제"라며 "참여정부 시절 청와대 사람들은 전부 공산주의 활동을 했다."고 말할 정도로 멸공에 확실한 신념을 가진 분이기도 하다.

고영주 대표의 인간성도 보자.

그가 공안검사로 재직할 당시 통합진보당 해산심판 사건을 변론한 이재화(52) 변호사는 1985년 대학 4학년 때 시위를 주도하다 구속된 적이 있다. 당시 덕수궁 옆에 있던 서울지검으로 끌려가면서 잔뜩 긴장했었다고 했다. 악명 높은 공안검사를 처음으로 보는 자리였기 때문이다.

하지만 그를 맞이한 고영주 공안검사는 너무도 신사적이었다. 손찌검도 없었고 말투도 정중했다. 하얀 얼굴에 검은 뿔테는 학구적으로 보이기까지 했다. 온건하고 합리적인 검사로 기억에 남았다고 했다.

그런 그가 현 시국을 꿰뚫어보고 이와 같이 언론에 자주 하소연하고 있는 것이다. 지난 과거 공안검사로 활동하였으니 얼마나 좌빨들의 속내를 잘 알고 있을까?

그래서 하소연하고 있는 것이다. "북의 뚱땡이보다 국민을 더 생각하는 대통령을 가지고 싶습니다!"라고.

5

천벌이 두렵지 않나요?

— 2022.01.14일자 미래세종일보 —

죽어가는 대장동 사건 핵심증인들, 친여권 검찰의 직무유기, 천벌이 두렵지 않나요?

이 또한 필자의 말이 아니라 자유민주당 고영주 대표의 말이다. 고영주 대표는 많은 돈을 들여 대장동 당사자는 물론 그와 관계되는 인사들에게 정신 좀 차리라고 일갈(一喝)하고 있다.

그러니 대장동 비리 사건 당사자여 귀한 목숨 더 죽기 전에 어서 자백하라. "내가 그 장본인"이라고.

보자, 고영주 대표의 일갈(一喝)을.

1. 연쇄 의문사에 대해선 타살 소지 안 보인다며 신속 발표하면서 대장동 윗선 '이재명' 비리 규명의 핵심인물 정진상은 100일 넘게 소

환조차 안 하다니요?

이재명 더불어민주당 대선후보의 변호사비 대납 의혹을 제기한 이병철 씨가 지난 11일 저녁 숨진 채 발견됐는데 경찰은 심장질환 추정사라며 이례적으로 하루 반 만에 신속하게 1차 발표를 했습니다. 그러나 유족 등은 고인이 관련 질환을 앓고 있다는 사실을 들은 적 없고 최근 여권 쪽으로부터 심한 압박을 받았다고 말합니다. 그런데 이재명 후보의 천여억 원 배임여부 규명의 핵심 인물인 여당 선대위 비서실 정진상 부실장(전 경기지사 · 성남시장 정책실장)에 대해서는 수사 착수 백 일이 넘도록 소환조차 하지 않고 다음달초 공소시효 만료를 앞두고 있습니다. 검경의 친여적 행태를 국민은 용서치 않을 것입니다.

2. 이재명 후보가 정점인 대장동 · 백현동 비리 및 변호사비 대납 의혹 사건을 방치하고 있는 인물들은 모두 '친조국 · 친여권 검찰간부들' 입니다.

서울중앙지검 대장동 사건 수사 사령탑 김태훈 차장검사는 운동권 전대협 출신으로 지난해까지 조국 수사를 강행한 당시 검찰총장을 쫓아내는 데 앞장섰던 인물이고, 백현동 사건 담당인 성남지청 박은정 지청장은 당시 총장징계에 관여한 감찰담당관, 변호사비 대납 의혹사건 담당인 수원지검 신성식 검사장은 총장징계건의 징계위원, 그리고 이런 구도의 총지휘자인 김오수 검찰총장은 이들 사건 정점 의혹인물이 지방자치단체장일 때 고문변호사였습니다. 이런 막가파 정치검찰은 전대미문입니다.

3. 연쇄 의문사들, 계속되는 우연이 우연입니까? 조직 폭력배와 운동권 이념 폭력이 겹쳐 보이는 대장동 사건, 국민이 공포에까지 떨어야 합니까?

배임 의혹의 윗선 바로 아래 정진상, 그 아래 3인중 유동규 기획본부장은 자살 시도, 유한기 사업본부장은 자살추정, 김문기 개발1차장은 의문사했습니다. 11일 숨진 이 모 씨는 김문기 차장의 죽음에시 자실의 흔적이 보이지 않는다면서 자신도 자살하지 않을 것이라 했습니다. 앞서 두 사람의 죽음시점은 이재명 후보 연루 의혹의 국제파 두목 출소 후라고 했습니다. 유독 문재인 정권에서만 5년 동안 큰 사건에 주요 의문사들이 발생했습니다. 우연인가요?

4. 궤변과 대국민 사기로 특검을 저지하는 여당!

야당은 특검 관철과 의문사 진상조사위 가동 등을 대선공약으로 해전 당력을 투입하세요!

여권은 특검을 하자고 국민들 앞에서는 말하면서 실제 대야 협상에서는 관련성이 거의 없는 부산저축은행 사건 등을 끼워 넣자는 등, 여당이 지명하는 상설특검을 하자는 등 하면서 사실상 저지하고 있습니다. 11일 이 모 씨 사망 관련 논평에서는 애도를 표한다고 한마디만 하고는 조작의혹의 당사자라며 언론에 대해 보도압박까지 하는 파렴치한 행태를 보였습니다. 이병철 씨를 고발해 놓고 그를 알지 못한다는 거짓논평도 서슴없이 했습니다. 야당은 정치검찰의 직무유기에 대해서도 고발해야 합니다.

5. 자유민주당은 국민 생명과 민생은 안중에 없이 정권유지에만 비열하게 몰두하는 여권과 친여 정치검찰을 단호히 심판하는 데 국민과 함께할 것입니다!

옳은 주장이다.

우리가 원하는 대통령은 각종 비리나 범법행위, 검사사칭, 막된 욕설을 해대는 인물로 의혹을 받는 지도자가 아니라 도덕적으로 추앙받고 가슴이 따뜻한 지도자이다.

무소속 안철수 대선 후보도 "지금은 어떤 사람이 대통령의 자격을 갖고 있느냐보다는 국민이 어떤 대통령을 원하는가가 중요하다."고 말했고 김문수 전 경기 지사도 그의 페이스북에 "문재인 5년에 망한 나라, 이재명 5년이면 정신병원 대박! 정신 똑바로 차립시다."라고 올려 국민들에게 경각심을 불러일으키고 있다.

대장동 사건 핵심 인물이여, 천벌이 두렵지 않은가? 그러니 어서 유서 남기고 이 땅에서 사라지길 바란다.

새로운 희망이 있기에

김미영 / 시인

살가운 관심에 목마른 어린 패기의 어설픔은
틀 속에 가두는 또 다른 구속이었음을
짐짓 반 평생을 살아가는 이 시점에 깨닫는다.

크고 작은 일들 앞에 직면하는 그 순간 만큼은
진심이었고, 바란 적 없는 기대 또한 없었음을
알아버린 즈음에…
보듬어 줄 내 어깨는 이미 소멸 직전이었다.

감내하면 되는 자기 최면에 주술을 걸고서
고갈된 감정의 열정을 끌어올릴 애석한 마음
한 조각도 없던 내게 어디선가 비명처럼 들리는
또 다른 인정을 부르는 바보임을 아는 바보가

마음의 무게 추를 달고서 걷고 또 걷는다.
되돌아갈 길을 묻는 것조차 힘겨움이던 날에
작은 풀 한 포기에 걸려 넘어져도 또다시 걷는다.
새로운 희망이 있기에

−윤석열 당선 소식을 듣고−

6

국방장관이여 답하라

- 2021.01.17일자 굿처치뉴스 -

자유민주당 고영주 대표가 묻고 있다. 그것도 1월 17일 자 조선일보, 동아일보 사설 면에 공개적으로.

"北의 극초음속 미사일 발사에도 침묵하는 국방장관은 인민군의 수장입니까?"

그러니 속 시원히 모든 국민이 알게 답하기 바란다.

무엇이 두렵겠는가? 문재인 하수인이거나 인민군 수장이라면 "그렇다"라고 답하면 될 것이고, 아니라면 대한민국 장관답게 태극기 높이 흔들며 "아니다"라고 답하면 되는 것이다.

고영주 대표의 울분의 포효(咆哮)를 들어보자.

자리에 연연해 군인 최고의 명예이자 임무인 조국(祖國) 수호책무를 저버린 비겁한 문재인 정권 국방장관들!

엄연한 주적 북한에 맞서 70여 년 키워온 세계 6위 국군을 오합지졸로 만듦으로써 자손 대대로 치욕스러운 반역 국방장관들로 기록될 것입니다!

1. 극초음속 미사일 발사에 미국은 전시대비 비상상황에 들어갔습니다!

   미국 CNN방송은 "11일 오전 미국 서부 공항들에 '이륙 금지'조치가 내려졌다"고 보도했고, 한반도 위기상황에만 집결하는 미군의 '사전 배치전단'이 한반도 근해로 집결 중이라는 소식입니다. 10일 유엔 안보리 회의에 앞서 미국 등 6개국이 북한의 미사일 도발 규탄성명을 냈는데 한국은 빠졌습니다. 문 대통령은 앞서 세 차례나 유엔총회장에서 '나홀로 종전선언'을 외쳤습니다. 핵무장한 북한과의 종전선언이 가당키나 합니까? 도대체 누구를 위한 선언입니까?

2. 9·19 남북군사합의로 '대한민국을 무장해제'한 '송영무 전 국방부 장관'

   '평화쇼 무장해제' 문 정권에 철저히 부역했습니다. 북한군에게 기습 남침 대로를 열어준 '9.19 남북군사합의'에 서명한 반역자입니다. 송 장관 자신이 평소 강조해 온 참수 작전인 대량응징보복(KMPR)과 공세적 작전개념을 우리 군 작전개념에서 모두 뺐습니다. '임기 내 전시작전권을 전환'하겠다는 문재인 방침에 순응해 3단계 전작권 전환 실행조건을 만든 기획자입니다. 63만 대한민국 병력을 급속도로 축소하는 '국방개혁 2.0'으로 전방 경계태세를 허물어뜨렸습니다.

3. 북의 미사일 도발을 군사합의서 위배가 아니라고 한 '정경두 전 국
   방부장관'

   문재인과 전임 송 장관의 충견으로서 북의 도발을 옹호했을 뿐 아
   니라 국회에서 천안함 폭침사태를 남북 간 불미스러운 충돌이라고
   어처구니없이 왜곡하고, 2018년 10월 미국에 가서 전작권 전환을
   못박는 서명을 하고 왔습니다. 핵이 없는 우리가 당장 미국으로부터
   전작권을 가져오면 국가 방어가 가능합니까?

4. 서해에서 북한군에 의해 불태워진 우리 국민을 '자진 월북'이라 한
   '서욱 현 국방부장관'

   빈발하고 있는 휴전선 경계망 뚫리기 사건, 각종 군기 이완과 성추
   행 등이 반복돼 대국민 사과만 11회째 했습니다. 그러나 말뿐입니
   다. 한미 미사일 방어체계가 북의 변칙기동 탄도미사일, 잠수함 발
   사 탄도미사일, 극초음속 미사일 등에 의해 무력화되고 있는데 침묵
   만 하고 있습니다. 국민생명을 지키는 국방장관이 이럴 수 있습니
   까?

5. 자유민주당은 서울에 1~2분 만에 도달하는 '북한 극초음속 미사일
   을 선제타격'하겠다는 의지를 보이는 대선후보, 반역 국방장관들을
   이적죄로 고발한 800여 명 예비역 장성들, 문 정권 안보관계자들을
   살인 방조 등으로 고발한 북한인권 단체들과 함께 자유 대한민국
   수호에 총력을 다하겠습니다!

그러니 전현직 국방장관들이여, 답하기 바란다.

박찬주 전 육군 대장은 임태훈이라는 자의 거짓 선동에 군복을 입은 채로 포승줄에 묶여 87일간이나 수감 생활을 했던 분이다, 공관에 없는 감나무의 감을 따오라고 공관병들을 시켰다는 죄목으로.

하물며 북한이 미사일 쏴 대는 것을 보고도 국방부 장관직에 있는 자들이 침묵을 지키는 것은 안보에 관한 일로 공관병에게 갑질했다는 거짓말보다 더 큰 죄를 짓고 있는 것이다. 그러니 어서 답하라.

7

3불 정책을 지지하는
'그분'이 만약 집권한다면

– 2022.02.10일자 뉴스티앤티 –

3불 정책을 지지하는 '그분'이 만약 집권한다면 우리나라는 과연 어찌 되고, 우리 국민들은 어떤 삶을 살게 될까?

문재인 정부의 대중국 3불 정책이란
1. 사드 추가 배치 불가
2. 미국 미사일방어체계 불참
3. 한·미·일 군사협력 불참 등을 말한다.

국민의당 안철수 대선 후보는 28일 "북한 핵 위협에 대항하는 '한·미 핵 공유협정' 체결을 추진해 나갈 것"이라며 문재인정부의 대중국 3불 정책(사드 추가 배치 불가, 미국 미사일방어체계 불참, 한·미·일 군사협력 불참) 폐지와 중국을 겨냥한 한·미·일 삼각동맹 구축을 내걸었다.

안 후보는 또 "(문재인정부가) 사드에 대한 부당한 간섭과 보복, 중국의 KADIZ(한국방공식별구역)와 영해 침범 등 군사적으로 우리의 주권을 침범하는 행위에 대해 제대로 대응하지 못했다."며 원칙 있는 외교로 중국과 평등하고 호혜적인 관계를 구축하겠다고 밝혔다. 특히 안철수 후보는 "대한민국의 존엄과 자주성을 해치는 매우 잘못된 정책"이라며 집권 시 대중국 3불 정책을 즉각 폐지하겠다고 약속했다.

이를 보다 못한 자유민주당 고영주 대표도, "'눈 뜨고 코 베이징 올림픽'을 보면서도 '친중 반미'하는 '그분'에게 나라를 맡기시렵니까? 젊은 선수들이 청춘을 바쳐 피땀 흘려 준비한 올림픽인데, '중국인민체전'에 들러리가 되었다!"고 하며 울분을 토로하였다.

보자 고영주 대표가 언론에 울분을 토로한 내용을.

1. 전 국민을 분노케 한 중국의 금메달 도둑질! 이것이 중국공산당의 본색이다.
2. 친중 사대주의의 극치인 외교무능 문재인 정권과 그 대가로 돌아온 '혼밥' '기자 폭행' 등 치욕적인 푸대접과 홀대로 나타난 내실 없는 굴욕적 친중정책의 참담한 결말
3. 안보주권과 자위권을 포기한 문재인 정권의 굴욕적인 3불 정책(추가 사드배치 불가, 미국 MD방어체제 불참, 한·미·일 군사동맹 불참)
4. 3불 정책을 지지하는 '그분'이 만약 집권한다면 '굴종' 그 이상이 예상되지 않습니까?

5. 사대주의적 굴종적 친중 외교로 국격을 저해하는 정권이 다시는 등
   장하지 못하도록 분연히 일어서서 투표장으로 향하자!

그러니 국민들이여! 나는 물론 우리 후손들이 중국의 속
국이 되어 비참한 삶을 살게 하지 않으려거든 안철수 후보
와 고영주 대표의 말을 귀담아듣고 실천에 옮기기 바란다.
과거 5천 년 동안 중국이 어떻게 괴롭혔나 역사를 되돌아보
고 화냥년(還鄉년)이란 굴욕적인 말이 왜 생겼는가 깊이 반성
하기 바란다.

중국의 만행은 그것만이 아니다.

중국은 미국에 대립하기 위해 반드시 한국을 자기 속국으
로 만들어야 한다. 그래야 미국과 싸우기가 쉬운 것이다.

또 보자. 우리나라 좌파 정권에서 중국공산당에 베푸는
혜택을.

1. 부산 미포항 중국 제철소 건립
2. 전라남도 광양 중국 알루미늄 공장 기공식
3. 강원도지사 최원순에 의해 지어지는 차이나타운
4. 영종도와 송도에 중국 투기 자본 허락
5. 세종시 스마트시티 중국 건설업체

제2부 자유민주당 고영주 대표께서도 힘을 보태고

6. 여기저기에 중국산 태양광 건립

7. 중국산 전기차와 그에 따른 한국정부 보조금.

국민들이여, 정신 차리자.

3불 정책을 지지하는 이재명이라는 자가 만약 집권한다면 우리나라는 과연 어찌 되고, 우리 국민들은 어떤 삶을 살게 될까?

코로나 예방접종자가 80% 이상이 넘었는데도 확진자 수가 몇백이던 것이 몇만, 몇십만으로 계속 늘어나는 이유가 무엇인가?

8

이재명은 답하라

– 2022.02.03일자 뉴스티앤티–

 '이재명' 하면 일 잘하는 이재명으로 본인은 물론 민주당에서도 입을 놀려 자랑하고 있다. 그래서 묻는 것이다. 일 잘한다고 놀려대던 그 입을 놀려 자신 있고 확실하게 대답해 주기 바란다.

 보라, 북한이 핵미사일을 계속해 쏴 올리며 우리나라는 물론 전 세계를 위협하고 있는데도 이재명과 민주당, 그리고 청와대 앉아서 나랏돈만 축내는 무리들이 어떤 태도를 취하고 있나. 국민들은 분통이 터지고 있는 것이다. 그래서 필자도 언론에서는 사용할 수 없는 다듬지 않은 거친 언어를 사용하고 있으며, 이를 보다 못한 자유민주당의 고영주 대표도 나라가 걱정이 돼 주요일간지에 묻고 있는 것이다.

 "극초음속 핵미사일 공격에도 선제타격 없이 수백만 국민이 그대로 죽게 놔두자구요?"라고.

고영주 대표의 나라 염려하는 마음을 더 보자.

북한이 최근 미사일 발사와 더불어 핵실험도 예고하고 있습니다.
2018년 남북 거짓 평화쇼의 이 참혹한 결말!

국민께서 심판해 주십시오!
더불어민주당 이재명 후보에게 묻습니다.
주적이 북한입니까, 야권 대선후보입니까?
국가와 국민생명을 책임질 생각이 있는 겁니까?

1. 일곱 차례 미사일 발사 과정에서 드러난 이재명 후보의 이성 착
   란 · 오락가락 · 무대책 거짓 평화쇼 연장의 언동을 보십시오!
   (1, 2차 발사) 1월 5일과 11일, 北의 극초음속 미사일 잇단 발사에 대
   한 야권 윤석열 대선후보의 '킬 체인 선제타격' 대책에 대해 '전쟁위
   기 조장 말라'며 북한에 대해 할 말을 자국의 대선후보에게 전가했
   습니다.
   (3차 발사) 14일, 세 번째 미사일 발사에선 "킬체인이란 핵 공격이 임
   박했을 때 그 표적을 제거하는 것"이라고 앞서의 야권 후보 말과 똑
   같이 했습니다. 오락가락입니다. 킬체인이 옳다는 건가요, 아니라는
   건가요?
   (4차 발사) 16일, 뜬금없이 "금강산 관광을 추진하겠다."고 발언하자
   북한은 17일 한국 겨냥형 단거리 미사일을 네 번째로 발사했습니
   다. 북의 실체보다는 환상만 조장하는 안보에는 눈먼 자세였습니다.

(北 핵실험 예고) 20일, 북한이 핵실험과 대륙간탄도미사일 발사시험 유예선언을 재검토하겠다고 중대 발표를 했습니다. 그런데 이재명 후보는 아무 일이 없는 "멀쩡한 시기"라고 발언했습니다. 어느 나라 사람인가요?

(5차 발사) 25일, 다섯 번째 순항 미사일 발사가 있자 이인영 통일부 장관은 '대화와 협력이 해결책'이란 허상과 실패의 지난 5년 거짓 평화쇼 정책을 되뇌었고 이재명 후보도 똑같이 말했습니다.

(6차 발사) 27일, 여섯 번째 미사일 발사가 있자 그제서야 북에 대해 "엄중규탄한다."고 했습니다. 그러면 누가 '전쟁광'입니까?

(7차 발사) 30일, 일곱 번째로 중장거리 미사일까지 발사하자 '여야 대선후보 대북 공동선언'을 하자고 했습니다. 국가 안보 문제를 선거용으로만 다루고 있습니다. 실질 대책은 전혀 내놓지 못하고 있습니다.

2. 평화는 힘으로 보장되는 것이지 대화나 구걸로 되지 않습니다. 인류 역사상 평화협정은 효력이 2년에 불과했고, 월남은 평화조약 후 월맹의 남침 51일 만에 패망했습니다.

3. '북 핵무기 사용 시 선제 타격'은 문재인 정부의 합참의장도 작년 10월 국회에서 확인했습니다. 여권의 야권 후보 '전쟁광' 공격은 늘 왜곡과장과 말장난으로 국민을 속이고 상대를 무너뜨려 온 행태 그대로입니다. 국민께서 심판해 주십시오!

4. 북의 핵무기가 더욱 고도화되고 있는 만큼 우리의 전술핵 배치도 시급합니다. 한반도 인근 해역이나 지역에 상시배치를 실현시켜야 합니다.

5. 국제 정치학의 대부인 한스 모겐소는 "핵을 못 가진 나라는 핵을 가진 적국에 미보유국은 핵보유 적국에 대들다 죽거나 항복하거나 둘 중 하나"라고 결론지었으며, 영국의 처칠 총리는 전임 총리의 독일에 대한 유화정책 실패를 지적하며 "나약한 유화정책은 잡아먹히려는 것과 똑같다."고 했습니다. 문재인 정권의 '한반도평화프로세스'는 김정은의 선의에 기댄 나약한 유화정책이었습니다. 도리어 북핵이 더 고도화되었습니다.

모두가 맞는 말이다.

평화는 힘으로 보장되는 것이지 대화나 구걸로 되지 않는 것이다. 인류 역사상 평화협정은 효력이 2년에 불과했고, 월남은 평화조약 후 월맹의 남침 51일 만에 패망했지 않는가?

종전 선언하자구?

누구 맘대로 종전선언인가 문재인에게 묻는 것이다. 종전 선언하게 되면 미국을 물러가게 할 것이고, 미국이 물러가면 어찌 되는가 답은 뻔하다. 그러니 역사를 확실히 배운 다음 그런 말을 놀려대기 바란다.

9

문 대통령은 답해야 한다

― 2022.02.14일자 세종TV―

2월 9일 윤석열 후보가 중앙일보와 인터뷰를 가졌을 때, 기자가 묻기를 "집권하면 전 정권 적폐청산 수사를 할 것이냐?"고 하자, 윤석열은 "해야죠. 해야죠. (수사가) 돼야죠."라며 세 번 강조하며 확실하고 신념에 찬 대답을 했다.

신념에 찬 대답, "해야죠. 해야죠. (수사가) 돼야죠."라는 말에 문재인이 떨고 있는 것이다. 경상도 양산에는 퇴임 후 가서 살 집까지 호화롭게 지어놨는데, 적폐청산에 걸려든다면 분명 제1호로 걸려들 것이기 때문에 불안하다 못해 좌불안석이었을 것이다.

윤석열은 말하기를, "그러나 대통령은 관여 안 한다. 현정부 초기 때 수사한 것은 헌법과 원칙에 따라 한 것이고, 다음 정부가 자기들 비리와 불법에 대해 수사하면 그것은 보복인가?"라고 물으며 "(적폐청산은) 다 시스템에 따라 하는 것."이라고 말했다.

그러니 문재인이여 답하라. 법과 원칙에 따라 수사하는 것이 '적폐'에 해당하는가?

문재인의 발끈에 대해 자유민주당 고영주 대표도 2월 14일자 조선일보를 비롯해 중앙일간지 몇 곳에 아래와 같이 질문을 던졌다. 내로남불하고 있는 문재인과 그 일당들에게,

『문재인 대통령은 내로남불 반인륜 수천 배 적폐에 답하세요, 국민이 용서치 않습니다!

1. "현 정부 적폐가 근거 없다"구요? '드루킹 여론 조작, 울산시장 선거공작, 원전 중단 수천억 원 증발, 반인륜적인 탈북 주민 강제북송' 등 최소 '무기징역, 구상금 수천억 원 징구'에 처해져야 합니다!

   ※ 박근혜/문재인 대통령의 적폐 혐의 및 형량 비교

   (조선, 동아, 중앙, 문화일보 2월 14일자 사설지면 참고)

2. "검찰수장 땐 왜 못 본 척했냐"구요? 적반하장의 끝장입니다. 막장까지 간 끝없는 수사 저지 증거들에 답해 보세요!

   ▶ 문 대통령 수사에 착수한 검찰총장 퇴진시키기 및 수사팀 해체

   ▶ 울산 선거 공작 재판 저지(문 대통령 지인 당선 공작)

   ▶ 대통령 지시 따른 원전 경제성 조작 이행 산업부장관 기소 저지

▶ 라임 · 옵티머스 사기 여권 인사 연루 의혹 수사 저지

▶ 문 대통령 딸 해외 이주 도운 이상직 의원의 수백억 원 비리에 구속 없이 국회의원직 유지 등등

3. '야당 후보자 공격'으로 친문 지지자들 동원하려는 위법적 '대선 개입'도 국민과 법은 냉엄하게 심판할 것입니다.

4. 문 대통령은 '반인륜적 이념 독재자'입니까? 5천만 국민이 아니라 김정은을 위해 펼친, 대북 정책은 전 국민적 엄중한 심판에 처해질 것입니다.

5. 문 대통령은 '인의 장막에 가린 구중궁궐 속 나 홀로 태평성대 · 내로남불' 임금님인가요?

'문 대통령 반대로만 하면 나라와 국민이 잘 될 것'이란 원성(怨聲)을 못 들었나요, 무시하나요? 수많은 국민과 시민사회단체들이 준엄한 심판을 준비하고 있음을 알려 드립니다.

6. '정치 보복'이 아닙니다. '명백한 법 위반'입니다. 공정하고 자유로운 법치 사회 구현을 위해 반드시 처벌해야 합니다!』

이런 내용을 주요 일간지에 공개적으로 묻는 고영주 대표는 누구인가?

고영주 대표는 문재인 대통령을 '공산주의자'라고 주장하

여 명예훼손 혐의로 2심에서 유죄 판결을 받았고, 대법원 3부(주심 안철상 대법관)는 2021년 9월 16일에 명예훼손 혐의로 기소된 고영주 대표에 대해 징역 10월에 집행유예 2년을 선고한 원심을 파기하고 무죄로 판결을 받았던 전직 공안 검사였던 것이다. 그도 어떤 권력이나 부정한 권력에는 종(從)하지 않는 인물이라는 점에서 윤석열, 최재형 전) 감사원장과 같은 인물이다.

문재인이 불안한 이유는 5년간 자신이 저지른 과오 말고도 얼마든지 있다.

전국적으로 예서제서 민주당을 탈당하여 윤석열 캠프에 합류하는 인사들이 얼마인가? 심지어는 광주에서 목회자들 300여 명이 윤석열을 지지하고 있으며, 전직 경찰청장들도 윤석열 캠프로 합류하고 있으니 왜 아니 두려우랴?

두고 보자. 3월 9일. 개표 과정에서 조작만 부리지 않는다면 정권교체는 불을 보듯 뻔한 일.

적폐청산이 아니라, 헌법이 기준이 되고 원칙이 잣대가 되어 그들의 과오를 심판하게 될 것이다.

그러니 문재인은 답해야 될 것이다.

고영주 대표의 공개 질문에.

10

부패의 제왕적 청와대 시대를 끝내고 밝은 내일을 열자

— 2022.02.18일자 CTN—

'부패의 제왕적 청와대 시대'를 끝내고 '유능한 장·차관 책임제 시대'를 열어 주십시오!

이 시대의 정의로운 사자 자유민주당 고영주 대표의 포효 (咆哮)이다.

고영주 대표, 그는 자다가 봉창 두드리는 인사가 아님을 중앙일간지에 공개하는 기사로도 증명할 수 있다.

오늘도 "국민 여러분께 호소합니다!"라는 내용의 호소문을 조선일보를 비롯해 동아일보, 문화일보 사설 면에 게재하였다.

보자, 그 내용을.

"문재인 대통령은 광화문 시대 공약을 파기하는 거짓말을 했습니다!

그리곤 제왕적·이념적·부패적 국정으로 일관했습니다.

이재명 후보도 공약을 오락가락 번복하고 있습니다. 믿을 수 있습니까?

윤석열 후보는 청와대 해체와 취임 첫날 서울정부청사 근무 등 실현성 있는 광화문 시대, 최고 전문가와 유능한 장·차관들이 책임 있게 이끄는 시대를 공약했습니다.

반드시 열어 주십시오!"

그러면서 '문재인 대통령과 계승자들의 제왕권력 및 거짓 행태와 윤석열 대선후보의 검증된 공약 비교'를 공개하였다.

1. 문재인 대통령의 거짓말

▶ "청와대에서 나와 광화문 시대 열겠다." ☞ 공약 백지화 (경호 문제 등 이유)

▶ "제왕적 권력 나누겠다." ☞ 제왕적 권력 강화 (아래 구체 사례들)

▶ "사법부 민주화" ☞ 사법부를 권력의 시녀화해 신적폐 규명 저지

2. 문재인 운동권 청와대의 제왕적 행태들

▶ 문재인 대선캠프 출신 30대 5급 청와대 행정관이 육군참모총장을 청와대 인근 커피숍으로 불러내 장성 인사 사실상 지시(2017년 9월)

▶ 청와대 비서관 31명 중 주사파 출신 임종석 비서실장 비롯, 19

명(61%)이 운동권 출신(2018년 8월 청와대 인사 발표)

▶ 임종석 대통령 비서실장, 국방부장관 등 대동해 선글래스 끼고 비무장지대 시찰(2018년 10월)

▶ 운동권 출신 국토부장관(김현미), 시장경제 무시 좌파학자(김수현)와 내로남불 폴리페서(장하성)등 청와대 고위참모들 부동산정책 쑥대밭(2017년 6월~현재)

▶ "백신도입 서두를 필요 없다."기모란 청와대 방역기획관(남편이 민주당 후보 선거 출마) 신설임명, 옥상옥 방역대책과 아수라 불신 K-코로나 확산(2021년 4월~현재)

▶ 청와대 특별감찰관 출신 6급 수사관, 과학기술정보통신부 출입하며 장관 직대. 유영민 당시 장관이 현 대통령 비서실장

▶ 노영민 비서실장, 대통령 측근들의 대통령직속위원회 편법월급 지급을 감사한 최재형 감사원장에게 고압성 항의 전화(2020년 9월)

▶ 문재인 대통령 "월성원전 언제 가동 중단하나"라고 법체계 넘어선 질문으로 탈원전 개시(2018년 4월)

1. 윤석열 후보의 검증된 실행 공약들

● "청와대 해체"☞ 경호 · 의전 문제 아닌 의지의 문제. 취임 첫날 정부청사 근무 시작

● "기존 제왕적 청와대 조직 해체""책임장관제 · 민관합동위원회 중심" 국정운영

● 헌법상 3권 분립에 따른 당연한 사법부 독립 준수

제2부 자유민주당 고영주 대표께서도 힘을 보태고

2. 윤석열 후보의 시정 공약들

- 제왕권력 및 기득권 폐지, 탈이념화, 안보와 민생 최우선
- 민관이 합동으로 국정을 운영하고 대통령은 그 중심 역할
- 청와대를 정예 참모와 민간 최고전문가 참여의 민관합동위원회 운영 체제로 개편
- 책임 총리제·책임장차관제로 청와대 대통령 측근들의 지시 및 전횡 차단
- 대통령실을 서울정부청사로 이전하고 기존 청와대는 국민 개방형 장소화
- 대통령도 헌법과 법률에 정해진 권한만 행사. 각부처 자율성과 책임성 크게 확대
- 법적 권한 넘어선 대통령의 공공기관·금융기관·일부 사기업 인사 개입 중단
  - 역세권 첫 주택 20만호 ○부동산세제 정상화
  - 비과학적 방역 패스 철회 ○여성가족부 폐지
  - 성범죄 무고죄 처벌 강화 ○사드 추가배치
  - 디지털경제 패권 국가
- 탈원전 백지화(수백조원 원전산업 붕괴 조속 복구)

앤드류 카네기는 "아무리 보잘것없는 것이라 하더라도 한 번 약속한 일은 상대방이 감탄할 정도로 정확하게 지켜야 한다. 신용과 체면도 중요하지만, 약속을 어기면 그만큼 서로의 믿음이 약해진다. 그래서 약속은 꼭 지켜야 한다."라

고 하였다.

곁길로 새보자.

요즘 대권 주자로 등록한 사람들이 윤석열을 비롯해 14명이나 되고 주자들마다 선심성 공약을 남발하고 있다. 이 선심성 공약을 보는 이경옥 여류시인은 '대선에 등장한 산타클로스'라는 시를 발표하여 경각심을 주었다.

〈대선에 등장한 산타클로스〉

− 이경옥 / 시인

20대 대선 후보들은
산타클로스인가 보다

지역의 유세장에서
선물이 쏟아져 나온다

대통령이 되기 위해
앞뒤 좌우 가릴 거 없이
선심성 공략으로 유권자 마음을 빼앗으려 한다

눈 뜨면 쏟아져 나오는

제2부 자유민주당 고영주 대표께서도 힘을 보태고

별의별 공약과 말과 말

제발 나라를 위해서 한 몸 희생하겠다는 각오로
국민들 앞에 진실된 마음으로
서길 바란다

대선 후보님들!!
산타클로스 아니시죠?

부패의 제왕적 청와대 시대를 끝내고 밝은 내일을 열자

사랑의 인사

장주영 / 대전도시과학고등학교 교사, 시인

하나였다가
둘이 되고

둘이었다가
하나가 됩니다

가장 높은
고귀함과 숭배

파스텔 꽃
순수와 진실

맹세와 약속
의리의 다짐

밤 하늘 쏟아지는 별
반짝이는 강이 되어

사랑의 인사
그렇게 나눕니다

11

좌파에서는 거짓말 않는
떳떳한 대통령을 내세울 수 없나

— 2022.02.21일자 뉴스티앤티 —

좌파가 내세워 대통령직을 수행한 인물들은 김대중, 노무현, 문재인이다.

그런데 보자. 하나같이 자랑스럽지 못하다.

김대중은 1992년 12월 18일 제14대 대통령선거에 출마해 국민들의 지지를 호소했으나 호남지역의 압도적인 지지와 서울을 비롯한 수도권에서의 우세에도 불구하고 민주자유당의 김영삼 후보에게 190만여 표차로 패배했다. 그때 그는 자신의 패배를 인정하고 모든 직분을 내려놓고 정계 은퇴를 선언하고 줄행랑을 쳤던 인물이다. 그래놓고 언제 그랬냐는 듯이 다시 정가에 복귀해 대통령도 하고 노벨 평화상도 받았다. 만약 김대중이 자신의 말대로 정계 은퇴를 했더라면 지금의 광주는 얼마나 발전하고, 광주 시민들은 국민들에게 얼마나 신뢰를 받게 되었을까?

필자는 물론 우리 국민들이 추앙하고 있는 노무현도 본

색은 좌파이다. 그래서 그는 임기 중에 "대통령 못 해 먹겠다.", "미국 엉덩이 뒤에 숨어서"라는 말을 서슴없이 해댔고, 퇴임 후 김해의 봉하마을로 귀향하였다. 2009년 검찰의 정관계 로비 수사가 전방위로 확대되면서 그의 측근 세력들이 수사 대상에 오르게 되었고, 여기에 노무현과 개인적 친분이 있던 박연차로부터 금전을 수수했다는 포괄적 뇌물죄 혐의로 조사를 받다가 부엉이 바위를 선택했던 분이다. 노 대통령의 자살은 지금도 물음표를 남기고 있다.

문재인도 보자. 그는 정계은퇴 선언을 밥 먹듯 했던 인물이다. 개조식으로 증거를 대겠다.

1. NLL대화록 진실 아니면 정계 은퇴하겠다.
2. 박근혜 대통령을 뽑아주신 국민의 뜻 겸허히 받아들인다. 선택을 못 받았으니 정계 은퇴하겠다.
3. 당을 살리기 위해 당 대표 출마한다. 당 못 살리면 정계 은퇴하겠다.
4. 혁신안이 조금이라도 훼손되면 정계 은퇴하겠다.
5. 호남이 지지를 걷으면 정계 은퇴하겠다.

이번에 민주당에서 내세운 이재명도 보자. 그가 남발하는 거짓말과 욕지거리들, 검사를 사칭한 일화는 sns에도 엄청 떠돈다. 문제는 그 모든 것이 진실이 아니라고 발뺌했다가 본인 스스로 인정했다는 점이다.

그래서 말이다. 이런 양심이 없는 이들에게 나라를 맡기면 안 된다고 자유민주당 대표가 언론에 공개적으로 홍보하고 있는 것이다. 보자 2022년 2월 21일자 동아일보와 문화일보 사설 면에 게재된 내용들을.

『北 주민 수천만 명을 비참하게 만든 김일성 추종 세력에게 이 나라를 맡기시렵니까? 이승만 · 박정희 · 전두환 대통령이 세우고 발전시킨 대한민국, 지금 세계 10위권의 '부국 · 부민'의 자랑스러운 나라로 우뚝 섰습니다! 문재인과 그 종북좌파 계승자들에게 묻습니다! 당신들도 북한처럼 마취제 안 쓰고 수술받아 보시렵니까? 당신들도 냉난방 전기 없이, 어둠 속에서 살아 보시겠습니까? 북 주민들의 '신체 왜소화' 추락 상태에 대해 답해 보세요! 당신들은 대한민국을 이렇게 만들지 못해 그동안 그렇게 선동했습니까?

※ 통계청, 병무청 등에서 발표한 대한민국과 북한의 국부 및 신체 비교 (2020년) 생략. (성인 키 : 2016년 averageheight.co)』

필자가 잘 알고 있는 대전시민께서도 이런 말을 했다.

"공산주의자들은 거짓말로 선동합니다. 진실로는 선동할 수가 없기 때문입니다. 마국 소고기 먹으면 광우병 걸린다고 유모차까지 동원한 게 그 증거입니다. 이재명이 자신에 대하여 딱히 누구보다 나은 점이 없기에 상황에 따라 거짓말로 선동하고 있다가 거짓이 밝혀지면 철회하고 있습니다. 변호사 자격을 밝히며 돈으로 매수하니 누구라도 안 넘어갈 수가 없었겠지요."라고.

12

고영주 변호사에 대한 무죄 판결이
이렇게 기쁠 수가

– 2022.02.24일자 뉴스티앤티 –

이렇게 기쁠 수가 없다.

아내를 잃고 1년 4개월, 난 우울증과 외로운 고독에 시달리며 생의 의욕마저 상실하고 살았다. 그런데 인터넷을 검색하던 중, "'문재인은 공산주의자' 발언 고영주 무죄 확정"이란 제하의 기사가 눈에 들어왔다.

정신이 번쩍 들었다. 판사 가운데 이처럼 권력의 시녀가 아닌 판사도 있구나 하는 감동과 함께 글을 읽어 내려갔다.

『문재인 대통령을 공산주의자라고 표현해 명예훼손 혐의로 재판에 넘겨져 1심에선 무죄(재판관 김경진 단독), 2심에서 징역형의 집행유예를 선고받았던 고영주(전 방송문화진흥회 이사장이며 전 서울남부지방 검찰청 검사장 역임) 변호사가 3심인 (주심 안철상 대법관) 파기환송심에서 '무죄' 판결이 확정됐다. 검찰이 재판에 넘긴 지 약 4년 6개월 만이다.』

고영주 변호사는 지난 2013년 1월 한 보수단체 신년하례회에서 부산 지역 대표적 학림(學林) 사건인 부림사건에 대해 "공산주의 운동"이라고 지칭하며 "당시 사건을 변호한 문재인 변호사도 공산주의자"라는 취지의 발언을 했다.

부림 사건은 지난 1981년 전두환 정권의 공안 당국이 부산에서 의식화학습 모임을 하던 학생과 교사 등을 영장 없이 체포한 뒤 불법 감금하며 구타 및 고문한 사건이다. 그러나 고 변호사 주장과 달리 문재인은 1981년 부림사건 당시가 아닌 2012년 재심 사건의 변호인이었다.

검찰은 "고 변호사가 문재인 변호사에 대한 허위 사실로 사회적 가치·평가를 저해했다."고 판단했다. 그동안 '공산주의자' 표현에 대해선 발언자의 주관적 견해가 담긴 의견인 만큼 처벌이 어렵다는 것이 일관된 판례였는데 이를 뒤집은 것이다.

그러나 지금 대법원은 "어느 한 개인이 공산주의자인지 여부는 그 개념의 속성상 그가 갖고 있는 생각에 대한 평가일 수밖에 없다."며 "누군가를 공산주의자라고 표현했다는 사실만으로 명예를 훼손할 만한 구체적 사실의 적시라고 단정할 수는 없다."고 밝혔다.

따라서 서울중앙지법 형사항소5-2부(원정숙 이관형 최병률 부장판사)는 지난 11일 대법원 판결 취지에 따라 고영주 변호사에게 무죄를 선고했다.

이 사건은 20개월간 방치되다 문재인이 대통령에 당선되자 검찰에서 수사를 시작했던 사건이다. 검찰이 권력의 시녀라는 것을 의심받게 하는 대목이다.

이 수사를 받으며 고영주 변호사는 "나는 문재인 대통령의 명예를 훼손하지 않았다."며, "검찰이 대통령 눈치를 살피지 않을 수 있나요? 이건 기소가 될 수도 없는 사건입니다. 제가 검사 출신이고 전문가인데, 죄가 될 소리를 했겠습니까? 대통령이 고소인이니까 억지로 기소한 겁니다."라고 주장했다.

이렇게 기쁠 수가 없는 것이다.

고영주 변호사가 4년여 동안의 고통에서 벗어난 것도 기쁘려니와 법관들 가운데 1심의 재판을 맡은 판사나, 3심을 맡은 안철상 대법관같이 돈에 눈이 어둡고 권력의 시녀로 놀아나지 않는 이가 있다는 것도 감동이었다. 좌파 정권을 경험해 본 국민들이라면 같은 생각일 것이다.

더구나 반가운 것은 대법원 출석에 김문수 전 경기지사가 동행한 것이다. 김문수 그도 대쪽같이 곧은 청백리로 유명한 정치인이라는 것을 가까이 지내본 사람들은 알고 있다.

　제2부 자유민주당 고영주 대표께서도 힘을 보태고

고영주 변호사여!

축하의 술잔을 기울이고 싶다. 그 자리엔 김문수 전 경기지사는 물론, 김영환 전 장관도, 김진태 전 의원도, 박찬주 전 육군대장도, 전두환 재판을 담당해 궐석 재판을 고집했던 장동혁 전 광주지방 부장판사도 불러 한잔하자.

그들 모두가 대쪽 같은 성격이 그대와 같은 인사들인 것이다.

13

이대로 가면 대한민국 망합니다!

- 2022.3.2일자 미래 세종일보 -

이대로 가면 나라 망한다.

이대로 가면이라니? 안철수가 하는 짓거리, 검사를 사칭하고 돌아다닌 사기꾼이요, 형이나 형수에게 쌍욕이나 하고, 대장동비리를 윤석열에게 뒤집어씌우고, 김부선 여인과의 스캔들로 놀아났던 막돼먹은 인간을 대권주자로 내세우고 있는 더불어 민주당 등, 이대로 됐다가는 나라가 망한다는 말인 것이다. 필자의 말이 아니다.

필자는 나이도 많은 데다가 겁이 많은 늙은이라 감히 그런 말을 입에 담지도 못한다. 그 말은 대쪽같이 꼿꼿하며 목에 칼이 들어와도 할 말을 하는, 그래서 문재인에게 빨갱이라는 말을 했다가 고발당하여 대법원까지 갔으나 무죄판결을 받았던, 서울 남부지검장을 역임한 자유민주당 고영주 대표의 말이다.

고영주 대표가 국민을 향해 쏟아붓는 절규를 들어보자.

『좌파의 후보 단일화 무산 책동 심판하고, 300만 원엔 당당합시다!

국민 여러분,

대통령 선거 사전투표 2일 전, 본 선거 7일 전입니다! 이대로 가면 대한민국 망합니다!

돌아올 수 없는 남미 · 북한행 추락 직행열차를 타시렵니까? 좌파의 후보 단일화 무산 책동 심판하고, 300만 원엔 당당합시다!

직접 투표로 유일한 보수 중도 후보인 윤석열 후보로 단일화해 주십시오!

1. 좌파 진영의 후보 단일화 악용 및 덮어씌우기 책략을 단호히 심판합시다!

    단일화 협상 결렬에 종북좌파세력의 회유나 유세차 사고 중대재해처벌법 적용 면제가 악용됐다면 국민들께서 투표로 단일화시켜 주십시오!

    받을 수 없는 조건의 단일화 제안을 내놓고 상대에게 책임을 덮어씌우는 행태는 전형적인 종북좌파의 책략입니다. 좌파 진영 간 중대재해처벌 면제 조건으로 내건 제안입니까? 우파의 탈을 쓴 좌파 후보일 수밖에 없습니다. 지난 10년간 국민 배신의 정치를 한두 번도 아니고 이렇게 여러 번 반복하는 정치인은 도태돼야 할 표본입니다. 불순세력이나 종북좌파의 배후 지원을 받는 단일화 협상에 대해선 국민이 투표로 응징합시다!

2. 300만 원 지원금은 당연히 받을 돈입니다. 문재인 정권의 방역 실패에 따른 보상금입니다.

문재인 정권은 코로나 확진자 수를 사실상 세계 1위로 만들었습니다. 아수라판 K-방역에 따른 어처구니없는 결과입니다. 이를 왜곡·엄호하는 그 계승자들까지도 반드시 심판해야 합니다!

300만 원은 내가 낸 세금이고 여야가 함께 합의한 보상금입니다. 당연히 받아야 할 돈에 영혼을 팔아 투표하지 맙시다!

3. 국가에 의존한 채 자유와 창의를 박탈당하고 비참하게 추락한 남미형·북한행 직행열차를 타시렵니까?

마취제 없이 수술하고, 주민 절반 이상이 냉난방 전기 없이 어둠 속에 사는 북한행 직행열차에 몸을 실으시렵니까? 전문직 여성마저 거리의 여자로 나선 베네수엘라행 직행열차에 몸을 실으시렵니까?

4. 우크라이나 사태를 보세요! 힘없는 굴종적 평화 주장이 가져 온 말로입니다.

사드 배치 반대, 전시작전권 즉시 환수 주장 등 영토와 국민을 지킬 의사가 없는 사람이 대통령이 되어선 안 됩니다!

문 정권과 그 계승자들의 종전선언 주창은 유엔군 해체와 미군 철수를 불러오는 자해행위입니다. 핵을 철수하고 종이 문서로 평화 약속을 한 우크라이나의 말로를 보십시오.

5. 대한민국의 경제 역동성은 문재인 정권 들어 무너졌습니다!

   대한민국 경제개발 역사에서 최초로 세계경제 성장에 못 미치는 나라로 추락했습니다!

   코로나 이전에 이미 추락했습니다.

6. 국민 여러분께 호소합니다!

   사회 성의를 바로 세우고, 경제의 역동성을 되살리며, 나라를 지킬 수 있는 사람이 대통령이 되어야 합니다!

   투표를 제대로 해 주십시오!」

14

사전투표 꼭 해주세요!

- 2022.3.4일자 투데이플러스 -

대다수의 국민들은 정권교체를 간절히 바란다. 그러나 코로나 확진 시 투표 않겠다는 사람 수가 정권유지를 바라는 경우보다 300만 명이나 많다고 한다.

코로나 확진자 수는 3월 중순에 정점을 이룬다고 한다. 더욱이 오늘(3월 4일)부터 방역패스도 풀렸으니 내일부터 20만 명씩 넘어설 수도 있다는 것이다. 만약 4일 5일 사전투표 않고 9일 본투표에만 참여하겠다고 생각할 경우 원치 않는 결과가 나올 수 있다는 말이다.

KBS한국리서치 조사에서 이재명 지지자의 사전투표 의향은 46.2%, 윤석열 지지자의 경우 18.6%로 발표됐다. 분명한 것은 정부 당국 전문가 분석에 따르면 코로나 확진자 수가 사전투표 4~5일보다 9일에는 훨씬 더 늘어날 것이라고 예측된다는 것이다.

그래서 국민의힘에서도 사전투표의 부정선거를 막기 위해 최대한 노력하고 있으며, 할 수만 있으면 사전투표라도 꼭 해달라고 하고 있다. 왜냐하면 사전투표를 놓치고 본투표 하룻날 코로나 확진 급증, 악천후가 겹치면 윤석열 지지자 투표 포기가 속출할 수 있기 때문이다.

한마디로 하루 투표로 선거에서 이길 수 없다는 것이다. 윤석열 후보도 사전투표 선언하였고, 최형두 국회의원도 사전투표를 하겠다고 독려하고 있다.

사전투표일인 4일~5일에는 마산합포에서만 국민의힘 공정선거감시단 300명이 철저하게 감시하며, 이는 전국적인 현상으로 일어나고 있다. 또한, 9일 본투표 때까지 이송 보관 모든 순간을 지켜보며 물 샐 틈 없이 감시한다고 한다.

그뿐만이 아니다. 정의의 투사 자유민주당 고영주 대표도 만일을 위해 사전투표를 독려하고 있다. 보자 고영주 대표의 독려를.

사전투표 꼭 해 주세요!

상주(喪主)가 괜찮다는데 곡(哭)쟁이가 왜 야단입니까? 대선 사전투표 하루 전입니다!

투표율 떨어지면 정권교체 못합니다! 나라가 망합니다!

▶ 부정선거 걱정 마세요! 사전 투표의 투표함을 CCTV로 야당이 철저히 감시합니다!

▶ 여야 후보와 지도부도 모두 사전투표에 나섭니다! 걱정 마세요!

▶ 본 투표일 기다리다 자칫 투표 못하면 대한민국의 미래는 영영 사라집니다!

▶ 대한민국의 미래를 우려하는 젊은이들과 국민 여러분, 사전투표에서부터 반드시 투표해 새 미래를 꼭 엽시다!

▶ 부패 · 무능 · 거짓 · 안보 왜곡 종북좌파 정권을 반드시 끝내야 합니다!

▶ 코로나 확진 · 격리 유권자도 사전 투표 가능합니다! 보건소가 보낸 외출안내 문자 제시하시고 꼭 투표해 주세요!

―자유민주당(대표 고영주 변호사)

15

국민이 윤석열을 불러낸 이유

- 2022.03.10일자 투데이플러스 -

이번 제 20대 대선에 왜 윤석열을 불러냈을까?

그는 민주당과 이재명이 말하는 것처럼 무식한 사람이라는데. 그 답을 자유민주당 고영주 대표가 해주고 있다.

"정직한 대선 후보, 국가와 국민을 지킬 수 있는 의지와 능력을 가진 후보여야 하고, 정직한 대선 후보, 국가와 국민을 지킬 수 있는 의지와 능력을 가진 후보여야 합니다!"라고. 그래서 국민이 윤석열을 불러낸 것이다. 더 보자. 고영주 대표의 간절한 주장을.

문재인이 정권을 유지하고자 선출한 더불어민주당의 후보 이재명은 완전히 그 반대이기 때문입니다.

1. 헌법은 공직자를 국민 전체에 대한 봉사자로 명시하고 있고, 그 최고의 공직자가 대통령입니다. 그런데 이재명 후보는 전과 4범입니다. 수습 공직자조차 못 될 정도의 전과자입니다.

그런 만큼 대장동 비리 의혹 등 부정부패와 내로남불, 수시로 말 바꾸기, 오락가락 정책 등으로 점철돼 있습니다. 나라의 수치입니다! 너무나 우려스럽습니다!

그러면서 이재명이 안 되는 이유를 헌법을 예로 들어 논거를 댔다.

(1) 헌법 제4조 한반도 통일은 자유민주적 기본질서에 입각한다.

(2) 헌법 제7조 공무원은 국민 전체에 대한 봉사자이다.

(3) 헌법 제66조 대통령은 국가의 독립, 영토 보전, 국가의 계속성과 헌법을 수호할 책무를 진다.

- 국가공무원법 제33조 금고 이상의 실형을 선고받고 집행 종료나 유예 확정 후 5년이 지나지 아니한 자는 공무원이 될 수 없다.
- 공직자윤리법 제2조 공직자는 공직을 이용하여 사적 이익을 추구하거나 부정한 특혜를 주어서는 아니 된다.

첫째는, 국민에게 거짓말하지 않고 부정부패가 없고 말을 바꾸지 않는 정직한 대선 후보여야 합니다.

둘째는, 우리의 주적을 확실히 알고 있고, 국민의 생명과 재산을 확실히 지킬 수 있는 의지와 능력이 있는 후보여야 합니다.

바로 그런 후보로 국민은 윤석열을 불러냈습니다!

2. 여론조사 지지율 3%도 안 되면서 수억 원의 법정 기탁금을 내고 출마하는 후보들은, 또 뭡니까?

전직 대통령을 팔아 더욱 망신시키는 후보들, 사주를 받았습니까? 돈 벌이 하는 겁니까?

⑴ 자유민주주의 실현 대통령을 막으려는 좌파 세력이나 관련 주변 국의 사주와 지원을 받고 있습니까?

⑵ 정치적 이익을 노려서입니까? 그렇게 해서 뽑힌 정권으로 나라 와 국민이 받는 고통은 내 알 바 아닙니까?

⑶ 존경받는 전직 대통령, 억울한 전직 대통령을 팔아 국민을 현혹 해 돈벌이하는 겁니까? 나라 망하는 건 내 알 바 아닌가요?

국민 여러분!

사회 정의, 상식, 양심, 국가 체제, 민생이 모두 무너지고 있습니다. 바 르고 능력 있는 대통령을 뽑아 주십시오! 윤석열이 바로 그런 대통령으 로 국민이 검증해 불러 낸 대선 후보입니다!

고영주 대표의 주장 모두가 대다수의 국민들이 호응 할 수 있는 주장이요, 간절한 바람인 것이다.

보라, 시간이 흐를수록 이재명의 소년 시절부터의 전과가 예서제서 튀어나오지 않는가?

정녕 이런 자를 뽑아 대한민국을 국제적으로 망신시키려 는가?

자유 민주당 고영주 대표의 호소문과 절규가 주요일간지 (조선, 동아, 문화, 중앙일보) 사설 면에 쏟아져 나오는 것을 귀담 아 들어야 할 것이다.

임을 위한 기도

김성숙 / 시조시인

빛조차 어둔 현실
밝혀놓지 못한 봄
온가지 세상일에
부대끼고 있을 때
첫행보
당당한 기세
청렴으로 서소서

골리앗 대군 앞에
맞섰던 다윗처럼
해답을 찾아줬던
솔로몬의 지혜처럼
현명한 역사를 쓰는 리더이게 하소서

위에서 아래 향해
흐르는 물길처럼
유유히 바다 향해
흐르는 큰 뜻 품고

겸손의
덕을 갖추고
실현하게 하소서

정의와 공의로써
이 땅 어둠 씻어내고
부강한 미래 위해
협치를 이뤄내며
온누리
밝히는 큰별 되어
갈채 받게 하소서

— 윤석열 대통령 당선인을 위한·기도 —

걸림돌을 제거하며

1

새로운 세종을 이끌 국민의힘
최민호의 저력

– 2022.3.27일자 미래세종일보 –

최민호 세종 시장과 김중로 국민의힘 세종시당 위원장

"윤석열 정부의 세종공약 관철할 힘 모아달라."

26일 세종시 대평동 선거사무소 개소식에서 최민호 세종 시장 후보가 400여 명의 참석 지지자들께 호소한 말이다. 이날 장소가 비좁은 관계로 복도나 거리에 몰려든 지지 인파들은 700여 명이 넘었다고 한다.

최민호 후보의 인격이나 덕스러움을 늘 흠모해 오던 필자의 딸들도 이날 필자를 따라 최 후보와 기념사진을 찍겠다고 따라나설 정도였으니 그날의 관객들이 왜 그처럼 붐볐는지 가히 짐작이 갈 것이다.

이처럼 성황을 이룬 이 자리에서 최민호 후보는,

"대통령은 대통령답게 윤석열 정부답게, 일하려면 지방에서 뒷받침해 줘야 한다."고 호소했다.

그러면서 제20대 대통령 선거 승리의 여세를 모아 '세종지방정부 탈환'의 사명을 완수하겠다는 각오를 내비쳤다.

이날 개소식 행사에는 박성효 전 대전시장(대전시장 예비후보)과 장인순 원자력 1호 박사, 이만희 전 환경부장관, 유환준 초대 세종시의회 의장, 조관식 정치학 박사를 비롯한 전·현직 시의원이 직접 달려와 격려를 해 주었고, 홍문표 국회의원을 비롯해 이명수 충남도당위원장, 김태흠·성완종 국회의원은 영상으로 개소식 행사를 축하하며 최민호 예비후보의 승리를 기원했다.

또한 세종교육감 선거에 나선 강미애·송명석·이길주·최정수 예비후보와 국민의힘 소속 시의원 예비후보 다수도 자리를 함께 해 최 후보께 힘을 실어줬으며 유명가수 곽청도 서울에서 달려와 힘을 보탰다.

이날 개소식 행사에서는 34명으로 구성된 '새바람 선대위'명단이 공개됐는데, 강천석 총괄선대위원장은 "34명의 심플한 선대위로 조직을 꾸렸다. 윤석열 당선인처럼 한결같이 열심히 하실 분으로 모셨다."며 "특히 당 소속으로 시의회 선거에 나서는 예비후보 전원을 선대위에 참여시켜다 함께 승리하는 뜨거운 선대위로 꾸려나가겠다."고 의지를 밝혔다.

또한, 조원권 정책자문단장은 "최 후보와는 행시 동기이고 42년 친구사이"라며 "최 후보에게 아낌없는 후원과 힘을 쏟아 부을 것이며 세계적인 세종의 미래를 꿈꾸도록 정책자문에 최선을 다하겠다."고 말했다.

최민호 후보가 이렇게 힘을 얻기까지에는 두 여성분들의 역할이 있었음도 잊어서는 안 될 것이다.

조혜형 세종시 여성위원장과, 홍나영 여성위원 역할이 바로 그것이다. 연약한 여성의 몸으로 새로운 세종을 만들려는 최민호 후보를 돕기 위해 24시간 뛰는 모습이 필자의 가슴에 감동을 주었다.

박성효 전 대전시장이 밝힌 것처럼 최민호 후보는 이완구 전 국무총리의 마지막 가시는 길을 지킨 인간적이고 의리 있는 사람이고, 이제 세계적인 도시가 되리라 확신하는 세종시에서 최 후보가 문화세종시대를 열 것으로 확신하리라 믿는다.

거기에 최 후보는 고위공직 자리를 거치면서 청렴결백의 대명사로 알려진 분이다.

'진호'라는 이름을 가진 어떤 지지자는,

"가장 청렴한 후보2번 최민호입니다. 행복청장 재직 시 고급 정보를 알고 있었으면서도 땅 한 평 사지 않으셨고 아파트도 특별 분양받지 않으셨습니다. 이 모 시장은 상가 두 개 할인 분양받았다고 언론에 도배되었습니다. 그것도 모자라서 4생활권에 또 아파트를 특별 분양받았다고 합니다.

본인이 특별 분양받지 않았으면 집 없는 하위직 공무원이 특별 분양받았을 겁니다. '도랑 치고 가재 잡는다'는 속담이 있습니다. 욕심을 적당히 부려야 되는데 이게 사실이면 세종시에서 상가 할인분양과 아파트특별분양으로 떼돈 벌었을 겁니다. 청렴하고 욕심 없는 기호2번 최민호로 바꾸어야 됩니다."라는 글을 단톡방에 올려 최 후보가 청렴결백한 목민관이라는 것을 호소하기노 하였다.

그 외에도 많은 분들께서 격려와 지지의 말씀을 해주셨으나 여기에 다 옮길 수 없음이 아쉽다.

모든 진행절차가 순조롭게 잘 진행되었고, 오신 내빈들께서 격려해 주고 지지해 주는 말씀들이 믿음직스럽고 신뢰가 갔다.

그래서 필자가 '새로운 세종을 이끌 국민의힘 최민호의 저력'이라는 말로 주제를 삼았던 것이다.

2

김문수 전 경기지사의
애국심 발원지(發源地)

– 2020.03.21일자 미래세종일보 –

김문수 전 경기지사

김문수라는 애국지사.

그가 변심(變心)한 인물임을 누구나 잘 알고 있다.

변심을 하되 과거 우장춘 박사처럼 애국(愛國)으로의 변심을 했기에 필자는 물론 나라의 미래를 걱정하는 모든 이들에게 환영을 받는 것이다.

김문수 전 경기도지사는 젊은 시절 민중민주혁명 투사를 자처하며 사회주의 혁명, 노동자 해방을 꿈꾸어 위장 취업을 했고 박정희·전두환 정부의 전복을 노렸던 인물이다.

그러다가 서울대에서 제적당했고 수감 생활도 했다. 그렇게 하는 것이 애국인 줄 알았다. 젊었기 때문이다.

필자도 60~70년대까지만 해도 김영삼 김대중을 몹시 좋아했고, 그렇게 하는 것이 정치인들의 올바른 태도요 리더십인 줄 알았다. 그래서 경부고속도로 건설 시 현장에 드러누워 고속노로 건설을 강력히 반대하고 젊은이들을 동원하여 선동하는 데 이용당하기도 했었다. 그런데 나이가 들어 경륜이 쌓이다 보니 김대중 김영삼을 제일 경멸하게 되었다. 10년 앞도 내다볼 줄 모르는 이기적인 인간들이었기 때문이다.

김문수의 그런 투쟁을 보며 정의당 심상정 대표는 "노동운동의 전설이었으며 운동권의 황태자이자 하늘같은 선배였다."고 했다.

과거 체제 전복을 꿈꾸던 그가 이젠 자유민주주의 수호 최전선에 서 있다. 그는 입만 열면 문재인 정부와 추종세력을 향해 '주사파 빨갱이'라는 말이 거침없이 튀어나온다. 청와대 앞 도로 한쪽에 쳐 놓은 조그마한 천막으로 5개월째 매일 출근해 "문재인 퇴진"을 외친다.

과거 민중민주혁명 투사를 자처했던 그가 변심을 한 것이다. 젊었을 땐 그렇게 하는 것이 애국인 줄 알았겠지만 나이가 들어 나라 돌아가는 꼴을 파악해 보니 그게 아니었던 것이다. 그래서 그의 온몸에 흐르고 있는 물려받은 피(血)가 작동을 했던 것이다.

그의 조상 김연(본관 경주, 노항공, 증 한성부판관)선생에 대한 이야기를 짚고 넘어가자.

김연 선생은 경상북도 영천 고천서원에 손응현(본관 경주, 남계공, 증 의빈부 도사) 선생과 함께 배향된 영천10현 중 한 분이시다. 김연 선생께서는(1552~1592) 41세로, 손응현 선생은 (1564~1592) 29세 젊은 나이에 순국하셨다(임진란 정신문화 선양회 위훈록에 상세히 기록돼 있어 여기서는 생략하겠다).

고천서원은 1592년(선조 25) 임진왜란 때에 의병을 일으켜 자인전투, 영천성 전투 등에 참여하여 전공을 세우고 경주성 전투에 참여하였다가 순국했던 영천지역의 의병들을 제향하고 있는 서원이다. 이곳에 배향된 인물들은 모두 영천 지역 출신의 중견관료 및 사림(士林)으로 인근 지역의 농민들을 이끌고 왜군의 격파에 노력하였으나 모두 일시에 순국하셨다.

그런 애국지사의 핏줄을 이어받은 인물이 김문수인 것이다. 그래서 그는 그것을 자랑으로 알지만 다른 애국지사들의 명예에 누가 될까 봐 입을 열지 않는다.

그는 문재인 퇴진 막사에서 버티며 필자와의 전화를 통해,

"노동계, 기득권 내려놓는 정도가 아니라 머리부터 세탁해야 한다."고 외친다. 그러면서 "김정은 때려잡으려는 누구와도 손잡을 것"이라고도 했고, 그래서 전광훈 목사와도 손을 잡았다고 했다. 김정은 대변인 노릇하는 문재인 몰아내는 데 너와 내가 있을 수 없기 때문이다.

그는 총선 출마에 앞서 빨갱이들로부터 나라 구하는 게 우선이라고 하며, 황교안 대표가 정직하다는 것은 인정해야 하고, 탄핵이 잘못됐다고 인정해야 보수 통합이 가능하다고도 했다. 탄핵을 주동한 김무성이나 유승민, 그리고 탄핵에 동조한 한국당 졸개들이 귀담아 듣고 반성부터 해야할 대목이다. 대전을 비롯해 충청권에도 탄핵에 동조해 나라를 이 지경으로 만든 인물들은 명심해야 할 것이다.

더 들어보자. 충심어린 김문수 전 경기지사의 말.

그는 대한민국을 부강하고 국민을 아주 위대하게 만드는 것이 정치의 역할이라고 말하며, 10·26사태 때 "박정희 사망 소식에 쾌재를 불렀는데 지금은 당신의 무덤에 침을 뱉던 제가 이제는 꽃을 바친다."고 했다. 선거 연령을 낮추자고 떠들어 대는 쓸개 빠진 정치인들이 귀담아 들어야 할 부분이다.

그는 한반도 5000년 역사에 위대한 두 사람이 있다면 이승만·박정희 전 대통령이라고 하며, 박 전 대통령은 가장 우수한 지도자로 18년을 집권하는 동안 울산·포항·창원·구미·구로 등 전국에 공단을 만들었고 자동차·조선·제철·중화학·전자 등 산업을 일군 최고의 산업 혁명가요, 고속도로·지하철·항만·공항 등을 건설한 최고의 국토 건설자라고 할 수 있다고 평하였다.

그러면서 두 분 대통령도 과오가 있다고 말하는 분들도 있겠지만 인간인 이상 과오가 없는 인간은 신이라고 했다.

필자가 아는 김문수 전 경기지사.

그의 몸에는 왜놈들과 싸우다가 장엄하게 전사하신 김연 할아버지의 피가 흐르고 있다. 그래서 그는 애국으로의 길에 흔들림 없이 꿋꿋한 것이다.

힘내라 김문수 전 경기지사여,

국민의 힘엔 윤석열 대통령이 있고, 주호영, 김진태, 나경원, 김영환, 박찬주, 이명수 등 전국에서 응원하는 태극기 부대들이 수백만에 이른다.

모두가 그대와 같이 좌파들과 투쟁을 하는 애국지사들인 것이다.

3

민주당이여, 답하라. 내년 대선은 국모를 뽑기 위한 대선인가?

— 2021.12.17일자 충청탑뉴스 —

우리 국민들은 민주당의 궤변에 더 이상 속지 않을 것이다.

지난 과거 미국산 소고기 먹으면 뼈에 구멍이 송송 뚫려 죽는다고 떠들어대던 손석희의 입놀림이 아직도 뇌리에 생생하고, 최순실의 태블릿PC에 담긴 내용이 진실이라 하여 박근혜 대통령이 아직까지 옥살이를 하고 있지 않은가? 그런데 노승권 검사와 jtbc 간 오고간 문자 메시지에서 최순실의 태블릿PC와 관련해 증거 조작, 검찰과의 공모 의혹이 있음이 밝혀졌고, 미국산 소고기 먹고 죽은 사람은 아직껏 한 사람도 나오지 않고 있다. 그리고 그렇게 입놀림하던 손석희는 어디론지 사라졌다.

그래서 묻자.

윤석열 부인 김건희 씨의 경력 부풀리기를 가지고 물고 늘어지는 자신들의 모양새를 바라보라. 설령 아내가 잘못했다 하더라도 그게 윤 후보와 직접적인 관계가 무엇이 있겠는가? 그렇다면 똥 묻은 개인 이재명을 보라. 이재명은 자신의 몸통 전체가 비리 덩어리인 데다가 아들은 도박꾼이요, 조카는 딸이 보는 앞에서 엄마를 무참히 살해한 살인범으로 지금도 복역 중에 있다.

설령 김건희 씨의 경력증명서가 허위라고 치자. 그렇다면 가짜증명서를 발급해 준 학교당국의 잘못이지 김건희 씨의 잘못은 아닌 것이다. 필자도 경력증명서를 발급받으러 관계기관에 가서 주민등록증만 제시하면 경력증명서를 발급해 주는 것을 알고 있다. 자신이 이런 저런 경력을 넣어달라고 요구한다 해서 그대로 해주는 창구직원은 대한민국 어디에도 없다. 필자는 5년마다 전근 다녔기에 언제 어디서 근무했는지 기억할 수가 없고 사실 확인도 안 된다. 그래, 그런 걸 가지고 물고 늘어지는 옹졸한 민주당이여. 이재명이 대장동 게이트와, 음주운전, 여성 성폭력, 형수에게 입에 담지 못할 욕을 해댄 사실은 첩보가 아닌 정보인데도 왜 그런 것은 국민들에게 떳떳이 사죄하고 후보자를 갈아치우지 못하고 윤 후보 부인의 경력 위조만 가지고 물고 늘어지는가?

그래서 말이다.
지긋지긋하게 좌파의 무리들이 갈팡질팡 나라를 이끌어

제3부 걸림돌을 제거하며

왔던 대한민국의 운명은 이번에 이재명으로 하여금 막을 내리게 될 것이다. 조국으로부터 그 민낯이 드러나기 시작하더니 추미애가 확실히 바탕을 다졌고 이번에 이재명이 종지부를 찍게 될 것이다.

보라, 좌파의 몰락이 다가오고 있는 것을.

필자는 기회 있을 때마다 자유민주당 고영주 대표를 언론에서 지지하는 칼럼을 썼고, 요즘은 매일같이 김문수 전 경기지사의 운동권 생활에서 애국으로의 변심을 언론에 연재하고 있다. 그리고 원외에서는 김진태 전 의원이 정론 직필로 기울어가는 나라를 바로잡기 위해 목소리를 높이고 있다.

무슨 말인가?

이들이 원외에서 애국으로의 활동을 하고 있기에 아무리 좌파에서 목소리를 높여도 나라가 유지 되고 있다는 것이다. 윤 후보는 이들에게 손을 내밀어 잡아야 할 것이다. '뭉치면 살고 흩어지면 죽는다'고 국부 이승만 대통령께서 말씀하시지 않았던가? 늦지 않았다. 삼고초려라도 하도록 해서 이들과 손을 잡아야 한다.

민주당에게 당부하고 결론을 맺자.

내년은 국모를 선출하는 선거가 아니니 김건희 씨의 허위 경력 가지고 왈가왈부하지 말고 나라를 위한 큰 틀 안에서 정쟁하기 바란다. 경력은 내가 조작한다고 해서 해주는 것이 아니다. 관계기관에서 신분증만 내면 해주는 것이다. 그러니 그런 옹졸한 싸움 끝내기 바란다.

박병석 국회의장을 비롯한 대전 출신 국회의원들 행동거지도 필자가 눈여겨볼 것이다.

나라의 장래를 위해 옳은 일 하기 바란다. 숲을 보면 먼 산이 안 보이는 것이다.

4.

민주당이여 답하라

- 2022.01.23일자 투데이플러스 -

　노무현 대통령은 2003년 12월 30일 재신임을 요구하는 자리에서 "나는 도덕성 하나로 정치해 왔으며 도덕성이야 말로 내 유일한 정치적 자산이다.", "이제 우리 국민도 떳떳한 대통령을 갖고 싶어 한다.", "이회창 씨는 친인척비리로 증명된 준비된 부패 후보다.", "한나라당은 나를 열심히 뒤져봐라, 아무리 뒤져도 안 나온다."라고 했다. 허나 그렇게 자신만만하게 청렴결백을 자랑하던 그도 1억 원을 몰래 받고 들통이 나 검찰에 불려 다니게 되자 양심의 가책을 받아 부엉이 바위 신세(?)를 지게 되었다. (타살이라고 인터넷에 떠돌고도 있음)

　노무현 대통령 말대로 대통령의 자리는 고도의 도덕성을 요구하는 자리이다. 우선순위 덕목인 도덕성을 갖춘 다음에 정리경력도 통치능력도 요구되는 것이다.

민주당 대권후보인 이재명이 형수에게 입에 담지 못할 쌍욕을 한 것을 우리 국민들은 거의 알고 있다. 게다가 변호사 직책을 가지고 있으면서 검사 사칭까지 했다 하니 이는 양심과 도덕성이 결여된 파렴치한 인간만이 하는 행위이다.

그가 대장동 사업의 비리를 결재하면서 밑에 볼펜으로 지시사항까지 적어준 결재서류는 인터넷에서 누구나 볼 수 있게 떠돌고 있다. 여기에 더해 대장동 사건과 연루된 인사가 세 명이나 자살을 했는데도 모르쇠로 일관하거나 오불관언만 일삼는다면, 이는 좋게 말하면 기억상실증에 걸린 것이요, 사실대로 말하면 철면피에 해당하는 짓이다.

국가공무원법 제33조에 보면 공무원 임용결격사유를 확인할 수 있는데,

- 파산선고 받고 복권되지 아니한 자
- 금고 이상의 실형선고 후 집행이 종료되거나 집행받지 아니하기로 확정 후 5년 지나지 않은 자
- 금고 이상의 형 선고 후 집행유예 기간이 끝난 날부터 2년이 지나지 않은 자
- 금고 이상 형 선고유예를 받은 경우 기간 중에 있는 자
- 법원 판결 또는 다른 법률에 따라 자격이 상실되거나 정지된 자
- 징계로 파면처분을 받은 때부터 5년이 지나지 않은 자

·징계로 해임처분을 받은 때부터 3년이 지나지 않은 자
·공무원으로 재직기간 중 직무와 관련하여 형법 제355
조, 제356조에 규정된 죄를 범한 자 로 횡령죄 및 배임
죄에 적용되는 자
·성폭력범죄의 처벌 등에 관한 특례법 제2조에 규정된
죄를 범한 사람으로 100만 원 이상의 벌금형 선고 받
고 형 확정 후 3년이 지나지 않은 자

등으로 되어 있다.

물론 그가 배우 모 씨와 한 성관계는 법에 저촉되지 않는
다 치자. 그러나 그것도 대권을 노리는 자라면 뒤끝 마무리
를 잘 했어야 할 것이다. 그런데 하물며 나라의 최고 통수
권자로서 육체나 정신 모두가 비리 덩어리인 이가 대권 후
보자로 나올 마음을 먹을 수 있는 것인가?

거기다가 국민의힘 윤석열에게는 하자가 없으니까 그 부
인의 흠을 이리저리 뒤집어내어, 마치 최순실 핑계를 대 박
근혜 전 대통령을 탄핵시키던 고루한 방법을 동원하는 이
유가 무엇인가?

그러니 민주당이여 답하라. 나라 걱정에 도무지 밤잠 못
이루는 국민들이 얼마인지나 아는가?

판단은 국민들의 몫인 것이다. 애매한 김건희 여사만 물
고 늘어지지 말고 어서 답하라.

5

이번 지방 선거는 조선시대 '거현(擧賢)' 제도를 거울삼아야

- 2022.01.30일자 투데이플러스 -

대통령 선거일이 아직도 30여 일 남아있는데도 지방 선거에 출마하려는 인사들의 출마 선언으로 나라 전체가 요란하다. 위로는 직할시장, 도지사로부터 아래로는 시장, 구청장, 군수의회 의원에 이르기까지 그 수만도 대단하다.

그래서 각 정당의 책임자들에게 언론인의 한 사람으로서 과거 역사를 예로 들어 훈수 좀 두려고 한다.

조선 시대에도 여러 형태의 인재 추천이 있었다. 당시에는 지금처럼 중앙정부와 지방정부 간 통신망이 전혀 없었다. 그래서 지방 목민관들을 임명하기 위해 지역 출신 인재를 골라 중앙정부에 추천하는 경우가 잦았는데, 타 지방의 인재를 우리 지역에 보내 달라고 하는 그런 추천이 아니라, 이 고장에서 태어나, 이 고장 사람들과 생활을 함께한, 그래서 이 지역 민심의 흐름과 생활 방식을 잘 아는 덕 있는 인재를 골라 추천하는 제도였다. 이를 '거현(擧賢)'이라 한다.

조선은 왕조시대였다. 교통과 통신이 전혀 발달하지 못했다. 구중궁궐 깊은 곳에서 일하는 왕이 나라 전체에서 훌륭한 인재를 알아보고 능력 있는 인물을 고르는 작업은 만만치 않았다. 이 때문에 목민관에게 지역의 훌륭한 인재를 발굴해 중앙으로 천서하는 작업, 즉 '거현'제도가 중요한 임무 중 하나였다. 목민심서에도 목민관 직무 중 하나가 옳고 능력 있는 인물을 천거하는 일이라는 내용이 나온다.

목민심서에 따르면 요순시대나 3왕 시절(文王·武王·成王)에는 과거제도가 없었다. 한나라 때도 군수나 현령이 현능(賢能)한 사람을 찾아내 중앙에 천거해 조정의 벼슬에 오르게 했다.

또한, 목민관이 군·현에서 재주와 학식이 있는 사람을 해마다 천거하게 하는 제도를 '향공(鄕貢)'이라고 하는데, 다산은 '향공' 같은 제도가 활성화돼야만 올바른 인재들이 나라에서 일할 기회를 얻게 된다고 말했다.

고려시대 인재등용의 잘못된 점도 들어보자.

고려 시대부터 조선 말기까지 음서(蔭敍)라는 제도가 있어 특권신분층인 공신·양반 등의 신분을 우대하고 유지하기 위해 친족·처족 등의 음공에 따라 그 후손을 관리로 서용하였다. 오늘날 5.18 유공자에게 혜택 주는 특권과 같은 제도였다. 고려나 조선시대를 보라. 이 제도가 얼마나 부정이 많고 말썽이 많았던가를.

이제 몇 개월 후면 우리 대전에서도 시장과 구청장, 의회 의원들을 뽑는다.

지금은 왕권으로 통치했던 조선 시대가 아니라 헌법에 의해 나라를 다스리는 대한민국 시대다.

그 지방(혹은 시나 구) 목민관들이나 시 의회나 구 의회 의원들을 뽑되 조선시대 '거현' 제도를 본받아 그 지방 출신으로 그 지역 민심과, 형편을 잘 알고 있는 인재를 경선을 통해서 뽑아야 할 것이다. 김대중의 아들이라 해서 특권을 누렸던 음서 제도는 이제 사라져야 할 것이다.

또한, 좀 알고 있다는 핑계로 인맥을 통하거나 돈 몇 푼 받고 다른 지역 인사를 데려다 공천을 하게 된다면 '달님은 영장으로'라는 플래기드를 걸어 경고한 김소연 변호사 같은 이들이 두 눈 부릅뜨고 지켜보고 있다는 사실을 명심하기 바란다.

난(蘭)

박봉주 / 시조시인

추스린
갈등으로
세속을 헹구더니

함초롬히
맺은 향기
의관도 바로 세워

동방의
꼿꼿한 선비
예 와서 뵈옵네

6

이해찬의 가벼운 입놀림을
가벼이 듣지 말자

- 2022.02.07일자 굿처치뉴스 -

더불어민주당 유시민은 2020년 4월 10일 자신의 유튜브 채널 '알릴레오'에서 "전체적으로 선거 판세가 민주당 압승 분위기로 흐르고 있다."면서 "비례 의석을 합쳐서 범진보 180석이 불가능한 것은 아니다."라고 말한 바 있다. 그런데 그의 말대로 민주당이 압승을 했다. 자정 넘어서까지 선두를 달리던 새누리당 의원들은 사진투표함 상자가 개봉되면서부터 추격당하기 시작하더니 시간이 흐르면서 뒤처지다가 결국은 몇백, 혹은 몇십 표 차이로 고배를 마셨다.

그런데 이번엔 민주당 이해찬 전 대표의 입에서 이재명 후보의 대선승리를 장담하는 말이 또 나왔다.

4일 발표된 리서치뷰와 한국사회여론연구소(KSOI) 여론조사에 의하면 지난 1~3일 전국 만 18세 이상 1,000명을 대상으로 진행한 조사(95% 신뢰수준에 오차범위 ± 3.1%포인트)에서 윤 후보는 46%, 이 후보는 38%를 각각 기록했고, 두 후보의 격차는 8% 포인트로 오차 범위 밖이라고 발표한 데서 자극을 받았던 것이다. 과거 유시민처럼 민주당 측에서, 그것도 당대표까지 역임한 자가 그런 말을 했으니 나라를 염려하는 우리 국민들은 심각하게 받아들일 수밖에 없을 것이다.

그리고 자정까지 앞서다가 사전 투표함이 개봉되면서부터 새누리당 유력 후보자들이 낙선됐다는 점에서 개표 의혹이 불거지더니 4·15 부정 개표 의혹에 대해 민경욱 전 의원이 고발한 17건 모두를 검찰이 무혐의 처리했다는 점에서도 의혹이 가시지 않고 있는 것이다.

그래서 국민의힘 정진석 국회부의장이 자신의 페이스북에 〈공명선거를 위한 몇 가지 제언〉을 하기에 이르렀다.

보자, 정진석 국회부의장이 페이스북에 올린 글을.

공명선거를 위한 몇 가지 제언

『첫째, 우편투표함 및 사전투표함은 개함하는 순간까지 여야 및 시민에 의한 감시 시스템이 철통같이 확립되어야 합니다. 우편투표함 및 사전투표함이 여야 참관인, 시민, CCTV 감시 시스템에서 한 순간, 한 찰나도 벗어나서는 안 됩니다.

둘째, 개표 당일 사전투표함이 일반투표함보다 먼저 개표되어야 합니다. 지난 총선 당시, 사전투표함 결과가 당락에 영향을 준 경우가 많았습니다. 이 때문에 논란이 있었던 것도 사실입니다. 때문에 사전투표함이 일반투표함 보다 먼저 개표 관리된다면, 불필요한 오해의 소지를 막을 수 있습니다.

셋째, 사전투표용지에는 'QR코드'가 아닌 '막대형바코드'를 사용하는 것이 필요합니다. 지난 총선 당시 사전투표용지를 'QR코드'로 사용해 논란이 있었습니다. 선거법 제151조는 사전투표 용지와 관련해 '투표용지에 인쇄하는 일련번호는 바코드(컴퓨터가 인식할 수 있도록 표시한 막대 모양의 기호를 말한다)의 형태로 표시'하도록 되어 있습니다. 불필요한 오해가 생기지 않도록 법이 정한 대로 사전투표용지에 '막대형바코드'를 사용해야 합니다.

끝으로 시간이 조금 더 걸리더라도 수개표를 통해 정확성을 기해야 합니다. 지금의 전자식 개표방식이 시간 단축의 편의성이 있는 것은 분명하지만 개표의 정확성과 공정성은 수개표를 통한 방법이 제일 안전하고 확실합니다.」

이번 선거만큼은 선거에서 이기고 개표에서 지는 일이 없어야 할 것이다. 그리고 정권교체는 반드시 윤석열에 의해서 이뤄져야 할 것이다. 이준석이 이끄는 국민의힘을 좋아하는 국민들은 얼마 되지 않는다. 이준석의 언행이 이적행위를 하고 있고, 유승민이나 김무성을 따라 박근혜 대통령을 탄핵했던 졸개들이 도사리고 있으며. 깐족거리던 홍준표의 속내를 국민들이 알고 있기 때문이다.

사전투표나 우편 투표를 절대 하지 말아야 할 것이다.

코로나19를 예방하기 위하여 대부분의 국민들이 3차 접종을 했는데도 확진자 수가 며칠 새로 몇백에서 몇만으로 넘어서는 것도 이해가 되지 않으며, 3월 9일 선거일이 가까워질수록 몇십만 명이 늘어났다고 하여, 확진자의 바깥출입을 막은 뒤 전자투표나 우편 투표를 하게 될지 누가 알겠는가?

그러니 나라를 염려하는 국민들이여, 이번만은 속지 말고 정진석 국회부의장이 제시한 대로 따라 하길 바란다.

7

민주당과 문 대통령에게 묻겠다

— 2022.02.11일자 광장21 —

문재인을 비롯해 이재명 그리고 민주당의 20명 의원들은 윤석열 후보의 '적폐청산' 발언을 하자 발끈하며 야단법석을 떨고 있고, 문재인은 사과하라고 대통령답지 않은 말을 하고 있다.

그래서 묻는 것이다.

북한 김정은이 2019년 8월 16일 문재인의 '평화경제' 구상과 관련 "삶은 소대가리도 앙천대소할 노릇"이라며 막말을 동원해 비난하고, (광복절 축사를) "아랫사람들이 써준 것을 그대로 졸졸 내리읽는 한국 당국자가 웃겨도 세계 웃기는 사람"이라며 문재인에게 막말에 가까운 발언을 했을 때 무어라 반박했는지 말해보라.

더구나 문재인은 집권하자마자 적폐청산이라는 명분하에 수많은 사람들을 잡아 가두고 자살시키고, 전직 대통령

두 명을 교도소에 보내면서 정치 보복한 것을 잊지는 않았을 터.

김정은이 핵미사일을 계속 쏴서 우리 국민들을 협박해도 김정은이 원하면 어떤 조건도 없이 가서 만나겠다고 비굴하게 굴 때가 바로 엊그제 일이 아니던가? 그러다가 윤석열이 죄지은 사람은 벌을 받게 수사하겠다고 원칙론을 말한 것을 가지고 나라가 시끄럽게 발끈하는 이유가 무엇인가?

북한 김여정은 우리남쪽 정부를 향해 "겁먹은 개가 더 요란하게 짖는다."고 비아냥을 했다. 문재인이 과거 재임기간 동안 겁먹는 행동을 하지 않았다면 윤석열의 적폐청산이란 말이 귀에나 들렸겠는가? 그로 볼 때 문재인은 겁을 먹고 있는 것을 스스로 자인하는 결과를 보이고 있는 것이다.

또 묻자, 양산에 짓고 있는 호화저택은 무슨 돈으로 짓는 것이며, 박근혜 대통령이 우리 국민 먹여 살리는 세계 최고의 기업 삼성에 금메달리스트 양성을 위해 말 공급과 재단기부 요청 좀 했다고 20년 징역 때리고 삼성 이건희 부회장은 2년 6개월 징역 살게 한 것은 그대가 집권하는 동안 일어났던 일이 아니던가?

윤석열 후보에게 사과하라고?
그래, "문재인 정권에서 불법과 비리를 저지른 사람들에게 법과 원칙에 따라 상응하는 처벌을 받아야 한다."고 한 말이 무슨 잘못이란 말인가? 더구나 웃기는 일은 청와대 관계자의 말이다. 그는 윤석열의 발언이 보도되자, "매우 부적절하고 불쾌하다. 아무리 선거라지만 서로 지켜야 할 선은 있는 것"이라 입을 놀렸고, 이해찬 전 민주당 대표라는 자도 나서서 하는 말이, "어디 감히, 문재인 정부 적폐란 말을 입에 담는단 말이냐"고 입을 놀려 국민들의 마음을 식상하게 했다.

또한 우상호 민주당 총괄선대 본부장도 긴급 기자회견을 열고 "윤 후보가 문재인 정부에 대한 노골적인 정치 보복을 선언했다. 문재인 정부를 향해 보복의 칼을 겨누는 것은 국가적 위기 상황을 혼란으로 몰아넣는 망국적 분열과 갈등의 정치"라고 비판했다.

이들의 공격에 대해 윤석열 후보는 기자들과 만나 "(적폐 수사 발언은) 상식적인 이야기이다. 특별한 의미를 둘 필요가 없다."고 하며 "(문재인 정권이) 스스로 생각하기에 문제 될 것이 없다면 불쾌할 일이 없지 않겠느냐."라고 윤석열다운 대응을 했던 것이다.

그러면서 윤석열은 "내가 한 것은 정당한 적폐 처리고, 남이 하는 건 보복이라는 프레임은 옳지 않다."며, "문재인 정부가 임기 내내 이전 보수정부에 대한, 적폐청산 수사를 이어간 점을 지적한 것"이라 맞받아 쳤다.

　결론을 맺자.

　적폐청산을 발언한 윤석열 후보를 공격하기 이전에 "삶은 소대가리도 앙천대소할 노릇"이라고 놀려댄 김정은에게 속 시원히 공격하는 발언 좀 하기 바란다. 윤석열은 '국민의힘'을 비롯해 어느 누구에게든 종(從)하지 않고 원칙과 정의를 위해 소신껏 하는 자임을 명심하기 바란다.

　적폐인지 아닌지는 정권교체 후 법과 원칙에 따라 진실을 밝혀보면 알게 될 것 아니겠는가?

　전직 대통령들은 이런저런 죄목을 뒤집어씌워 교도소 보내놓고 무슨 할 말이 있어 입을 놀려대는가?

8

민주당에게 공개적으로 묻겠다

- 2022.02.28일자 투데이플러스 -

　최근 민주당은 윤석열 부부에게 "무속으로 국정을 하려는가?"라며, 허위왜곡 선동질을 집중적으로 하고 있고, 무속신앙 네거티브(실체사물과 반대현상) 공세를 강조한 유세전략 보고서를 내고 있다. 그래서 더불어민주당에게 공개적으로 묻겠다.

　똥 묻은 개가 겨 묻은 개를 나무라고 있는 꼴이라 두고 볼 수 없어 필자가 따져보자는 것이다.

　윤석열 후보를 무속신앙 신봉자라고 떠들던 그대들이 이재명 지지를 선언한 무속신앙 단체를 '역사학자'라고 지칭하며 지지 선언을 반긴 이유가 무엇인가?

　민주당 그대들은 윤석열에게 "마고할머니를 믿느냐"며 공세를 폈다. 그런데 그대들의 지지단체인 '대한민국 민족역사·전통문화·위인선양단체'의 1만4450명 가운데 마고

할머니를 믿는 한국마고성재단이 들어있는데도 환영한 이유가 무엇인가?

이재명 지지 단체에 이름을 올린 한국마고성재단은 민주당이 비판한 '마고 할머니'를 연구하고 숭배하는 단체인 것을 모르지는 않을 터. 구비설화 속 마고할미는 태초의 우주 만물 및 인류를 창조한 창조신이며, 마고성은 지고지순한 천인(神人)들이 조화로운 삶을 사는 천인합일(神人合一)의 이상 향이라고 우리 조상들은 믿어왔던 것이다.

그대들 민주당은 "대통령 후보가 직접 무속인과 어울리는 것과, 대선 국면에서 단순 지지 선언을 한 것을 같은 선 상에 놓을 수는 없는 것 아니냐"고 반박했는데 지지 선언을 한 그들을 환영하고 받아들인 것과 원칙적으로 다른 게 무엇이겠는가?

그래서 국민의힘에서도 "나를 지지하면 역사학자이고, 남을 지지하면 주술·무속신앙이냐"며 "민주당이 이런 내로남불로 네거티브만 하기 때문에 국민들의 불만이 나날이 커지는 것"이라고 비난했던 것이다.

이보시오 민주당 나리들.

세계 각국 어느 나라나 어려운 천재지변 속에서 살아남고, 잘살고, 가치 있게 살아가기 위해, 무엇인가를 믿고 숭배하여 왔던 게 아니던가? 전통적으로 무속에서는 무당이 중요하고 무당은 하늘과 땅을 잇는 신격역할을 담당해 왔다.

기독교나, 천주교, 불교에서도 목사, 신부, 승려가 있어 신의 대변인 역할을 하고 있는 것처럼 무속에서는 무당이 신의 역할을 하고 있는 것이다. 그 목사나 신부, 스님들도 국민의 4대의무를 하는 우리 국민들이다. 대권주자로 나온 윤석열이 이들과 손잡는 것이 무엇이 문제인가?

과거 우리 어머니들은 장독대에 정화수를 떠다놓고 자손들이 잘되기를 천지신명께 빌었다. 이런 어머니를 무속인이라 배척할 수 있겠는가? 민주당 의원님들 누구든 자신 있으면 반론을 제기하기 바란다.

일제는 1912년 3월 25일 '경찰범처벌규칙'을 정해 무속행위를 범법으로 규정, 강력한 단속을 통해 마을굿과 개인굿 등을 금지시켰다. 이는 무속신앙이 우리민족의 정신적 신앙으로써 우리 국민들을 오락으로 단합시키고 정신적으로 하나가 되는 것을 두려워했기 때문이다.

그러니 민주당이여 내로남불하지 말고 그대들은 그대들 갈 길을 가기 바란다. 심판은 국민들이 하는 것이다.

다만 국민들이 두려워하는 것은 이번 TV공개토론 장면에서 YTNtv 방송이 이재명 더불어민주당 대선후보가 지역별 득표율에서 "이재명, 49% 득표율로 당선"앞서고 있다는 그림을 올린 것이다.

지난 총선 때 민주당 어느 누가 "KBS 등 지상파 방송 3사 출구 조사 결과 21대 총선에서 더불어민주당과 비례정당 더불어시민당이 155~178석을 얻어 원내 과반 정당이 될 것"으로 발언한 것이 정확한 사실로 드러났기 때문이다.

또한 자정이 넘도록 앞서던 미래통합당 후보들이 사전투표함을 개봉하자 따라잡히기 시작하더니 결국에는 낙선의 고배를 마셨던 것도 수수께끼로 남아있다. 왜 사전투표한 사람들 대부분이 민주당을 지지했겠느냐는 말이다.

그리고 본투표 용지는 일련번호가 기재가 되어 있으나, 사전선거 투표용지는 컴퓨터로 출력하여 일련번호기재가 되지 않게 한 이유가 무엇이며, 사전투표함이 사전투표(3월 4~5일) 후 4일간 어디에 있는, 어느 창고에 보관돼 있다가 나오는지 대부분 국민들은 알지를 못한다. 그리고 그곳에는 CCTV가 설치돼 있으며, 그곳을 관리하는 사람들의 성향이 어떤 사람들인지도 모른다.

그래서 지금도 황교안 미래통합당 전 대표가 4.15부정선거 밝히라고 주장하고 있고, 이번에 대선후보 8번인 옥은호 후보도 '4.15 총선은 명백한 부정 선거'라고 들고 나온 것이다.

다시 경고한다.
그대들은 그대들의 길만 가라. 심판은 국민이 할 것이다.

푸른 소나무

뭐꼬 김윤수 / 시인

괴암과 박토 사이
우뚝 솟은, 푸르고 힘찬 기운이여
그 모습 장하구나!

그토록 가뭄 들고
모진 비바람이
온몸을 때리며 휩쓸고 지났건만
우뚝 솟은 모습
푸르고 청정한 그 모습
믿음직스러워라!

오직 공정과 상식만으로
온갖 풍파 다 이겨내고
견고히 착근한 모습에
확신하노라

만년이 지나도 깎이지 않을 바위고
천년이 지나도 푸른 모습으로

세상을 굽어 보며, 빛날 역사여!

반석 위에
아름답고 당당한 모습으로
대한의 하늘에서
오롯이 빛날 것이리

응원하노라

함께하며 응원하노라

– 윤석열 당선을 두 손 벌려 환영하며 –

그대를 낳고 바다가 춤춘다

장지연 / 시인

수만 시간의 어둠을 견디고
진통에 파도가 몸부림치기를 여러 차례
붉은 그대는 그래도 세상을 밝혀야 한다
그대를 잉태한 바다가
그대를 해산한 바다가 산고로 운다

빛을 뿜어 희망을 보게 하라
빛을 내려 온기를 느끼게 하라
잠깐의 머뭇거림도 없이
등을 떠밀어 뭍으로 올린다

그대를 내어놓고 기뻐 바다가 운다
밤새 까치발로 조바심 내던 억새도
달빛 아래 애끓던 시커먼 파도도 숨죽일 때
어선(御船)에 끌려 붉은 첫해가 동산에 뜬다

빛나고 따뜻해져 사랑과 행복을 전하라
그대는 붉게 웃고 바다는 대견하다 춤춘다

민초는 그런 그대의 기운 먹고
정의로운 한 시대를 열리라
또 한(瀚)사랑으로 살리라
-윤석열 대통령 당선을 축하하며-

자랑스러운 교육수장,
목민관, 기업들

1.

김영환 충북지사 당선인의 어퍼컷

김영환 충북지사

2022년 4월 13일 오후 3시.

국민의힘 김영환 충북지사 예비후보가 청주시 흥덕구 복대동에 선거사무소를 마련하고 본격적인 세몰이에 들어갔다.

필자가 보는 이번 지방선거는 대선 때와 마찬가지로 빨강색과 파랑색의 대결이다.

지난 대선 때 윤석열 당선자는 대선을 하루 앞둔 3월 8일 오후 6시, 대전 노은역 광장에 와서 뜨거운 함성과 열렬한 박수갈채를 받으며 무대에 올라 특유의 어퍼컷을 세 차례나 날린 뒤 연설을 시작했다. 어퍼컷은 과거 히딩크 축구감독이 우리 선수가 골을 넣을 때마다 날리던 주먹이다. 자신감이 있다는 뜻을 대전시민에게 보였던 것이다.

4선 국회의원과 과학기술부 장관을 지낸 김 예비후보는 이날 "저는 정치 활동하면서 오랫동안 고향을 그리워했다."며 "동문과 친구가 있고, 친지가 있는 고향에서 정치를 하고 싶다는 생각을 많이 했다."고 밝혔다.

그러면서 "선거 승리를 통해 윤석열 정부가 문재인 정부의 비상식(非常識)을 바로잡고 국정을 안정적으로 이끌어 갈 수 있는 동력을 확보하겠다."고 강조했다.

김영환 예비후보의 선거사무실이 있는 건물 벽을 보면 빨강색 유니폼을 입고 오른손을 번쩍 치켜세우고 어퍼컷을 날리고 있는 그의 자신만만한 표정을 볼 수 있을 것이다.

우리나라 태극기의 태극문양, 위의 색깔은 빨강색이고 아래 문양은 파랑색이다. 증권시세의 오름을 나타내는 것은 역시 빨강색이요, 내림을 나타내는 것은 파랑색이다.

필자가 이번 선거를 빨강색과 파랑색의 대결이라고 했다.

빨강색은 흥분을 야기하는 색이다.

흥분은 무엇을 뜻하는가? 승리를 나타내는 것이다. 히딩크 축구감독도 축구경기가 있을 때마다 빨강색 넥타이를 매고 나타났으며, 문재인 대통령도 지난 2월 28일 경북 영천시 육군3사관학교에서 열린 제57기 졸업 및 임관식에 참석해 축사를 할 때도 빨강색 넥타이를 매고 축사를 했다.

윤석열 당선인도 빨강색 유니폼을 입었고, 국민의힘 후보들도 김영환 후보를 비롯하여 모두 빨강색 유니폼을 입고 선거운동에 나서고 있다. 무슨 말인가? 승리에 자신감을 갖고 있다는 말이다.

김영환 예비후보 선거사무실에서 건너편 100미터 북쪽으로는 민주당 노영민 예비후보 사무실이 있다. 역시 건물 벽을 보면, 노 예비후보는 파랑색 유니폼을 입고, 배경도 파랑색이다. 파랑색의 좋은 점도 많다. 그러나 증권가에서나 각종 운동경기 및 선거에서 나타나는 분위기는 역시 빨강이 파랑보다 강력한 이미지를 준다. 다른 말은 하지 않겠다.

이날 김영환 예비후보 개소식에는 300여 명의 지지자들과 함께, 박덕흠·이종배·엄태영 국회의원 등 도내 현역 의원과 김수민·김정복 당협위원장, 윤갑근 전 충북도당위원장 등이 참석했으며, 이용 국회의원과 이기용 전 충북교육감, 서규용 전 농림부 장관도 자리를 함께했고, 국회의원

박덕흠 수석 보좌관 전상인님도 참석했다. 나경원 의원과 김태흠 국민의힘 의원은 영상으로 응원했다.

청주에서 태어나 괴산에서 자란 김 예비후보는 청주고와 연세대 치의학과를 졸업했다. 치과의사이자 시인인 그는 4선 국회의원 등을 지냈고, 윤석열 대통령 당선인 특별고문을 맡고 있다. 너구나 김영환 예비후보는 과기부 장관과 국회의원을 두루 거친 입법, 행정의 대가다. 거기에 국가관이 확실한 김문수 전 경기지사와 친분이 두텁다 한다.

기대가 크다.

빨강색과 파랑색의 대결장인 지방선거.

6월 1일이 다가오고 있기 때문이다.

2

침체의 늪에 빠져있던 세종에 별이 나타났다

국민의 힘 세종시당위원장 김중로

별 가운데 가장 밝은 별인 금성 같은 별이 나타났다.

그는 바로 장성출신 김중로 전 의원이다.

국민의힘 중앙당에서는 김중로 장군을 세종시당 위원장 적임자로 의견을 모아 그를 국민의힘 세종시당 위원장으로 임명하여 세종시로 내려보냈다.

본 언론에 보도된 박승철 기자의 보도에 의하면,

"국민의힘 중앙당 최고위원회는 7일 김중로 전 국회의원을 세종지역 6.1지방선거를 이끌 최고의 적임자로 보고 세종시당 위원장으로 임명했다. 특히, 김중로 세종시당 위원장은 지난 2020년 제21대 국회의원 선거에 출마한 경력으로 세종지역에 상당한 정치기반을 갖추고 있어 오는 6.1 지방선거에 많은 영향력을 행사할 것으로 보여 향후 행보에 관심이 집중된다."라고 한다.

김중로 국민의힘 세종시당 위원장은 "세종지역에서 민주당의 독자적인 장기집권으로 인해 특정 집단에 모든 정치적 영향력이 쏠려 있어 시민들의 많은 불만을 사고 있는 것이 현실이다."라고 했다.

그는 특히, "이번 6.1 지방선거를 통해 국민의힘 소속의 시장과 시의원 등을 배출해 세종지역을 정치적인 균형 도시로 만들어 새롭고 생기 넘치는 평등한 도시가 될 수 있도록 하겠다."고 각오를 다졌다.

김중로 국민의힘 세종시당 위원장은 그가 세종시 위원장으로 급파된 이유를 다음과 같이 말했다.

"이번 3.9 대통령선거에서 전국적으로 새로운 정권교체의 바람이 불기 시작해 국민의힘 윤석열 대통령이 탄생됨에 따라 각 지역에서 새로운 바람이 불기 시작했지만 충청

지역에서 유일하게 세종시가 정권교체의 약한 도시로 국민의힘 중앙에서 관심 및 걱정이 많은 지역이다."

그는 이어서 "특히, 세종시는 대통령 제2집무실 및 국회분원이 곧 자리할 행정도시로 윤석열 대통령 당선인이 특별한 관심을 갖고 있는 도시라는 점에서 이번 6.1지방선거에서 여당인 국민의힘이 승리해야 세종시 발전에 크게 기여할 것이다. 그런 점에서 이번 지방선거를 이끌 적임자로 지목돼 무거운 짐을 짊어지게 됐다."라고 했다.

"또한 세종지역은 내가 군 시절 군무했던 곳이고, 국회의원 시절 상주했던 도시이며 지난 2020년 제21대 국회의원선거에 출마했던 경력도 있어 사실상 내 자신도 애착이 많은 도시이며 제2의 고향이다."라고 했다.

그는 "6.1 지방선거와 관련해 출마할 시장과 시의원 후보들에 대해 파악은 됐느냐?"고 묻는 박 기자 질문에,

"사실상 세종지역 소식은 지인 및 시민들과 전화 연락을 통해 자주 듣고 있어 어느 정도 돌아가는 판세는 파악하고 있는데 국민의힘 중앙당에서 세종시장 후보들에 대한 각종 민원을 접수하고 걱정을 많이 하고 있다."라고 답했다.

그리고 "세종시당을 어떻게 이끌어 갈 생각인가?"라는 질문에는,

"국민의힘 세종시당의 가장 시급한 문제는 모든 당원들이 단합해 하나의 목표를 향해 전진하는 것이다. 공명정대를 기틀로 당원들 사이에 불화가 일어나지 않도록 할 것이며 서로를 비방하고 음해하는 행동에 대해서는 철저하게 대처할 생각이다. 내가 국민의힘 세력이 약한 세종시당 위원장으로 임명받아 온 것은 6.1지방선거 승리가 가장 큰 목적이다. 이 목적을 수행하기 위해서는 강력한 책임과 권한이 나에게 주어졌기에 모든 능력을 동원해 당원들을 결집해 세종시민들에게 인정받는 국민의힘 세종시당으로 거듭날 것이다."라고 힘주어 말했다.

또한 "현재의 세종시장 및 시의원 후보들로 정권교체가 가능하다고 생각하는가?"라는 질문에는,

"가능하다고 생각한다. 그동안 세종시를 운영해 온 이춘희 시장에 대한 시민들의 불만 가득한 하소연을 감지하고 있어 능력 있는 새로운 인물을 원하고 있는 것이 현실이다. 세종시의원 18명 중 17명이 더불어민주당 소속의 시의원들로 집행부와 시장에 대한 본연의 견제 역할은 사라지고 부동산 투기에 전력하는 모습에 시민들은 이제 바꿔야 한다는 여론이 높다. 이 이상 더불어민주당에서 세종시장과

시의원들이 세종시를 장악하게 되면 세종시의 미래는 희망이 없다. 오늘이 세종시장 후보 심사가 있는 날로 중앙당에서의 결과와 이곳의 여론을 참작해 최종적으로 협의를 통해 결정될 것으로 생각된다."라고 자신 있게 말했다.

필자는 김중로 위원장을 잘 알고 있다.

언젠가 김 위원장에 대하여 "외유내강(外柔內剛) 성격의 소유자도 아니고, 그렇다고 외강내유(外剛內柔) 성격은 더구나 아닌, 외유내유(外柔內柔)한 성격으로 보이는 것이 김중로 장군에 대한 첫인상이다"라고 언론에 쓴 기억이 난다.

김 위원장의 외모나 말에서 풍겨 나오는 모습을 보면 '성(誠)'을 실천할 일꾼이란 생각이 누구에게나 들 것이다. 그런 그가 국민의힘 세종시당 위원장의 자격으로 세종시민들에게 약속하였다.

"이번 지방선거를 통해 정권이 교체되면 갖고 있는 모든 영향력을 발휘해 세종특별자치시의 발전을 위해 이 한 몸 바치겠다."라고.

그래서 세종시에 떠오른 별에 기대가 큰 것이다.

3

윤석열 당선인과 문중종원(門中宗員)인 전 우리종합금융 윤석구 전무의 숨은 공로

지인들과 윤증고택을 찾은 윤석구(오른쪽)

"윤석열을 대통령으로"

문중종원(門中宗員)인 우리종합금융 윤석구 전무는 시간 날 때마다 필자에게 전화를 걸어왔다. 내가 윤석열 대권 예비 후보를 만나 그를 옹호하는 칼럼을 120여 편 언론에 쓰게 된 데에는 윤 당선인과 문중종원(門中宗員)인 윤석구 전무의 역할이 매우 컸다. 이제 그는 지난 3월 31일부로 임기만료 되어 우리종합금융을 퇴직하였다.

『김용복의 청론탁설』제1집에서도 밝혔듯이 윤 전무를 처음 만난 것은 지금으로부터 7년 전 그가 우리은행 대전충청본부장으로 재직하고 있을 때였다. 당시 필자가 중도일보 필진으로 있으면서(현재도 중도일보 필진) "이게 뭡니까?"라는 제목으로 쓴 칼럼을 게재한 적이 있었는데, 윤석구 본부장이 대전에 부임 후 얼마 되지 않은 시점에서 그 글을 읽고 댓글로 "참으로 감명 깊게 기사 잘 읽었습니다."라며 정중히 답신을 준 것이 계기가 되었다. 이후 그가 근무하는 대전무역회관 3층에 있는 우리은행 대전충청본부 사무실을 직접 방문하여 인사를 나누었다.

시간이 흘러 그는 서울지역 본부장으로 근무지를 옮겼으나 주기적으로 안부를 하고 늘 강건하라는 예의 문자에 고마운 마음을 갖곤 했는데, 윤석열 총장이 대권후보로 입에 오르내리자 같은 문중 종친인 윤 총장에 대하여 자세히 설명해 주었다.

"정치적으로 민감하고 저희 선조님들은 공과 사를 분명히 하셨다고 들었고 특히 명재 윤증선생은 임금이 18번이나 교지를 내렸음에도 벼슬을 나가시지 않으셨다. 그렇기에 정치적으로 문외한인 제가 같은 종원이지만 말씀드리기가 무척 조심스럽다."는 말을 하였다. 그러나 윤 본부장의 마음과 가슴속에 이미 윤 총장이 너무도 크게 자리를 차지

제4부 자랑스러운 교육수장, 목민관, 기업들

하고 있음을 직감으로 느낄 수 있었다. 느끼지 않는다면 내가 바보일 것이다.

며칠 후 그는 선조들이 계신 노성을 방문한다며 내가 동행하여 노성 윤문의 가치를 직접 느끼고 동의가 되면 윤 총장을 앞장서서 성원해 달라며 서울에서 대전으로 직접 차를 몰고 와 필자를 승용차 뒷자리에 태우고 충청남도 논산의 노성지역 파평윤씨 가문을 안내하여 주었다.

몇 시간 동안의 짧은 일정이었지만 환영 나온 종손 윤완식 님의 자세한 설명 등 노성면 소재 파평윤씨 가문과 명재 윤증선생을 비롯한 가풍을 보며 윤석열 전 검찰총장의 혈통과 확실한 국가관을 알게 되어 윤 전 총장에 대한 판단이 바로 서게 되었다.

윤석구 전무가 들려준, 윤석열 대통령의 혈통을 정리해 보면,

『충청남도 논산의 노성 지역 파평윤씨 가문은 충청도를 대표하는 양반 가문이다. 노성은 이들 파평윤씨 노종 5방파의 기라성 같은 인물들이 배출된 유서와 전통이 살아 있는 곳으로, 특히 이곳에 집중되어 분포한 종학당과 병사, 선영과 영당, 서원과 정려, 종가 명재고택 윤황고택 등은 조선시대 호서 지역 양반들의 유교 문화를 빠짐없이 접할 수 있는 문화 자원이다. 특히 후학들이 정신문화와 유교적 사회 이념을 실천했던 역사가

쟁쟁한 곳이다. 대권 주자로 선두를 달리고 있는 윤석열 전 총장도 이 조상들의 피를 물려받은 분이다.

1636년(인조14) 병자호란 때 척화를 강력히 주장하셨던 윤 당선인의 직계 선조이신 팔송(八松) 윤황(尹煌 1571~1639) 선생, 역시 1636년 필선으로 빈궁(嬪宮)을 배종(陪從)해 강화에서 오랑캐와 싸우시다 순절하신 동생 후촌(後村) 윤전(尹烇1575~1636)선생의 산소도 이곳에 있었다.

'정수루'는, 누각으로 선비들이 학문을 토론하며 시문을 짓던 장소로, 정수루(淨水樓) 누각 현판 좌우로 향원익청(香遠益淸), 오가백록(吾家白鹿)이란 현판이 함께 있는데 향원익청(香遠益淸)의 뜻은 '향기가 멀리까지 퍼지는데 그 향기가 더욱 맑다'라는 뜻으로 송나라의 유학자인 주돈이(周敦頤: 1017년 ~ 1073년)가 지은 애련설(愛蓮說)에서 유래되었다고 하고, 오가백록(吾家白鹿)이란, 송나라 유학자인 주자(朱子:1130년~ 1200년)가 살았던 지명을 백록(白鹿)이라 하는데 세파를 살아가는데 윤문은 백록처럼 고결하게 산다는 이미지라는 것이다.

또한, 종학당은 충남 논산 노성면 병사리에 위치하고 있는 파평윤씨가의 문중서당이다. 종학당은 파평윤씨 종중의 자녀와 문중의 내외척, 처가의 자녀들까지 합숙 · 교육시키기 위해 건립되었다 한다. 최근 숭정 원년의 상량문이 발견되어, 1628년경에 윤순거가 건립한 것으로 확인되고 있다. 16세기 중반에 니산(노성)에 터를 잡은 파평윤씨 일가가 빠른 시일 내에 조선의 명문가로 두각을 나타낸 것은 바로 종학당의 문중 교육에 힘입은 바 컸다고 할 수 있다. 특히 이곳에서 이루어지는 교육은 일반 서원이나 서당과 달리 파평윤씨 종학(宗學)의 규칙과 규율 속에서 이루어졌다는 것이다.」

윤석구 전무는 양손을 공손히 모으며 조심스러우면서 자랑스럽게 조상의 혈통을 설명하면서, "우리 조상님들께서는 관직에 나아가서는 경세의 실질이 있어 구체적으로 나라와 백성에게 유익한 생활을 하셨고, 물러나서는 학문과 교육을 통해 후세의 모범이 되는 생활을 하셨다"고 자랑을 했다.

그 이후로 그는 윤석열 대권 후보자가 다른 정치인들로부터 공격을 당하거나 어려움이 있을 때마다 그 형편을 상세히 알려와 옹호하는 칼럼을 쓰게 했고, 종종 윤 후보의 일정을 알려와 그를 만나게 했던 것이다. 그가 알려온 가운데 하나를 소개하면,

—안녕하십니까.

D—47의 금요일입니다. 오늘 후보께서는 찬바람을 뚫고 대전 중앙시장을 방문하십니다. 많은 분들께서 후끈한 맘으로 함께 하신다면 후보님의 마음도 따뜻해질 것이라 생각합니다. 주변 지인분들과 함께 대전중앙시장으로 오셔서 후보와 함께해 주십시오.

－ 시간: 오후 5시

－ 장소: 대전역전 지구대 앞 (대전 동구 역전시장길 7)—

그리고 필자의 수고에 감사하다고 하며, 대전에 내려와 필자와 '이젠 우린'이라는 지역의 유명한 소주로 술 한잔을 하게 되었는데, 그 음식점 이름이 둔산동에 있는 '대선 칼국수' 집이었다. 윤석열 후보가 대선에서 승리해야 한다는 의미로 그 식당을 택했다 했다.

윤석구 전무.

이 책 제3부 '걸림돌을 제거하며'에 게재된 글 대부분이 그의 요구에 의해 쓰인 글들이다.

그가 가진 조상에 대한 긍지와 충청지역 경제발전을 위한 금융인으로서의 노력, 국립대전현충원에서 주기적인 자원봉사 활동 등을 보면서 나라사랑 정신이 남다른 분이라는 생각이 들고, 특히 조상의 얼이 담긴 '반호정사(盤湖精舍)' 현판이 도난당한 지 50여 년 세월이 지나 제 자리에 돌아오게 한 것도 그의 노력의 결과임을 알게 되었다.

'반호정사' 현판은 1800년 전후 충청도와 경상도 관찰사를 역임하고 낙향한 윤 전무의 7대 직계 선조이신 윤광안 선생이 충남 부여군 세도면 반조원리에 자신의 호를 붙여 지은 정사라 한다. 그런데 거기에 걸려있던 현판이 도난당했던 것이다. 그 현판을 찾기까지의 노력은 한마디로 혼신 또 혼신을 다한 윤 전무의 투혼이었음을 알게 된다.

그의 말대로, 윤석열 대권후보는 "공정과 상식으로 국민과 함께 만드는 미래"라는 구호를 내걸었다.

윤석열 대권후보는 해낼 것이다. 왜냐하면 윤석열 대권후보와 윤석구 전무의 선조이신 임진왜란 때 의병장으로 활약한 22대 윤창세 선생, 23대이신 병자호란 당시 문정공 윤황, 강화도에서 오랑캐와 맞서다 순절하신 충헌공 윤전, 그리고 역시 사간원 정언으로 척화의를 진계하고 윤황 아버지와 함께 인조를 남한산성으로 호가한 24대 충경공 윤문거, 소론의 영수인 25대 백의정승 명재 윤증선생의 핏줄이 그의 전신에 흐르고 있기 때문이다.

윤석열 대통령이여!

문중종원인 윤석구 전무의 울타리 역할을 잊지 말기 바란다.

그는 주말 및 저녁시간을 이용하여 그대의 유세현장인 제주, 여수, 순천, 공주, 인천, 경기 일대 및 방송국 등 유세현장에 물불 가리지 않고 동행하여 응원하느라 목이 다 쉬었고, 금융인 중심으로 윤 공정 산하 윤금(尹金)포럼을 만들어 지지성명을 주도하였으며, 각종 정책을 제안하는 등, 그 누구보다도 헌신을 다해 윤석열을 응원하였다.

그때마다 그는 남들도 올바른 대한민국을 만들어달라고 응원하는데, 더구나 같은 할아버지 후손으로서 당연한 것 아니냐며, 더욱 필자인 나의 심장을 불태우고 또 태워주었다. 이에 필자는 꼭 단 한 번만큼은 윤 전무에 대해 붓을 잡겠다고 마음먹었기에 책의 서문에 먼저 쓰게 된 것이다.

이제 대통령으로 당선되신 윤석열 당선인을 위해 앞으로 5년 동안 윤 전무와 필자는 국리민복 국태민안을 위해 국민의 한 사람으로서 윤 대통령의 2/5000만의 울타리가 되어 국정수행을 충실히 이행하도록 미약하나마 응원하고 또 응원할 것이다. 특히나 윤 전무는 선한 마음 그대로 당선인이 나라를 잘 이끄시도록 나라의 융성한 발전을 위해 금융인으로서, 금융에 대한 정책을 잘 펼칠 수 있도록 최선을 다하겠다 하여, 또 한 번 필자의 마음을 훔치기에 그와 굳게 약속하며 새끼손가락을 걸었다.

그러니 제20대 대통령 당선인 윤석열 그대는 우리 국민들에게 '신이 내린 선물'로, 우리 국민들이 그렇게 바라던 대권을 거머쥐게 되었으니 이 땅에 뿌려진 잘못된 씨앗들을 자라지 못하도록 깨끗이 제거해 주기 바란다.

정수로의 '향기가 멀리까지 퍼지는데, 그 향기가 더욱 맑다'라는 향원익청(香遠益淸)이란 고사처럼.

강직한 그대가 집권을 하게 되었으니 앞으로 5년 동안 잠 좀 편히 이루게 될 것이다.

강력한 추진력의 사나이 이장우

4

이장우 당선인을 축하하는 윤공정포럼 대표들

2022년 4월 6일 오전 10시.

대전지역 여성계 리더들 강숙자, 백춘희, 문미영을 비롯해 서옥천, 김도경 등 100여 명이 이장우 대전시장 예비후보의 지지 선언을 했다.

이들 여성들은 대전지역 각 분야에서 왕성하게 활동 중인 여성계 리더들로 대전지역 내 기관장, 공직 퇴직자, 아파트 부녀회장, 동대표, 각 종교계 여성 리더들과 워킹맘 등으로 구성되어 있다. 이들은 이날 지지 선언과 함께 여성특보단을 구성, 이장우 후보 공식지지 활동에 나섰다.

여성특보단장을 맡은 최 모 단장은 "이장우 후보는 일하는 여성들의 성장 가능성을 열어줄 후보로 국회의원 시절 공약 실천을 가장 잘하는 분"이라고 소개했다.

맞는 말이다.

이장우 그는 대전 동구청장 재직 시 동구 복합터미널을 3년 만에 완공했고, 대덕구에 있던 동구경찰서를 동구로 이전시켰으며, 665억을 들여 동구 청사를 區비로 완성하고 홍도육교 100%를 완성했다.

그리고 이번에 대전시장에 출마하면서 이 100여 명의 여성 대표들과 손잡고, '살고 싶고, 오고 싶은 대전', '투자하고 싶은 대전'을 만들고 또한 이들과 함께 시정교체를 반드시 해내어 전임자가 잘한 것을 이어받아 마무리할 것을 다짐하고 있다.

보라, 대부분의 그릇이 작은 후보들은 전임자가 한 일을 깎아내려 자기의 공을 내세우려 하지만 이장우 그는 전임자를 깎아 내리지 않는다는 점에서 그릇이 큰 것이다.

대부분 사람들은 지인이 죽으면 고인을 애도하기 위해 모든 찬사를 아끼지 않는다. 왜냐하면 죽은 자는 이미 경쟁 상대가 되지 않기 때문이다. 또한, 노인과 어린이에 대해서도 부드럽게 대한다. 왜냐하면 노인과 어린이들은 생각이 단순하기 때문에 경쟁자가 되지 못하기 때문이다.

이장우 후보가 말하는 전임자는 죽은 자도 아니요, 노인이나 어린이도 아니다.

엄연히 살아있어 나와 함께 경쟁해야 하는 상대인 것이다. 이번에 이러저러한 후보로 출마한 인사들은 이장우 후보의 이런 덕행을 본받아야 할 것이다.

이날 이장우 후보는 "대전지역에서 활동하는 여성들이 유리천장을 깨고 세상으로 나와 마음껏 꿈을 펼칠 수 있는 시스템을 만들겠다. 또한 일·가정 양립으로 행복한 가정을 꿈꾸는 워킹맘들이 경력 단절 없이 일할 수 있도록 지원하겠다."라고 약속했다.

기대가 크다.

그와 경쟁자로 등장한 인사들 모두가 필자가 잘 아는 분들이요, 인의예지에 덕을 갖춘 일꾼들이다.

'살고 싶고, 오고 싶은 대전', '투자하고 싶은 대전'을 만들기에 최선을 다하기 바란다.

5

김진태 강원지사의 포효(咆哮),
"불의와 불공정 뿌리 뽑겠다"

불의와 불공정 뿌리 뽑겠다는 김진태 강원지사

"불의와 불공정 뿌리 뽑겠다."

지난 23일 김진태 국민의힘 전 국회의원이 강원 춘천시 강원도청 브리핑룸에서 6·1 지방선거 강원도지사 선거에 출마하겠다고 선언하며 부르짖은 말이다.

참으로 믿음직스럽고 든든하지 않을 수 없다. "불의와 불공정 뿌리 뽑겠다"는 말도 든든하지만, 그 말을 김진태 전 의원이 했기에 더욱 든든하다.

지난해 10월, 대장동 비리가 터지기 시작하자, 대한민국 최고의 공격수 김진태 전 의원이 입을 열기 시작했다. "이재명을 국고손실죄로 구속하고, 약탈이익 1조 원을 몰수하라!"고.

국민의힘 의원들이 아무리 특검을 하라고 외쳐대도 170여 석의 의석수를 가진 민주당이나 권력의 실세가 들어앉은 청와대에서는 입을 다물고 있기 때문이다.

또한, 김진태 전 의원은 강원도지사에 출마한 후 정세균 전 국무총리 측근과 친인척의 채용 특혜 의혹이 불거지자 "강원도에서 불의와 불공정을 뿌리 뽑겠다"고 밝혔다.

그는 "리더가 사심을 버리고 강력한 신념과 추진력을 발휘하면 강원도를 바꿀 수 있다"며 "거침없이, 정의롭게 김진태가 불의와 불공정을 강원도에서 뿌리 뽑겠다"고 거듭 강조했다.

중부권 대전에서 집필하고 있는 필자는 김진태 전 의원의 목민관으로서의 변신을 지켜보며 대단히 환영하지 않을 수 없다. 강원도야말로 우리나라에서 가장 깨끗한 청정지역답게 도민의 민심 또한 깨끗하고 순박할 수밖에 없는 사람들이 사는 곳인데, 문재인 정권과 최문순 지사를 거치면서 불의와 불공정으로 오염이 돼 있기 때문이다.

특히, 강원도는 우리의 주적 북괴와 가장 가까이에서 마주 대하고 있는 곳인 데다가, 정부의 석탄 감산 정책으로 황폐화된 태백, 영월, 정선 등 폐광지역이 있으며, 철원, 화천, 양구, 인제, 고성 등 접경지역은 병력 감축과 군납 감소로 침체의 늪에 빠져 있는 곳이다.

그런데도 최문순(민주당 소속) 지사는 세계 최고의 과학자들조차 성공을 반신반의하는 수소클러스터 단지, 인공태양 거점산업, 플라즈마 산업단지 조성 등에 거액을 쏟아붓는 이해할 수 없는 투자만 거듭하고 있는 것이다.

그래서 김진태 전 의원이 목민관으로 변신하기에 이른 것이다.

김 전 의원은 이날 강원 원주시 무실동에서 첫 거리 인사에 나서며 "원주는 제가 검사로 마지막 근무했던 곳이자, 변호사 개업했던 곳"이라며 "추억과 기회의 땅 원주에서 다시 시작한다"고 말했다.

기대가 크다.

그는 정약용 선생께서 말씀하신 목민관으로서의 자세도 함께 갖춘 분이기 때문이다.

다산 정약용 선생은 공직자로서 가장 가슴 속에 새기며 살아야 할 것은, 두려워 할 외(畏)자라고 다음과 같이 말씀

하셨다.

1. 외의(畏義) – 공직자는 늘 두려워해야 한다. 내가 지금 옳은 길을 가고 있는지를 두려워해야 하고
2. 외법(畏法) – 내 행동이 법에 저촉되는 것은 아닌지 두려워해야 하며,
3. 외민심(畏民心) – 내가 공직을 수행함에 백성들의 마음에 어긋나지는 않는지 두려워해야 한다.

보라, 그동안 김진태 의원이 검사로, 국회의원으로, 변호사로 걸어온 길을.

공직자가 의로운 길을 포기하면 이익을 탐하게 되고, 국법을 어기면 자신의 독단으로 일을 처리하게 되며, 백성들의 마음을 뒤로하면 결국 국정을 농단하게 된다. 그가 걸어온 길을 보게 되면 그의 이번 강원도민을 위한 목민관으로서의 변신을 환영하지 않을 수 없다.

오월은 청와대로
소풍가는 날

이현경 / 시인

오랜 기다림 끝에 봄이 왔다

삼월이 순한 얼굴을 내민다
참 정직한 자연이다

봄은 꿈과 희망의 계절이다

윤석열 대통령이 국민들에게 희망을 안겨주었다
지금까지 국민 위에 군림하는 제왕적 이미지를 탈피하여
청와대를 국민들에게 돌려주겠다는 약속을 해냈다
마틴 루터 킹 목사의 '나에게는 꿈이 있습니다'란
연설문이 생각난다

그늘진 곳에 한 줄기 빛으로 꽃이 피어나듯

오직 국민만 바라보고 가겠다는 대통령을 보며
마음이 든든하다

오월은 청와대로 소풍가는 날

반송(盤松)이 가득한 아름다운 녹지원의
푸른 오월이 기다려진다

6

대전의 이엘치과 병원,
이도훈 원장과 김기복 회장의 두 콤비

2022년 3월 23일(수) 16:00시.

대전 대덕구 신탄진동 소재 이엘치과병원 6층 교육관에서 대전시 내 관계자 100여 명과 함께 대한구강교육협회 창립식을 실시하였다.

대한구강교육협회는 지금까지 각 분야에서 지원하던 구강관리 교육을 전국 최초로 하나의 통합된 법인을 통해 제공하며 효율적이고 정격화된 교육으로 유아기부터 성인, 노인까지 단계별 치아 관리를 책임지고 대한민국의 치아 관리 체계를 새롭게 만들고자 한다는 창립 취지를 밝혔다.

이엘치과 이도훈 병원장은 "치아 관리는 유아기부터의 관리가 중요하고, 특히 성장하면서 학생들의 기호식품들이 치아에 치명적인 영향을 미치고 있지만 이를 관리하는 체계적인 교육이 없어 많이 안타까웠으나 이번 창립되는 대한구강교육협회를 통해 유아를 위한 엄마교육, 유치원교육, 초·중·고등교육, 복지관 교육 등 단계별 교육과 다양한 콘텐츠 사업에 최대한의 역량과 지원을 아끼지 않으려고 한다."고 희망찬 소감을 밝혔다.

앞으로 대한구강교육협회는 유아기부터 단계별 교육진행 프로그램과 정격화된 교육 콘텐츠 개발을 통해 금년 후반기부터 대전을 기점으로 교육지원사업을 출발할 것으로 보이며 대한민국 구강의 건강을 책임지는 제1의 선구자적 역할을 할 것이니 지대한 관심과 기대가 크다.

대전은 물론 전국적으로 치과의원과 치과병원은 그 수를 헤아릴 수 없이 많다. 그러나 그들의 운영 방법이나 목표가 다르다.

우리는 이솝우화에 나오는 토끼와 거북의 경주를 잘 알고 있다. 이 경주에서 누구나 토끼가 이길 것이라고 생각했을 것이며 거북이가 이길 것이라고는 아무도 짐작하지 못했을 것이다. 그러나 누구도 생각 못 한 답이 나왔다. 느림보 거북이가 이긴 것이다.

왜 그랬을까?

토끼는 상대인 거북만 보고 달리다가 저 정도 걸음걸이 속도라면 한숨 자고 가도 이길 수 있다는 판단을 내렸다. 그래서 잠을 잤던 것이다. 그러나 거북은 상대인 토끼를 보고 달리지 않고, 목표물만 보고 꾸준히 달렸다. 월등히 잘 달리는 토끼를 염두에 두고 지레 겁을 먹지 않고, 목표를 향해 꾸준히 달린 결과 승리를 거두게 되었던 것이다.

「의사」란, 병을 고치는 일을 업으로 삼는 사람이다. 의사가 되려면 의성(醫聖)으로 불리는 히포크라테스 의사윤리지침을 선서한다.

내용은 "이제 의업에 종사하는 일원으로서 인정받는 이 순간, 나의 생애를 인류봉사에 바칠 것을 엄숙히 서약하노라"를 서문으로 하여 1. 나의 은사에 대하여 존경과 감사를 드리겠노라. 2. 나의 양심과 위엄으로서 의술을 베풀겠노라. 3. 나의 환자의 건강과 생명을 첫째로 생각하겠노라. 4. 나는 환자가 알려준 모든 내정의 비밀을 지키겠노라. 5. 나의 위엄과 고귀한 전통과 명예를 유지하겠노라. 6. 나는 동업자를 형제처럼 생각하겠노라. 7. 나는 인종, 종교, 국적, 정당, 정파 또는 사회적 지위 여하를 초월하여 오직 환자에게 대한 나의 의무를 지키겠노라. 8. 나는 인간의 생명을 수태된 때로부터 지상의 것으로 존중히 여기겠노라. 9. 비록 위험을 당할지라도 나의 지식을 인도에 어긋나게 쓰지 않겠노라. 10. 이상의 서약을 나의 자유의사로 나의 명예를 받들어 하노라 등으로 이루어져 있다.

이도훈 원장이 병원을 운영해서 얻어지는 이익금의 일부를 장학 사업에 기부하며 힘쓰는 이유나, 이번에 대한구강교육협회를 창립해서 운영하게 된 것도 국민들의 치아건강만을 위한다는 목표를 향해 달리기 위한 것이다. 다른 치과 의원이나 병원들이야 어떤 일을 하든 개의치 않고 오로지 유아로부터 어르신에 이르기까지 치과의사로서 본분을 다하면 되는 것이다.

어찌 자랑스럽지 않으랴! 대한구강교육협회 김기복 회장의 자랑도 하고 넘어가자. 김 회장은 필자와 30년 지기다. 그래서 그가 대신고등학교 교사로 근무할 때부터 전국 새마을 금고 이사장을 역임하고 현재에 이르기까지 그의 인격이나 기업의 운영 방식을 잘 안다.

이솝우화 이야기 한 번 더 하자. 이번에는 양치기 소년에 대한 이야기다.

세계 여러 나라에서 어린이들에게 양치기 소년은 거짓말쟁이이므로 양치기 소년을 본받아서는 안 된다고 가르친다. 그러나 김기복 회장은 양치기 소년을 그런 눈으로 보지 않는다. 깊은 산속에서 얼마나 외로웠으면 "늑대 나타났어요, 사람 살려요" 하고 외쳤을까? 김 회장은 양치기 소년의 거짓말을 창의성으로 평가했다.

이번 '대한구강교육협회'를 전국에서 최초로 창립하게 된 것도 김기복 회장의 창의성에서 나왔으리라. 그래서 필자도 연회비 2만 원을 내고 회원이 되었다.

회원의 되면 회원 자신은 물론 그 자녀나 가족 모두에게 특별할인을 해주는 혜택에도 마음이 끌렸지만, 이도훈 원장의 히포크라테스 정신의 실천과 김기복 회장의 창의적인 아이디어에 감동받았기 때문이다.

시장이나 구청장, 교육감이나, 교육지원청장, 학교장, 각급 기관장, 그리고 일반 개인들 누구나 회원이 될 수 있고, 일정 기간 동안 구강교육을 받으면 자격증을 주어 지도사로도 활동할 수 있다고 한다. (문의 전화 042-536-7112)

기대가 크다. 이렇게 시민들의 구강을 염려해 대한구강교육협회가 대전에서 전국 최초로 세워졌으니 기대가 클 수밖에 없는 것이다.

〈대한구강교육협회 회원들〉

7

우리 고장의 자랑, 계룡건설

계룡건설 이승찬 사장

경기 성남의 대장동 개발사업을 둘러싼 '화천대유' 사건 등 온갖 개발사업 비리가 전국을 강타하고 있다.

필자가 왜 논제를 '우리 고장의 자랑, 계룡건설'이라 했는 가?

성남의 대장동 개발사업이나, 요즘 언론에 오르내리고 있는 개발사업은 건설업자측에서 볼 때 엄청나게 돈이 되는 사업이다. 그런데 계룡건설은 이렇게 비리로 돈 되는 사업에는 아예 눈길을 주지 않기 때문이다.

필자는 얼마 전 '대를 이어 사회공헌 이바지하는 자랑스러운 계룡장학 재단'이라는 제하의 칼럼을 써서 언론에 발표한 바 있다.

계룡장학재단은 1992년 故 이인구 명예회장 뜻에 따라 '기업은 국가발전과 인류평화에 기여해야 한다'라는 취지로 설립되었다. 경제적 여건에 관계없이 누구나 의지와 능력에 따라 고등교육 기회를 가지고, 국가와 사회가 필요로 하는 인재 양성을 지원하여 기업의 사회적 책임을 지속적으로 실천하고자 하려는 故 이인구 명예회장의 뜻에 따른 것이다.

설립목표를 보면,

그 첫째가 기업 이윤의 사회환원이요,
그 둘째가 미래 사회를 위한 인재 양성이며,
그 셋째가 행복한 삶을 위한 공공 문화사업이다.

이인구 회장은 지금부터 12년 전인 2009년에 사재 100억 원을 출연해 '유림공원'을 조성해 오늘에 있게 한 어른이시다.

그분께서는 1932년 4월 18일 대전에서 태어나 대한민국 육군으로 1951년~1967년까지 17년간 군복무하고 6,25

참전용사로 나라를 지키셨다. 자랑스럽게도 대한민국 육군 중령으로 제대할 때까지 육군 제1사단 예하 보병대대와 육군 수도사단 예하 공병대대에서 대대장으로 군복무를 마치시고 1970년에 합자회사인 계룡건설을 설립하셨고, 1992년에는 계룡장학재단을 설립하셨으며, 2017년 5월 15일 숙환으로 별세하셨다.

2021년 HDC 현대산업개발 아파트 붕괴사고를 계기로 건설사의 시공능력이 주목을 끌고 있다. 따라서 시공능력 순으로 사업 참여를 제한해야 한다는 논의가 일고 있는데 우리의 계룡건설이야말로 전국 100여 개의 건설업계에서 2조 244억의 매출을 올려 시공능력 순위 18위를 차지하고 있다. (2021년 8월 1일~2022년 7월 말)

계룡건설은 충청인 건설사답게 공사기간을 앞당기려 하지도 않고, 하도급에 또 하도급, 다시 하도급을 연발하여 건축자재의 부실을 불러오지도 않으며, 오로지 아버지 이인구 회장의 설립 목표에 따라 '기업 이윤의 사회환원'으로 장학 사업에 힘쓰고 있다. 또 '미래 사회를 위한 인재 양성'을 위해 지역의 우수 인재를 발굴하여 기업에 참여하게 하고 있으며, '행복한 삶을 위한 공공 문화사업'을 위해 각종 문화사업에 기여하고 있다.

계룡건설 주식만 해도 윤석열 대통령 당선자의 공약 정책 건축 토목 등의 관련주로 포함되는 주식으로 새롭게 각광받고 있는 것도 이승찬 사장의 '불법이라면 아무리 돈 되는 사업이라도 개입하지 않는다'는 기업 이념 때문인 것이다.

보라,

계룡건설 주가는 1년 전 3월 5일 27,650원이던 것이, 2022년 3월 18일 종가 기준 39,250원으로 올랐다. 1년 동안 1만 2천 원 상승했다면 기업의 성실성과 기업에 대한 투자가치를 입증하고도 남을 것이다.

시공능력 순위 18위인 우리의 계룡건설.

그래서 '우리 고장의 자랑, 계룡건설'인 것이다.

8

대전역 광장엔 가수 고대령의 '대전역 광장'이 있다

기약 없이 떠나간 그 님이건만

행여나 오실까 나가봅니다

낯선 사람 물결치는 넓은 광장에

그리운 그 얼굴만 왜 안 보이나

그리운 그 얼굴만 왜 안 보이나

기차는 슬피 울고 떠나가는데

안 오시나 못 오시나 그리운 그 님

서울이 낳은 유명 가수 고대령의 '대전역 광장' 1절이다. 그는 일요일만 되면 서울서 달려 내려와 대전역 광장에 노천 무대를 펼친다. 대전시민은 물론 대전을 오가는 많은 사람들에게 음악을 선사하기 위해서다.

오늘, 2022년 5월 22일 오전 11시.

대전역 광장엔 고대령과 함께 온 10여 명의 가수들이 대전역 광장을 황홀하게 하였다.

'꽃바람 인생'을 부른 김해에서 올라온 유명 가수 조용숙을 비롯해, '꽃길 따라 가시렵니까?'를 부른 대전의 가수 박현, '반품합니다'를 부른 울산의 가수 오지숙, '내 인생'과 '그리운 당신'을 부른 대구의 가수 김자운, '여주에서 온 그 맹세'를 부른 가수 정길, '꽃 편지'를 부른 대구의 이원조 가수, 윤석열 대통령의 당선을 축하하기 위해 '축하합니다'를 직접 작사 작곡해서 부른 대전의 유명 가수 허진주, 그 외 수원에서 온 가수 심언녀, 그리고 일반인으로서 노래가 좋아 김해에서 따라 올라와 '내 인생에 훈장을 달자'를 부른 강선용.

보자, 대전역을 뜨겁게 달군 허진주 가수의 '축하합니다'를.

〈고대령 가수와 허진주 가수〉

축하합니다 축하합니다 / 축하합니다 축하합니다

축하합니다 축하합니다 / 하늘에서 축복이

꽃눈처럼 내려오네요 / 하늘에서 축복이

셀 수 없이 내려오네요 / 우리 같이 밀어주고 끌어줍시다

영치기 영차 영치기 영차 / 우리 모두 파이팅

가수 허진주는 대전이 낳은 유명 가수다.

그는 노래도 잘 부르지만 가슴이 따뜻한 가수로도 유명하다. 그가 부른 노래는 '축하합니다'를 비롯하여 '대전 아리랑', '정말 좋아해' 등 수십여 편에 이른다.

그의 노래를 좋아하는 대전도시 과학고등학교 장주영교사는 "여자가 여자를 봐도 반할 때가 있다. 허진주 가수가 그랬다."고 평을 하고 있다.

다음으로 '꽃바람인생'을 부른 가수 조용숙.

최원태 씨가 작사하고, 박순우 씨가 작곡한 '꽃바람인생'

〈고대령과 가수 김자운〉

봄은 왔는데 꽃은 피었네 / 세월의 향기 이 가슴 봄바람
꽃바람 타고 인생이란 놀다 가는 것 / 기쁜 일도 슬픈 일
도 모두 사는 재미야
근심 걱정 무슨 소용 있나요 / 왔던 길 되돌릴 순 없지만
얻은 게 더 많더라 사랑한다 내 인생아 / 훈장을 달자 내
인생에 훈장을 달자

맞는 말이다. 인생은 놀다 가는 것이다. 기쁜 일도 슬픈
일도 모두 사는 재미인 것이다.

아내 오성자를 저세상으로 보낸 지 1년 6개월. 그동안 나
는 여기저기 방황하며 살았다. 내가 왜 존재하는지 그 존재
의 이유마저 모르고 살고 있었던 것이다.
그런데 가수 조용숙의 목율대를 통하여 울부짖듯 하소연
하는 '꽃바람 인생'은 나로 하여금 사는 의미를 깨닫게 했
다. 달려 나가 그를 부둥켜안고 춤이라도 둥실둥실 추고 싶
었다.
인생이란 그대를 부둥켜안고 놀다가는 것이라고.

다음으로 가슴을 파고드는 노래, 가수 이원조의 '꽃편지'

당신이 내게 주신 꽃편지 속에/ 사랑도 있고 행복도 있네요
당신께 내가 보낸 꽃편지 속에도 / 사랑과 행복이 가득합

니다

우리 서로 주고받은 꽃편지는 / 영원한 사랑입니다

우리 서로 주고받은 꽃편지는 / 영원한 행복입니다

꽃 편지 향기 속에 맹세한 약속 / 영원한 사랑입니다

가냘픈 여가수의 하소연을 들으며 꽃편지를 전해준 남정네가 부럽다.

그들은 그렇게 꽃편지를 주고받았다.

"우리 서로 주고받은 꽃편지는 영원한 행복이고, 꽃 편지 향기 속에 맹세한 약속은 영원한 사랑"이라고.

아아, 가수 이원조여! 그대의 사랑 영원하여라. 그대의 행복도 영원하여라.

〈가수 이원조의 앨범〉

나도 그 행복과 사랑을 영원히 간직하기 위하여 달려가 그대의 목소리가 담긴 CD 두 개를 구입했노라.

기다려진다. 다음 일요일이.

다음 일요일엔 전국에서 어떤 가수들이 대전역 광장을 흥겹게 할까?

참여했던 많은 가수들을 소개하지 못함이 아쉽지만 다음으로 미루자.

9.

가수 고대령과 함께 대전역 광장에 나타난 미녀 가수 심연녀

매주 일요일 오전 11시.

어김없이 이날이면 '대전역 광장'의 가수 고대령과 미녀 가수 심연녀가 서울서 내려와 대전 시민들은 물론 대전역 광장을 오고가는 여행객들에게 즐거움을 선사한다.

더구나 오늘은 필자의 여든세 번째 맞는 생일이다. '대전 아리랑'과 윤석열 대통령의 당선을 축하하는 '축하합니다'로 유명해진 허진주 가수가 케이크를 사들고 와 생일축하 노래를 불러 주어 기분을 돋웠다. 특히 오용진 내외, 칼럼니스트 연두흠, 내가 아끼는 딸 주종순과 이경옥도 함께했다.

가수 심연녀 얘기로 돌아가자.

〈생일축하 장면, 왼쪽부터 가수 고대령, 필자, 가수 허진주, 필자의 제자 주종순〉

　그는 외모부터 아름다웠고 지적인 매력이 온몸에서 풍겼다. 그리고 그의 목울대를 통하여 나오는 음색은 애절하게 가슴을 파고들었다.

〈미모의 여가수 심연녀〉

퉁소바위 정상에 서서 불러본다
떠 나 간 가련한 여인을
가깝고도 머나먼 하늘 아래 떠도
는 낭군님 향해 백일 정성 기도
를 올린다더니
아직이더냐 아직이더냐 어차
피 멀리멀리 가신 님은 불러
본다고 오지 않을 테니
구름에 사랑 띄워 빗물로 뿌려버리고 오늘도 지아비 기
다리다가

돌아가는 퉁소바위 길 서성거리는 여인의 가슴 저린 퉁
소 소리
지려온 역정 속을 달래나 보소

퉁소바위 망루에 서서 물었노라 하늘 솟은 솟대를 향해
퉁소 소리 잊었느냐고 그럴 리가요 그럴 리가요
바람 부는 날이면 슬피 우는데 잊을 리가요 잊을 수가요
어차피 멀리멀리 가신 님은 불러본다고 오지 않을 테니
구름에 사랑 띄워 바람에 날려 보내고 이제는 툭 털고 살
아간다며
돌아가는 퉁소바위 길 서성거리는 여인의 가슴 저린 퉁
소 소리
못다 피운 인생사 달래나 주소

심연녀가 하늘 솟은 솟대를 향해 퉁소 소리 잊었느냐고
하소연하고 있다.

대전역 광장에서 수원에 있는 퉁소바위를 찾는 것이다. 아
마 가수 심연녀에게는 남에게 알리지 못할 사연이라도 있는
것은 아닐까? 노래를 부르는 동안 그의 눈시울은 젖어 있었
고 가슴에서 우러나오는 목소리 역시 아예 젖어 있었다.

2013년도에 수원 연무동에 조성된 '퉁소바위'에는 재미있
는 전설이 전해져 내려온다고 한다.

'퉁소'는 원래 우리나라의 전통악기를 가리키는 말이다. 전설에 따르면 금슬은 좋지만 자식이 없었던 부부가 백 일간 기도를 드리기로 했다고 한다. 서로 말을 하지 않고 만나지도 않는 대신 퉁소를 불어 서로의 무사함을 알리기로 하였는데 백일기도가 끝나가던 무렵 아내 쪽에서 퉁소 소리가 들려오지 않아 남편은 불안해졌다.

하지만 백일기도가 끝나는 날이 머지않아 자리를 뜨지 못하고 퉁소만 불 수밖에 없었다. 백일기도가 끝난 후 남편은 아내가 있는 바위로 뛰어갔는데, 아내는 병에 걸려 곧바로 숨을 거두고 말았다. 아내를 잃은 남편도 얼마 후 슬픔을 견디지 못하고 쓸쓸히 세상을 떠났다는 이야기다.

〈퉁소바위 전설〉

후대 사람들은 연무동 쪽 바위를 할애비 퉁소바위라고 불렀고, 조원동 쪽 바위를 할미 퉁소바위라고 부르게 되었다고 한다. 이런 슬프고도 애잔한 전설이 담겨져 있는 퉁소바위공원은 요즘 새롭게 재단장하여 수원 시민들에게 편안함을 주는 장소가 되었다. 산책로, 배드민턴장, 정자, 전망대, 벤치, 운동시설 등이 마련되어 있다.

그래서 가수 심연녀에게 묻자.

이왕 가버린 연인을 기다리며 울지 말고 그대의 지적인 미모에 빠져 짝사랑하는 나를 사랑하는 게 어떻겠느냐고.
그렇게 안 해 준다면 나도 퉁소바위 바라보며 '그럴 수가'를 외쳐대며 살아가겠노라고….

〈퉁소바위 모습〉

10

설동호 대전교육감의
당선을 지켜보며

겸손의 대명사, 설동호 대전교육감.

그가 3선 도전에 쾌재를 올렸다. 그의 3선 도전의 성공은 대전 시민들의 현명한 판단력이 있었기에 가능했지만, 필자는 그의 전신에 배어있는 겸손과 학생들을 존중하는 교육자다운 교육관도 한몫했다고 본다. 선거 기간 동안 상대 후보들이 그렇게 비난해 대도 그 후보를 향해 쓴소리 한마디 않는 설동호 후보였다. 평생을 교육자로 살아오면서 그런 생활이 몸에 뱄기 때문이다.

앞으로 4년 동안 설 교육감은 4차원의 세계를 이끌어갈 학생들을 교육해야 한다. 그래서 그는 3선에 도전하면서 "바른 인성과 창의성을 갖춘 창의융합교육에 교육력을 집중해 우리 대전 학생들을 미래를 열어가는 세계 인재로 반드시 키워 내겠습니다."라고 포부를 밝혔던 것이다.

그의 3선 당선을 지켜보며 그렇게 고맙고 감사할 수가 없었다. 우리 학생들이 역사를 바로 배우게 될 것이고 이념에 물들지 않게 될 것이기 때문이다. 일부 좌편향된 교사들은 역사를 왜곡해서 가르친다. 박정희 대통령이 독재를 했다고.

그러나 왜 독재를 했는지 논거를 대야 한다. 학생들은 논거에 대하여 모른다. 그저 교사들이 주는 대로 받아들이기만 하는 것이다. '잘살자'는 목표가 우리 민족의 염원인데 반대하는 자들에게 독재를 하는 것은 당연한 것.

설동호 교육감은 2014년 대전교육청에 입성한 후 재선까지 성공하면서 8년간 대전교육을 이끌어 왔다. 그는 "대전 교육이 성공적으로 미래교육의 기반을 구축해 왔지만 새로운 시대 변화에 발 빠르게 대응하기 위해서는 일관성 있고 중단 없는 교육이 이뤄져야 한다."고 강조했다.

다양한 경험과 역량을 바탕으로 대전교육을 안정적이고 지속적으로 발전시켜 나갈 적임자는 자신이라는 것을 강조한 설 교육감은 "지난 8년간 다양한 분야에서 최상의 성과를 거두면서 대전교육의 우수성을 입증했다."고 말했다.

보자, 설동호 대전교육감의 당선 포부를.

『대전시 교육감 당선자 설동호입니다.

지난 임기에 이어 대전시 교육감직을 맡겨주신 존경하는 대전시민 여러분과 사랑하는 교육가족 여러분께 깊이 감사드립니다.

우리 학생들의 행복과 희망찬 미래는 교육에 달려 있습니다.

앞으로 대전교육은 변화가 가속화되는 세계화 시대에 우리 학생들이 행복하게 잘 살아갈 수 있도록 미래 역량 강화를 위한 교육에 최선을 다하겠습니다.

미래를 선도하는 창의융합교육을 완성하고, 배움과 성장이 있는 혁신교육을 실시하겠습니다. 교육 기회를 보장하는 책임교육을 이루고, 안전하고 건강한 교육환경을 만들겠습니다. 소통하고 협력하는 교육행정을 펼치겠습니다.

교육은 인재를 만들고, 인재는 새로운 미래를 만듭니다.

대전교육 가족은 시민과 적극 소통하고 지역사회와 협력하는 대전교육으로 시민 여러분과 함께 대전의 학생을 세계를 선도하는 미래인재로 키우겠습니다.

그동안 탄탄히 다져온 대전 미래교육의 기반 위에 '행복한 학교 미래를 여는 대전교육'의 꽃을 활짝 피우겠습니다. 학생이 행복하고, 선생님이 보람을 느끼며, 학부모님이 만족하고, 시민이 공감하는 대전교육을 실현하겠습니다. 대전교육이 한국교육의 중심으로 더욱 발전해 나가도록 교육가족 여러분과 시민 여러분의 적극적인 지도와 협력을 부탁드립니다.

여러분 모두 건강과 행복이 가득하시기를 기원합니다. 감사합니다.』

기대가 크다.

깊은 물은 소리를 내지 않고 조용히 흐른다. 이번 선거기간에도 다른 후보들이 원색적인 현수막을 내걸고 입에 침을 튀겨가며 그를 비난해도 대응하지 않고 조용히 자신이 해야 할 일만 하는 데서 그것을 입증하고 있으며, 다른 후보들처럼 후보의 이름이 적힌 유니폼을 입지 않고 유세에 임했던 것도 교육자다운 모습이었던 것이다.

설 교육감이여, 대전의 교육을 잘 이끌어주기 바란다.

별빛

김화자 / 시인

달빛마저 구름에 가려 사방은 어둠에 허황되다.

오월의 단비 내려 온통 꽃길로 축제는 시작되고

강렬한 태양의 증기를 받아 잠에서 일어나

서로의 손과 손을 잡고

빙글빙글 돌다 걷는다.

선택된 날에 아무리 바람이 불어도

꺼지지 않는 별

윤대통령 자신감과 책임감이

샘솟듯 넘쳐

축배의 잔 들고

희망 찬 내일을 위해 끈기 있게 걸을 것이다.

희망의 별 금성이여,

우리 민족의 희망이여

그 별빛 영원하여라

11

자랑스러운 장동혁 국회의원 당선인

자랑스럽고 믿음직스럽다. 장동혁 판사.

필자는 칼럼을 쓸 때마다 그의 인간미에 대하여 칭찬과 자랑을 아끼지 않았다. 자랑스럽고 믿음직스러운 판사라고. 보자 필자가 전에 언론에 자랑했던 내용을.

『그는 광주지법 부장판사로 발령돼 고(故) 조비오 신부와 5·18 희생자들의 명예를 훼손한 혐의로 기소된 전두환 전 대통령의 재판을 맡으면서 주목을 받았는데 특히 전두환 전 대통령이 고령이라는 점 등을 고려해 재판 불출석을 허가한 재판관으로 알려져 있다.

그의 눈빛은 예리하다. 그리고 판단력이 빠르며 정확하다. 그의 정확한 판단력이 승승장구하던 지방법원 부장판사라는 자리에서 물러나게 하였던 것이다.

그는 전두환 전 대통령의 재판을 맡으면서 고민이 많았을 것이다. 전두환 전 대통령은 보수 쪽에서 볼 때는 죄가 없는 사람이고, 좌파 쪽 시선으로 볼 때는 죄가 있는 인물이다. 그래서 고심이 컸을 것이다.

그런 그가 이제는 고인이 된 전두환 전 대통령에게 유죄 판결을 내릴 수 없어 법관의 자리에서 스스로 물러나 정치판에 뛰어들었던 것이다.』

그런 그가 보령서천지구 국회의원 재보궐 선거에 출사표를 던져 당선이 되었다. 활동무대가 중앙으로 넓어졌고, 그가 지켜야 할 대상도 대한민국 국민으로 확대되었다.

그는 당선이 확정되자 당선 각오를 밝혔다.

『존경하고 사랑하는 보령·서천, 서천·보령 주민 여러분, 고맙습니다. 감사합니다. 오늘의 승리는 보령·서천의 변화와 미래 발전을 위해 현명한 선택을 해 주신 보령·서천 주민 여러분의 위대한 승리입니다. 함께 경쟁한 후보께도 위로의 말씀을 전합니다.

지난 선거기간 동안 불철주야로 원 팀이 되어 애써 주신 선거운동원과 자원봉사자 등 모든 분께 감사 인사드립니다.

보령·서천 주민 여러분께서 보령·서천의 미래를, 대한민국의 미래를, 우리 아이들의 미래를 바꿔 달라는 절박함으로 선택하신 그 마음, 무겁고 엄중하게 받아들이겠습니다.

좋은 정치, 진정성 있는 정치를 하겠다는 초심을 잃지 않고 더 낮은 자세로 지역주민을 섬기고 소통하는 공감의 정치를 실행해 나가겠습니다.

또한 보령·서천의 구석구석을 살피고 산적한 숙원사업들에 대한 매듭을 풀어 보령·서천이 누구나 와서 살고 싶은 서해안의 중심도시가 되는 초석을 다지겠습니다.

다시 한번 아낌없는 지지와 성원을 보내주신 보령·서천 주민 분들께 고개 숙여 감사드리며, 좋은 정치·진정성 있고 소신 있는 정치를 실천하는 자랑스러운 보령·서천의 국회의원으로 여러분의 기대에 보답하겠습니다. 감사합니다.』

개표상황을 지켜보던 장판사의 대천고 선배인 김명호 군도 필자에게 문자를 보내왔다.

"김용복 은사님께.

선생님 기분 좋은 새벽녘입니다. 선생님께서 아끼시는 보령시 장동혁 당선 축하드립니다. 지방선거 결과 더불어민주당은 해산되어야 하지 않겠는지요! 저도 장동혁 군을 믿습니다. 자랑스럽습니다. 선생님 항상 건강하십시오."

대천고 선후배들이나 그대를 가르친 은사님들은 엎치락뒤치락하는 개표를 보며 얼마나 애간장 녹았을까? 그러니 장판사여, 이런 동문들이나 은사님, 또한 그대를 밀어준 고향 주민들을 위해서라도 오로지 국가와 국민들만 바라보기 바라네. 자네의 당선은 늙은 나에게 크나큰 위안일세.

자랑스럽네 장동혁 판사.

12

아름다운 모습의 두 목민관,
김태흠과 양승조

이번에 충남지사로 당선된 김태흠은 이완구 사단에 속한다. '이완구 사단'으로는 김태흠 충남지사 당선인을 비롯하여 세종시장에 도전하여 당선된 최민호 당선인 등 여러 명이 있다. 이들 모두 지방선거에 당선되어 화제가 되고 있다.

이번에 김태흠 당선인이 9일 도청 접견실에서 양승조 충남도지사와 만나 환담을 갖고, 충남 미래 발전을 위해 함께 힘을 모아 나아가기로 뜻을 모았다. 이완구 전 총리의 덕치(德治)를 따르려는 의지인 것이다.

지난 6.1 지방선거 이후 처음 가진 이날 만남에서 양승조 지사는 김태흠 당선인에게 축하의 뜻을 전하며 "220만 도민 여러분들이 훌륭한 지도자를 모셔와 기쁘게 생각한다"고 말했다.

양 지사는 이어 "도정의 연속적인 사업을 유지하고 계승

한다는 당선인의 뜻을 접했다"라며 "민선 7기와 연계해 민선 8기가 잘 정착하고 도정을 원만하게 이끌어 갈 것으로 기대하는 바가 크다"고 밝혔다. 양승조 역시 덕치의 대표적인 목민관으로 알려져 있다.

그러면서 양 지사는 "도지사 취임 전, '힘센 충남 준비위원회' 운영 과정에서 어려움이 있으면 언제든 말씀해 달라"라며 적극적으로 지원하겠다고 덧붙였다.

참으로 아름다운 모습이다. 전임자와 후임자가 아름답게 협치하는 모습을 우리 충남에서 보여주고 있는 것이다.

이에 대해 김태흠 당선인도 "준비위 과정에서 현직 도지사가 당선인에게 이런 자리를 마련한 사례는 처음"이라며 준비위에 대한 적극적인 지원에 대해 감사의 뜻을 표했다.

김태흠 당선인은 이어 "양 지사가 이끌어 오신 도정을 계승할 부분은 이어가겠다"라며 "중간중간 상의 드릴 테니 도정 선배로서 가르침도 달라"고 요청했다.

양 지사는 도청 도지사실에서 로비로 내려가 김태흠 당선인을 직접 영접하고, 김 당선인도 "양승조 지사는 평소 존경하는 선배님"이라며 서로 각별히 예우하는 모습을 보여 눈길을 끌었으니 이보다 더 아름다운 모습이 있을까.

두 분이 이렇게 서로 예우해 주는 아름다운 모습을 보며 박찬주 전 육군 대장께서도,

"김태흠 도지사 당선인은 의리와 신의의 사나이로 통한다. 변화무쌍하고 경쟁적인 정치무대에서 사사로운 이익보다는 공의와 정의를 따르는 소신 있는 정치인이라는 평가를 받는다. 또한, 국무총리실 행정관, 심대평 도지사 비서실장과 부지사 등 다양한 행정경험과 3선 의원으로서의 정치경험 등 행정과 정치를 겸비한 사람이다.

이번에 윤석열 대통령의 직접적인 권유를 받고 도지사에 출마한 김태흠 당선인은 충남 15개 시군 전 지역에서 고르게 승리했다. 양승조 지사의 도정운영도 덕치를 베풀어 8년 동안 세간의 좋은 평가를 받아 왔지만, 이번에 김태흠 지사가 그 뒤를 잇게 되니 양승조 지사에 대한 그 좋은 평가가 더욱 빛나게 될 것이다. 더구나 김태흠 당선인은 앞으로 나아갈 수 있는 비전과 철학, 추진력을 겸비하여 충남발전에 획기적인 전기를 마련할 것이라는 기대감을 주고 있다.

양승조가 이끌어 온 충남도정에 김태흠 도지사가 이끌 충남도정은 '되는 일은 더 잘되게 만들고, 안 되는 일은 되게 만드는 힘센 지방정부'가 될 것이라고 확신한다."라고 전망했던 것이다.

옳게 보았다.

역시 박찬주 육군 대장의 사람 보는 눈은 뛰어났다.

조선시대 정약용 선생은 "목민관(牧民官)은 청탁(請託)을 배격하였고, 목민관 노릇을 잘하려는 사람은 반드시 자애(慈

愛)로웠다. 그 자애롭고자 하는 사람은 반드시 청렴(淸廉)해야 하며, 청렴하고자 하는 사람은 반드시 검약(儉約)하여야 하고, 그리고 절약해서 쓰는 것이 목민관의 으뜸가는 덕목이다."라고 가르치고 있다.

무슨 말인가?

절약하는 모습을 백성들께 보여 존경을 받는 목민관이 되라는 뜻이다.

개인적인 씀씀이를 절약하는 것은 누구나 할 수 있다. 그러나 공적인 재물을 절약해서 쓸 수 있는 사람은 드물다. 요즘 언론에 오르내리는 김정숙 영부인의 태도가 그랬고, 민주당 대표로 대권에 도전했던 이재명이 그 대표적 인물이었다. 그러니 공적인 재물을 사적인 재물보다 절약해 써야만 현명한 목민관으로 존경을 받는 것이다.

이번에 두 손 잡아 아름다운 모습을 보이며 서로 예우하는 모습은 우리 충남인들의 긍지를 더욱 빛나게 하였다.

김태흠 당선인은 양승조 지사의 뒤를 이어 좋은 덕치를 베풀고 양승조 지사는 다음 기회를 준비하는 기회로 삼기 바란다.

아름답다 두 목민관의 모습.

자랑스럽다 우리 충남의 핏줄.

13

중부지방의 두 여걸 길금자와 김정순

길금자와 김정순.

중부지방의 자랑스러운 여걸들이다. 이들이 있었기에 3월 9일 대선과, 6월 1일 지방선거에서 국민의힘이 민주당을 누르는 원동력에 힘을 보탤 수 있었다.

보라, 지난 대선이나 지방선거에서 민주당에 석패(惜敗)당했던 쓰라린 추억을.

이들은 윤공정 포럼의 양 날개였다. 길금자, 나라 살리는 전국위원장은 전국 16개 시도 위원장들을 관리하고 이들로 하여금 대선에서 적극적인 활동을 하게 하였고, 김정순 부회장은 젊은 청년팀을 캠프에 끌어들여 그들로 하여금 대선과 지방선거에서 활동하게 하여 두 선거 모두 국민의힘 승리를 가져오게 한 공로가 크다.

이들 여걸뿐만이 아니다.

황의현 대외협력 특보는 그 훌륭한 언변술로 사람들의 마음을 움직여 유권자들로 하여금 국민의힘을 지지하게 하는 데 큰 공헌을 세웠다.

윤석열이 대통령으로 당선되기까지에는 조국이나, 추미애, 박범계 전 법무부 장관의 공을 무시할 수 없으나, 중부권에서 불철주야 노력한 이들 길금자, 김정순, 황의현의 공로도 간과해서는 아니 될 것이다. 유권자들은 대권 주자나 지방선거에 출마한 이들의 인간 됨됨이를 보고 선택한다고 할 수 있으나, 선거운동원들의 품성이나 인격도 무시해서는 안 되기 때문이다.

길금자 위원장은 공장폐수라도 받아들이는 바다와 같은 너그러운 성격의 소유자다. 그는 입을 놀려 사람들을 폄훼하는 일이 없고, 무슨 말을 듣더라도 얼굴 표정이 변하는 일이 없이 밝다. 그리고 늘 웃는다. 거기에 상냥하고 친절하다. 그래서 그를 대하는 이마다 마음이 편하고 신뢰가 간다고들 말한다.

그리고 그를 도와 국민의힘 캠프에서 활동한 김정순 부회장.

그는 과묵하고 적극적이다. 자기 건물을 선거캠프에 활용하면 어떻겠느냐고 필자에게 건의하기도 한 여걸이다. 대선과 지방선거 기간 내내 하루도 빠지지 않고 출근하여 밤

늦도록 선거운동을 한, 잊어서는 안 될 분이다. 그 부군 또한 이런 아내를 위해 집안 살림해 가며 아침저녁 출퇴근 시킨 조력자였던 것이다.

다음으로 유머 감각이 뛰어난 황의현 대외협력 특보.
그도 정치에 많은 관심을 가지고 꿈을 키워온 인재다. 선거캠프에서 일하는 사람들의 야망은 당선된 후의 논공행사에서 무엇 한 자리 얻어 볼까 하는 욕심이 대부분이지만 황의현 정책특보는 그런 욕심이 전혀 없는 일꾼이다. 그저 좌파로부터 나라 살리기 위한 목적, 단순히 그것만을 위해 일을 한 순수한 일꾼이었다.
그래서 그런지 대선과 지방선거에서 국민의힘이 승리하였는데도 아무런 바람이 없었던 것이다.

우리는 일상에서 훌륭한 어머니상을 자주 본다.
맹자의 어머니는 아들 맹자를 훌륭히 키우기 위해 이사를 세 번이나 했다 하고, 신사임당은 아들 율곡 이이를 훌륭히 키우기 위해 평생을 바쳤으며, 충무공 이순신 장군의 어머니 변덕현 씨도 아들 이순신을 훌륭히 키우는 데 평생을 바쳤다 한다.
충무공 이순신 장군 어머니 변덕현 씨는 1515년 5월 4일 충남 아산 백암골에서 초계 변씨 후손으로 태어나 어렸을 때부터 이웃에 대한 사랑과 봉사 정신이 투철했다. 덕성과 지혜가 가득했으며 여인이 갖기 어려운 담력까지 겸비했던 여인이라 평가하고 있다.

필자가 왜 맹자 어머니와 신사임당, 그리고 이순신의 어머니를 거론하며 장황하게 떠들어 대고 있는가?

중부권의 여걸 길금자와 김정순 여사를 자랑하기 위해서다.

이들은 황의현 대외협력 특보와 손잡고 윤석열을 대통령으로 만드는 데 크게 기여했고, 이장우를 대전시장으로, 그리고 대전지방 5개 구 가운데 유성구를 제외한 네 곳에서 승리를 이끌어 낸 장본인들이기 때문이다.

물론 이들 세 분 말고도, 이혜경 시인, 민강식 여흥민씨 입암공파 종중회장 등 발로 뛰면서 수고한 분들이 많으나 열거하지 못함이 아쉬울 뿐이다.

앞으로 윤석열 정부 5년 동안 이들의 진충보국(盡忠報國) 하는 역할이 또한 주목받게 될 것이다.

기대가 큰 것이다.

대전 이장우 시장 제1본부 회원들

김문수, 다시 날아오른다.
대한민국의 영화 예술을 위하여

장주영 / 대전도시과학고 교사, 평론가

'자유, 다시 날아오른다.'

'2022 서울락스퍼국제영화제' 슬로건이다. '락스퍼 (Larkspur)'는 델피늄으로도 불리는 꽃이다. 긴 꽃대에 층층이 달린 꽃이 아래쪽부터 위쪽으로 피어오른다. '자유·정의'라는 꽃말을 가지고 있다. 이 영화제는 자유와 정의에 대한 가치와 의미를 되새기고, 인권에 대한 인식을 영화 예술로 확산하고자 탄생했다. 개막식이 열린 지난 5월 24일, 세종문화회관에 2,000여 명의 관중이 모인 가운데 그 화려한 시작을 알렸다.

서울락스퍼국제영화제는 김문수 이사장, 박선영 조직위원장, 이장호 집행위원장이 대표를 맡았다. 필자는 김문수 이사장의 초대로 연극배우 박승환과 함께 참석하게 되었다. 올해 2회를 맞는 이 영화제는 국제 행사로 격이 높아졌다. 외국 인권 영화계의 VIP들도 초대되어 레드 카펫을 밟았다. 개막 상영작으로 홍콩 민주화 운동을 담은 인권 영화가 상영되었다.

서울락스퍼국제영화제 이사장 김문수. 한때 노동운동가였다가 정치인이었던 김문수 씨가 이번에는 영화계의 이사장이다. 새로운 모습으로의 멋진 변신이다.

보자. 김문수 이사장의 변신하는 모습을.

필자는 그를 이해하기 위해 최근 김용복 논설위원이 집필 연재한 '김문수 경기지사여, 나라 위해 그 몸 불사르라'라는 전기문을 읽게 되었다. 정치적 분석이 아닌 휴머니즘에 입

〈김문수 전 경기지사님을 모시고〉

각하여 김문수의 젊은 날을 쓴 글이라 인간 김문수를 이해하기 좋았고, 소설처럼 쓰여 흥미진진하여 술술 읽혔다.

70년대 서울대학교 경영학도 김문수는 출세를 위한 공부냐, 지식인으로서의 도덕적 의무(앙가주망)냐를 놓고 후자를 선택했던 뜨거운 피의 사나이였다. 공장에 취업하여 노동자의 삶을 밑바닥부터 몸소 체험하고 불의를 목격한 뒤로는 자신의 안위를 챙기기보다 약자의 편에서 자유와 정의를 위해 노동자를 위한 운동가가 된다. 타인을 불쌍히 여기는 타고난 선한 심성과 지적으로 뛰어난 두뇌는 노동자들의 부당함과 아픔을 보며 인권을 보호하려는 사명감으로 전환되었고, 그의 인생 전체를 흔들었다. 당시 그가 목격한 것들은 오늘날 약자의 그늘을 들여다볼 수 있는 큰 눈을 주어 그의 삶의 철학을 다지는 초석이 된 것 같다. 훗날 정치인이 되어서도 그 본질은 변함없었고, 오늘날 이 영화제의 이사장직을 맡은 것도 일관성 있는 행보라 생각한다.

김문수에 대하여 호불호가 갈리는 견해와 분석이 다양하지만, '과연 내 자신이라면 그런 이타적이고 고생스러운 인생을 선택할 수 있었을까?'라고 반문해 보면 쉽게 답이 나온다.

우리 인생에는 각자의 삶의 이념과 철학을 유지하기 위한 방편들이 있다. 김문수의 소신과 깊은 삶의 이념적 토대는 자유, 정의, 인권에 있다. 그가 피와 땀을 흘린 이유가 70평생 한 번도 전향된 적 없이 그대로였다는 생각이 든다. 그는 살아가면서 최선의 방편들을 도구 삼아 소임을 다하고 본질을 추구한 애국자다.

이제 김문수는 영화예술이라는 훌륭한 방법으로 그의 애국적 사명감을 다시 한번 승화하고자 한다. 한결같은 김문수의 변신에 응원을 보낸다.

〈영화감독 이장호 님과 연극배우 박승환과의 만남〉

서울락스퍼국제영화제의 집행위원장을 맡은 예술계의 거장이자 또 한 명의 애국자인 영화감독 이장호는 개회사에서 이처럼 말했다.

　　"'하느님이 보우하사 우리나라 만세…' 애국가를 부를 때 언제나 이 부분에서 전 뭉클합니다. 모든 사상, 이념보다 상위 개념이 바로 인권(Human Rights)입니다. 흥행과 인기만을 위한 영화가 아니라, 인권이라는 묵직한 주제를 위한 영화가 육성되도록 노력하겠습니다."라고.

　　국제영화제 개막식 날, 이장호 감독 같은 훌륭한 실력자들과 그들을 조용히 후원하는 뜻있는 지성인들이 구름처럼 모였다. 문화 예술이라는 가장 창의적이고 아름다운 표현 방식으로 인권을 비호전적으로 알리는 김문수 이사장에게 새로운 모세의 기적을 기대한다.

　　자유와 정의를 토대로 소외된 인권을 다루는 영화가 이 영화제를 통해 대거 상을 받았다. 젊은 영화인들에게 새로운 도전의 터전을 열었다. 개막식에 필자와 참석하여 시상식을 지켜본 젊은 연극배우 박승환의 눈도 빛났다.

　　운동권 황태자였던 김문수 이사장은 인권 세계의 잠룡이다. 인권 영화로써 세상을 다시 한번 정의롭게 발전시킬 것이다. 교훈과 작품성뿐만 아니라 상업성과 재미를 더해 흥

행도 성공하는 훌륭한 인권 영화들이 무수히 발굴되길 기원한다.

'김문수, 다시 날아오른다. 대한민국의 영화 예술을 위하여.'

〈김문수 전 경기지사님과 연극배우 박승환〉

내 아들 딸의 어린시절 모습

막내 소영이와 둘째 영미

내 아들 딸의 어린시절 모습

우리 가족의 단란한 모습

가족들의 친목 모임

필자의 가족들

손자 지혁이가 학생회장 입후보 하며

손자 지혁이와 손자 며느리 지은이

외증손녀 성시아의 재롱

필자의 남매들

조카딸 정효정의 재롱

막내 딸 명숙이 재롱

아내의 밝은 모습

아내 오성자와 유림공원에서

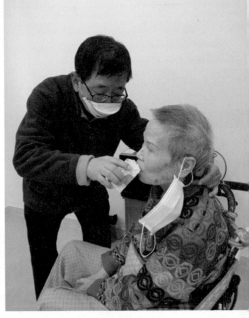

가장 행복했던 순간

치매 앓는 아내와 함께

아내 문병을 오신 김진태 의원 내외분

존경하는 박정희 대통령 내외분 영정 앞에서 　　　아내 오성자 묘소를 찾아

윤석열 대통령 후보시절

윤석열 후보시절 대전 현충원 참배

구국의 등불, 박정희 대통령

박정희 대통령 기념관에서

박정희 대통령 기념관에서

권선복 대표, 장주영 교사와 함께
청와대 방문

후배들과 함께.
왼쪽부터 박찬주 대장, 필자, 도병수 검사, 윤영석 의원

장동혁 의원 어머님과 함께

김문수 전 경기지사와 함께

김진태 의원 내외와 함께

황인호 동구청장과 함께

세종 최교진 교육감과 함께

허태정 대전 시장과 최교진 세종 교육감

지인들께 생일 축하 받으며

자랑스러운 박찬주 대장과

월정과 함께

퓨전나타 단원들과 함께

KBS 아침마당 출연한 분들 모시고

달님은 영창으로 김소연 딸과 함께

계족산 황톳길의 요정 소프라노 정진옥

소프라노 조용미와 함께

가수 허진주, 이진관과 함께

필자의 옆에 앉은 부산 막내딸 김소희

아내 오성자와 제자 전진희, 황영애

권선복
(도서출판 행복에너지 대표이사)

치열했던 대통령 선거가 끝났습니다. 아슬아슬한 차이로 당선된 윤석열 대통령입니다. 어떤 이들은 환호하고 어떤 이들은 실망감을 내비쳤습니다. 그러나 누가 뭐래도 정당한 절차에 따라, 국민들의 응원에 따라 향후 5년의 국운(國運)이 결정되었음에는 이견의 여지가 없을 것입니다.

이 책의 저자 김용복 주필님께서는 대선 전부터 열성적으로 윤석열 후보를 지지했던 분이십니다. 지난 책 『김용복의 청론탁설』에서 일필휘지(一筆揮之)로 정치, 예술, 기업 등 각계각층의 쟁쟁한 인물들을 평하신 데 이어, 본서에서는 바로 '어째서 윤석열이 답인가'에 대한 주제를 놓고 열변을 토하셨습니다. 이번에 새로 보강하여 발간된 『김용복의 청론탁설』에서는 윤석열 대통령을 '대한민국에 신이 내린 선물'로 표현하면서도 동시에 제3자의 시선에서 윤석열 대통령이 민심을 얻을 수밖에 없었던 이유를 거듭 설명하고 있습니다.

특히 윤석열 대통령이 민심을 얻을 수밖에 없었던 중요한 이유로 '투명성'과 '소박함', 그리고 '시대의 부름'을 꼽고 있는 본서를 읽다 보면 윤석열에 대해서 잘 몰랐거나, 혹은 부정적 시선을 가진 분들이라도 윤석열이 가진 장점과 역량에 대해서 인정할 것은 인정하게 될 것입니다.

윤석열을 통해 우리는 아무리 패배해도 오뚝이처럼 일어나는 근성을 본받을 수 있습니다. 그는 여러 통념이나 고정관념에서 벗어나 떳떳이 대권을 거머쥐었습니다. 한 나라의 지도자가 되는 데에는 사사로운 것보다 더 큰 힘, 통찰력과 지도력이 어필한다는 사실을 증명해 낸 것입니다. 아무쪼록 윤석열 대통령이 남은 기간 동안 국민을 위한 훌륭한 정치를 펼침으로써 5년 후 그 어느 대통령보다 아름다운 퇴임식이 이뤄질 수 있기를 소망합니다.

앞으로 대한민국의 앞날이 저 태양처럼 밝기를 간절히 기도합니다! 윤석열 대통령이 지도자다운 위엄으로 나라를 다스려 줄 것을 소원하는 바입니다! 그리하여 우리나라의 모든 국민들의 행복에너지가 팡팡팡! 폭죽처럼 터져 대한민국을 감싸 안기를 기대해 봅니다!

앞으로 펼쳐질 5년간, 모두들 행복하십시오!

'행복에너지'의 해피 대한민국 프로젝트!

〈모교 책 보내기 운동〉

"좋은 책을 읽는 것은 과거의 가장 뛰어난 사람들과 대화를 나누는 것과 같다." 철학자 데카르트의 말입니다. 빌 게이츠 회장은 "오늘의 나를 있게 한 것은 우리 마을 도서관이었다. 하버드대학 졸업장보다 소중한 것이 독서 하는 습관이다"라고 강조했습니다.

책은 풍요로운 인생을 위해 절대적으로 필요한 도구입니다. 특히 청소년기에 독서의 중요성은 아무리 강조해도 지나침이 없습니다. 하지만 우리나라 청소년들의 독서율은 부끄러운 수준입니다. 무엇보다도 읽을 책이 부족한 실정입니다. 많은 학교의 도서관이 가난해지고 있습니다. 학생들의 마음 또한 가난해진 상태입니다. 지금 학교 도서관에는 색이 바랜 오래된 책들이 쌓여 있습니다. 이런 책을 우리 학생들이 얼마나 읽고 싶어 할까요?

게임과 스마트폰에 중독된 초등과 중등학생들, 대학 입시 위주의 교육에서 수능에만 매달리는 고등학생들, 치열한 취업 준비에 매몰되어 책 읽을 시간조차 낼 수 없는 대학생들. 이런 상황에서도 학생들이 책을 읽고 꿈을 꾸고 도전할 수 있도록 책을 읽는 분위기를 조성해야 합니다. 학생들이 읽을 수 있는 좋은 책을 구비할 필요가 있습니다.

저희 도서출판 '행복에너지'에서는 베스트셀러와 각종 기관에서 우수도서로 선정된 도서를 중심으로 〈모교 책 보내기 운동〉을 전개하고 있습니다.

대한민국의 미래, 젊은 꿈나무들에게 좋은 책을 보내주십시오!

독자 여러분의 자랑스러운 모교에 보내진 한 권의 소중한 책은 학생들의 꿈과 마음을 더욱 풍요롭게 하는 촉매제가 될 것입니다.

책을 사랑하시는 독자 여러분의 많은 관심과 참여를 부탁드립니다.

도서출판 **행복에너지** 임직원 일동
문의 전화 010-3267-6277